中国文化教程系列

北京地方史概要

佟洵 著

图书在版编目(CIP)数据

北京地方史概要/佟洵著. —北京：北京大学出版社,2010.1
ISBN 978-7-301-15991-0
(中国文化教程系列)

Ⅰ.北… Ⅱ.佟… Ⅲ.北京市－地方史－概论 Ⅳ.K291

中国版本图书馆 CIP 数据核字（2009）第 187713 号

书　　　　名：	北京地方史概要
著作责任者：	佟　洵　著
责 任 编 辑：	胡双宝　邓晓霞
标 准 书 号：	ISBN 978-7-301-15991-0/K·0646
出 版 发 行：	北京大学出版社
地　　　　址：	北京市海淀区成府路 205 号　100871
网　　　　址：	http://www.pup.cn　电子信箱：zpup@pup.pku.edu.cn
电　　　　话：	邮购部 62752015　发行部 62750672　出版部 62754962
	编辑部 62753334
印　刷　者：	北京飞达印刷有限责任公司
经　销　者：	新华书店
	890 毫米×1240 毫米　A5　9.375 印张　275 千字
	2010 年 1 月第 1 版　2010 年 1 月第 1 次印刷
定　　　　价：	20.00 元

未经许可,不得以任何方式复制或抄袭本书之部分或全部内容。
版权所有,侵权必究
举报电话：010-62752024　电子信箱：fd@pup.pku.edu.cn

本书获得

北京市哲学社会科学北京学研究基地出版资助

目 录

绪论 ·· 1

第一章　远古时期的北京地区 ························· 13
　第一节　北京湾的形成 ································· 14
　第二节　北京最早的开拓者 ···························· 17
　第三节　原始宗教与早期文化 ························· 26

第二章　北京地区早期的国家和城市 ················· 30
　第一节　城市的萌芽 ···································· 30
　第二节　西周燕国都城及燕文化 ······················ 34
　第三节　燕都——蓟城的遗迹 ························ 44
　第四节　山戎族经济与文化 ···························· 47
　第五节　原始宗教的衰落 ······························· 48

第三章　秦至隋前：北方军事重镇时期的蓟城 ····· 50
　第一节　秦统一后的燕地蓟城 ························· 50
　第二节　西汉时期的燕地蓟城 ························· 55
　第三节　东汉时期的幽州蓟城 ························· 62
　第四节　秦汉时期燕地蓟城的民族关系 ············· 67
　第五节　民族融合的魏晋十六国北朝时期 ·········· 67

第四章　隋至五代时期北方军事重镇幽州 ·········· 80
　第一节　隋朝北方军事重镇 ···························· 80
　第二节　唐朝统治下的幽州城 ························· 85
　第三节　五代时期的北京地区 ························· 101

第五章　辽代的陪都南京（燕京） …………………… 104
　　第一节　契丹族的发展及辽南京的建立 …………… 104
　　第二节　宋与辽争夺南京（燕京） …………………… 109
　　第三节　汉族世家显贵 ………………………………… 111
　　第四节　辽的灭亡及昙花一现的燕山府 …………… 112
　　第五节　辽南京的经济和文化 ………………………… 114

第六章　北方的政治中心金中都 ……………………… 119
　　第一节　辽、宋、金争夺南京 ………………………… 119
　　第二节　金中都的建立 ………………………………… 120
　　第三节　金中都的经济和文化 ………………………… 130

第七章　元朝的帝都元大都 …………………………… 139
　　第一节　元朝的大都 …………………………………… 139
　　第二节　元大都的营建 ………………………………… 142
　　第三节　元大都的政治 ………………………………… 149
　　第四节　元大都的社会经济 …………………………… 152
　　第五节　大都的文化 …………………………………… 156
　　第六节　元大都的宗教 ………………………………… 163

第八章　明代的北京城 ………………………………… 173
　　第一节　永乐皇帝迁都北京 …………………………… 173
　　第二节　北京城的建造 ………………………………… 178
　　第三节　北京城伟大的建造工程 ……………………… 190
　　第四节　皇权高度集中的明代政治 …………………… 194
　　第五节　商业和手工业 ………………………………… 200
　　第六节　贸易与对外交流 ……………………………… 203
　　第七节　北京的文化教育 ……………………………… 205
　　第八节　北京的宗教文化 ……………………………… 211
　　第九节　明王朝的灭亡 ………………………………… 219

第九章　清代的京师 ······ 222
- 第一节　清王朝的建立 ······ 222
- 第二节　紫禁城、皇城、皇家园林、王府 ······ 227
- 第三节　北京的四合院和会馆 ······ 236
- 第四节　北京的经济 ······ 242
- 第五节　北京的文化 ······ 247
- 第六节　北京的宗教、民俗与文化交流 ······ 251

第十章　近代北京 ······ 263
- 第一节　震动京师的鸦片战争 ······ 263
- 第二节　洋务运动时期的京师 ······ 271
- 第三节　戊戌变法 ······ 273
- 第四节　义和团运动及八国联军侵占北京 ······ 276
- 第五节　资产阶级革命及宣统皇帝退位 ······ 280
- 第五节　民国时期的北京 ······ 282

主要参考书目 ······ 289

后记 ······ 292

绪　　论

　　一门学科,首先应有明确的对象,依据不同的研究对象划分科学研究的不同领域,学科对象决定学科的性质和学科体系的构成。

　　北京史研究的对象中华人民共和国的首都,是一座发展中的国际化大都市,同时又是世界著名历史文化名城。北京史包括北京城形成、发展、变化的全过程,同时也包括了北京如何经历原始社会、奴隶社会、封建社会和社会主义的历史时期,即不但研究北京的历史地理,而且还要研究北京社会发展的历史过程。北京城的演进经历了一个悠久而漫长的历史时期。每座城市都有它发展、成长、壮大的过程,从一座城市诞生之日起,便开始随着社会经济的发展和历史的变化而变化。一座城市的诞生如同人的生命一样,要经历童年、青年、壮年以至衰老,甚至死亡的历史过程。一座城市的发展变化不完全同于人的生命的是:城市在一定的社会条件下,它可以"返老还童",一座古老的城市可以重新焕发出青春的光辉。北京城和任何一座城市的发展一样,正是遵循着这一规律在发展变化着。探究发展变化的社会和历史原因,正是北京史研究的任务。

　　北京史属于历史学的范畴,是在中国通史的基础之上而形成的一门新的学科,是研究城市史的地方专史的一个个案。北京史除研究社会发展规律外,又要研究北京城形成的历史过程,因侧重点不同,所以北京史的研究又涉及有关历史地理的学科内容。北京史既是中国历史学的一个组成部分,又属于专门史的研究范畴。

　　从时间上看,北京的历史源远流长,上可追溯到 50 万年前的"北京猿人"所处的洪荒时期[①],下至中华人民共和国成立,北京城重新焕发青春,即由远古开始到现在,将近几十万年的历史,都是北京史

---

　　① 报载,南京师范大学地理科学学院沈冠军教授等用铝铍埋藏测年法,对取自北京猿人发现地周口店第一地点的石英砂和石英质石制品进行了测量,测定结果为距今 77 万年,误差为 8 万年。这样就把北京猿人的年代提前了 20 万年。

研究的范围。

一、北京城演进的历程

北京是千年古都,历史源远流长,是中华民族形成与发展的缩影,同时又展现了中华民族美好的未来。探讨北京城形成、发展和变化的历史过程是十分必要的。

北京,是我们伟大祖国的首都,是国务院公布的首批历史文化名城,是一座举世闻名的古城,也可以说北京是一座既古老又年轻的世界文化名城。今天的北京,不但是中华人民共和国的首都,是全国的政治中心、文化中心,而且也是国际化的大都市,是国际友人交往的中心之一。从北京城整个发展过程来看,它经历了极其复杂而又漫长的时期,北京的历史和整个中国历史一样源远流长。

北京城是由华北平原一个居民点逐渐形成而发展起来的,向上追溯,她是人类祖先的发祥地之一。大约 70 万年至 50 万年以前著名的"北京人"便在这里生息,劳动,开荒辟土,揭开了中国远古历史的篇章。往近处说,从北京历史有了明确的纪年算起,以琉璃河商周古城为北京建城的起点,北京有文字可考的历史至少可以追溯到三千多年以前。早在三千多年以前,北京地区自然形成的古燕国与古蓟国就是商朝的附属国。春秋时期,北京地区已成为北方诸侯国活动的区域,蓟城发展成为诸侯国政治的中心。到了战国时期,北京地区是战国七雄之一燕国的都城。秦始皇统一中国建立了专制主义的中央集权的封建国家,分天下为三十六郡,蓟城是广阳郡的治所。从秦汉一直到隋唐时期,北京地区始终都是统一的多民族国家的军事重地,尽管名称不断地变更,屡经朝代的变迁,北京则随着中华民族的发展而日益繁荣。这一历史时期,北京地区一直是古代中国北方的重镇,是汉民族和北方各少数民族交流往来的枢纽。到了辽代,北京成为辽的陪都,从女真族的政权金朝正式建都于北京,称北京为中都。元代,北京成为中国的政治中心。元朝忽必烈当政时,称北京为大都。明、清二代亦建都于北京。在这座古老、繁华的城市中,有多少帝王将相、英雄豪杰曾经在这里叱咤风云、建功创业;又有多少文人学士、俊才骚客在这里裁制鸿篇、吟诗作文。

鸦片战争后,北京城顿失昔日的光彩,备受蹂躏。北京城曾经三次被外国侵略军占领,第一次是英法联军、第二次是八国联军,第三次是日本侵略军。北京这座古老的都城蒙受了深重的灾难和不幸,被打上了半封建的和半殖民地的印记。

回顾近代一百多年的北京历史,不胜痛心而感愤。但是,国家和民族毕竟在前进,社会总是新旧递嬗的。旧的花凋谢,新的花在生长,历史的长河在滚滚向前。五四运动在北京点燃了新民主主义革命的火炬,近代先进的中国人和最早的共产主义者进行了英勇不屈的斗争。康有为、谭嗣同、孙中山、章太炎、李大钊、陈独秀、鲁迅、毛泽东、周恩来、刘少奇等无数英雄的名字和北京城永远地连在一起。五四运动后,"二七"大罢工,"一二九"运动,抗日的烽火,以及反饥饿反内战运动,一个接一个的革命浪潮在北京卷起。北京城虽然古老,却充满了革命的活力,焕发出青春的光辉。前辈们千辛万苦,披荆斩棘,终于使北京城发生了翻天覆地的变化,中华人民共和国诞生了,北京城焕然一新。

学习北京历史将有助于我们了解北京城发展的进程及规律,有助于我们对中国历史的进一步了解,有益于增强我们建设祖国、建设首善之区北京的自觉性。

二、北京城是世界人民宝贵的物质财富

从世界历史发展的角度来看,北京是一座驰名中外的世界名城,是中西文化、经济交流的中心。从世界范围来看:北京城的建筑在世界城市建筑史中也是一个杰作。北京城的建筑艺术代表着世界东方文化的风貌,是古老的中华民族的象征,是世界人民喜爱的城市。自元朝以来,就有不少外国专家、学者著书立传赞美北京城建筑奇观。如:意大利威尼斯商人马可·波罗(Marco Polo)在《东方见闻录》一书中对北京皇城宏伟的建筑大加赞美,他赞美元大都竟"如此美丽",其"布置的如此巧妙,我们竟不能描写它了"。瑞典的奥斯伍尔德·喜仁龙(Siver Osvald)先生把北京城看作是一座艺术的宝库。他曾先后五次访问中国,对北京城的建造进行细腻的考查后撰写出《北京的城墙和城门》和《北京故宫》等书籍,在《北京的城墙和城门》中写

道:"我之所以撰写这本书,是鉴于北京城门的美,鉴于北京城门在点缀中国首都方面所起的特殊作用,在很大程度上反映了这座伟大的城市的早期历史,它们与周围的景、物和街道,组成了一幅幅赏心悦目的别具一格的优美画图。"日本作家多田贞一也撰著了《北京地名志》一书,这是一部外国人专门研究北京的书籍。由以上论述可以看出,北京不仅是中国人民喜爱的城市,而且也是世界人民瞩目和喜爱的城市。北京城是世界十大名城之一,是世界历史发展的重要组成部分。

北京城的建造是按照《周礼·考工记》中"面朝后市,左祖右社"的帝都营建原则建造的。

北京城的建筑在功能上体现了中国封建社会的等级制度,是其浓厚的封建思想意识与建筑设计艺术巧妙的结晶。从整体建筑结构来看:北京城有一条纵贯全城南北的中轴线。中轴线南起永定门,北至鼓楼与钟楼,全长16里。正阳门、天安门广场、紫禁城中央的太和殿、中和殿、保和殿,以及人工建筑的景山中峰,依序坐落在中轴线上,凸现了紫禁城皇城的建造。从北京城建造结构来看:整个北京城建筑高低起伏,街道纵横交错,方正严整,宛若棋盘,使金碧辉煌的紫禁城气势更加辉煌壮观,从而形成了旧北京城几何图案式的城市平面图。丹麦专家罗斯穆森说:"整个北京是世界奇观之一。它的平面布局匀称、明朗,象征着一个伟大、文明的北京。"美国建筑学家恩·贝康在《城市设计》一书中说:"在地球表面上,人类最伟大的个体工程,可能就是北京城了。"北京城精美的建造与其悠久的历史令世界各国人民仰慕。

新中国成立后,北京城发生了翻天覆地的变化,由封建帝都变成了人民共和国的首都,由一个消费的城市变成了一个现代化城市。城市的性质发生了根本性的变化。随着政治、经济的发展,城市的规模也在迅速地扩大。原有的62平方公里的旧城区,成了首都的市中心区,改建扩大后的天安门广场,成为世界瞩目的广场。北京这座古老的城市,焕发出了美丽的青春。今天的北京已由62平方公里扩展为16807.8平方公里,划分为十八个行政区县。北京城正以其独特的历史文化展现其独特的魅力。本教材能为承续这一伟大工程的建造者去谱写新的篇章做点抛砖引玉的工作,感到无比的幸运与欣慰。

三、北京城演进历程的特点

1. 北京历史集中展现了中华民族历史发展的全貌

北京城的形成与发展经历了一个悠久漫长的过程。北京城的演进历程与中华民族的形成与发展同步,北京的历史展示了中华民族的历史发展全貌。北京是人类的发祥地之一,也是中华民族远古祖先生活居住过的故乡。自1929年以来,经过考古与多次发掘证明,北京西南郊周口店龙骨山是举世闻名的北京人、新洞人、山顶洞人繁衍生息的地方。北京地区远古历史经历了从旧石器时代到新石器时期的各个发展阶段,有完整而清晰的发展脉络,基本反映了原始社会历史的全貌。

三千多年前商统治时期,一座早期的城池——古燕国就在今房山区琉璃河董家林地区出现。城市的出现,是人类历史进入奴隶社会的重要标志。周武王封召公奭于燕,北京地区开始成为封国都城的所在地。战国时期北京地区是战国七雄燕国的都城,燕都蓟城是战国名城,有"富冠天下"之说。

秦统一全国后,分天下为三十六个郡,广阳郡、上谷郡、渔阳郡为今北京地区,广阳郡的首府设在蓟城,北京的历史地位随之发生了变化,它开始由一个诸侯国而成为多民族的中央集权制主义国家的北方重镇。秦亡汉兴,西汉时期蓟城在统一政权下成为诸侯王国的都城,东汉时期北京地区为幽州,属于一级行政区,蓟城是幽州州牧的驻地。两汉后历经魏晋十六国、北朝直至隋、唐、五代,在这长达一千一百多年的历史时期中,北京地区——蓟城(或称幽州城)一直处于两种不同的状态中。封建王朝强盛,统治者有能力控制北方和东北边疆的时候,北京地区对内是可以屏藩中原的战略要地;封建王朝一旦失去驾驭北方和东北边疆的能力,或全国处于分裂割据状态的时候,北京地区就成为地方政权或割据势力的中心。公元581年,隋文帝杨坚建立隋朝,改幽州为涿郡,治所仍设在蓟城,北京地区成为统一的隋王朝北方军事重镇。隋炀帝征伐辽东时,曾亲至涿郡蓟城督师。唐朝建立后,蓟城为幽州的治所,贞观十九年(645),唐太宗亦凭借强盛的国势亲征辽东。隋炀帝和唐太宗两代帝王都曾"驾幸"蓟城。隋唐时期的幽州,正是由北方的军事重镇转变发展为全国政治中心的重要阶段。唐天宝十四年(755),幽州蓟城爆发了震撼唐帝国的"安史之乱",这是数十年东北地区各少数民族势力离心逆流发展的结果。唐朝末年至五代时期,北京地区一直处于军阀混战之中。唐后期的范阳(唐玄宗天宝元年改蓟城为范阳)自安史乱起,便不为统一的封建国家所控制。自763年至936年(唐代宗广德元年至后唐清泰三年),一个半世纪内,北京地区的统治者先后更换了28个之多,特别是自后晋石敬瑭将幽、蓟十六州割让给契丹,北京地区的政治地位发生了重要变化。

辽代是我国北方契丹族建立的政权,大致与北宋政权相始终。辽代称幽州为南京,又曰燕京,定为陪都,在陪都起建了皇城,揭开了北京都城地位的序幕。女真族建立的金朝灭辽后迁都燕京、建立中都城,定中都为金的都城。金中都的确立改变了此前历朝多在关中和中原地区建都的历史,在北京城的发展史上具有里程碑意义。自此,北京正式成为金朝的皇都,北部中国的政治中心。

北京地区成为全国的政治中心是在元朝。至元八年(1272)元世祖忽必烈定国号大元,改中都为大都,至元十一年正式迁都于大都城,北京成为元朝多民族国家的政治中心。元朝政府对大都的修建,为北京城的形成奠定了基础。明朝建立后,永乐元年(1403)改北平为北京,并诏令营建北京城,至永乐十九年明成祖正式迁都北京。北京是明朝中央集权统治的枢纽,全国的政治中心。1644年清顺治皇帝福临从沈阳迁都北京即皇帝位,"定鼎燕京"。昔日明朝的政治中心成为清代皇帝号令天下的政治中心。北京城是君主辇毂之地,是元、明、清三朝的国都,历经改朝换代的战火,北京城得以完整地保存了下来。特别值得一提的是,明、清两代,北京城不仅是全国的政治中心,而且也是全国文化的中心,是中华民族物质文明与精神文明的具体体现。

新中国成立后,北京城是中华人民共和国的首都。作为首善之区的千年古城北京,不仅重焕新春,而且正以现代化大都市的崭新形象融入世界的潮流之中。

纵观北京历史演进的历程,对北京历史做一番粗略的回顾与展望,不难看出北京的历史不仅十分悠久,而且脉络清晰,绵延不绝,政治地位不断提升。北京的历史与中华民族形成与发展的历史同步,集中展现了中华民族历史发展。

2. 北京城是各民族和谐共融,携手缔造中华文明的结晶体

中国自古以来就是一个多民族和谐共存的国家,各个民族在长期共同生存中不断碰撞、吸纳与交融,逐渐融合为中华民族这一整体。北京城演进的历程从多方面体现与见证了各民族共同缔造中华文明的事实。北京城本身就是各民族和谐共融、携手缔造中华文明的结晶。北京地区自古以来就是中原汉族和北方游牧民族的交汇之地。由于北京城的历史地位和地理位置,决定了它既是历史上民族矛盾的焦点所在处,又是民族融合的凝聚点。经北京西北的南口,出居庸关便是黄土高原,而自张家口往北便是草原大漠,是中国古代匈奴、突厥、回鹘、蒙古等游牧民族纵横的天下。由北京往东北走,出古北口,经滦河中游往东北地带,是中国古代山戎、东胡、鲜卑、契丹等诸多少数游牧民族狩猎和生活的地带,东出山海关就是鲜卑、乌桓、扶余、室韦、肃慎、女真、满洲等少数民族游牧驰骋的地盘。由于中国古代各个少数民族所处的历史发展阶段不同,游牧文化与农耕文化的不同,在双方不断发生碰撞中又不断交融,而北京地区就成为中原汉族和北方游牧民族的交汇之地,这与北京地区所处的地理位置有很大的关系。北京城坐落在华北平原的西北,三面环山,东南向海,是中原地区通往北方各地的必经之地。兵家称北京地区的地理位置是"右拥太行,左挹沧海,枕居庸,奠朔方",处于"内跨中原,外控朔漠"的战略点上,自古以来便是兵家必争之地,同时也是各民族的交融地带。中原汉族政权衰弱时,北方各少数游牧民族往往会南下侵扰或占据北京地区;中原汉族政权强盛时,北方各少数游牧民族便常常带着马匹、牛羊、人参等土特产前来贸易。无论是中原汉族与北方各少数游牧民族在和平时期的经济与文化的往来,无论是战争时期的人口流动,都使北京地区成为中原农耕文化与北方少数民族游牧文化交融的地带,物质交流和精神文化的交流,使各族进一步融会为中华民族这一整体。

在北京的历史上,民族融合一直是一条文明发展的主线。中华民族的伟大文明是由众多民族共同融合而创造的。民族融合不仅是北京物质文明和精神文明得以形成与发展的前提,而且是中华民族得以形成并不断发展壮大的重要前提。秦、汉与匈奴的抗衡,隋、唐与突厥相互拼争,魏晋南北朝时期匈奴、鲜卑、羯、氐、羌对北部中国的争斗,一直到元、明、清在北京城建都立国,中原汉族与北方各民族双方你来我往,拼杀、争斗了几千年。在南北民族融合的数千年中,既有各民族间彼此友善的贸易往来与交流,也有刀戟相交的冲突与争斗,正是在这交流争斗中实现了彼此的融合。在长期对峙与融合中,九九归一,最终共同融合为一体,北京城也由一个地方政权的政治中心而一跃升为多民族统一国家的政治中心和文化中心。

从北京地区的历史来看,先后在北京城建都的朝代大多是少数民族统治者。由于契丹统治者把北京作为辽朝的陪都,进一步加强了北方游牧民族与汉族民众之间的相互融合。女真统治者建立的金朝把北京作为少数民族政权的国都,使北京城成为北部半个中国的政治中心与文化中心,标志着中国的民族融合进入了一个新的发展时期,北方地区的各个少数民族开始在中国历史的大舞台上扮演着越来越重要的角色。金中都的建立,使北京地区成为一个民族融合的融会中心,标志着中华各个民族融合的进程掀开了崭新的一页。此后蒙古民族建立元大都、明朝永乐皇帝迁都北京、满洲民族建立清王朝以北京为都城,对南北民族的融合做出巨大的贡献。南北民族都在北京城建都的本身,就是中华各民族广泛接触交流、彼此共事与融合的结果。如元人孙静修所说:"万里河山有燕赵,一代风俗自辽金。"北京的历史文化是各民族文化的再现,北京城是中国各族人民共同建造的产物,是各民族文化艺术的结晶。

3. 北京城是中国辉煌的皇都建筑文化艺术的璀璨明珠

北京是世界上著名的古都,它融会着中国各民族悠久的文化传统,凝聚着中国辉煌的建筑文化艺术,体现着古代东方城市完美的文化氛围。北京城市文明的标志集中体现在宫殿为主体的皇家建筑文化。

北京城的建造是按照儒家经典《周礼·考工记》"匠人营国,方九里,旁三门,国中九经九纬,经涂九轨,左祖右社,前朝后市"的都城棋盘形的规制、天圆地方的理论而修建的,既体现皇权至上的理念,又凸现出紫禁城皇城。从北京城的结构来看,由宫城、皇城、内城、外城依次而建,围成四个方阵,逐层相套,层次分明,功能分明。从北京城功能来看,等级严格,分城而居。紫禁城为帝后所居,是整个北京城的核心,内城与外城的职能都是为保护皇城并为其服务的。从北京的中轴线来看:纵穿全城南北的子午线构思巧妙,两侧的建筑与街道依次排列,井然有序,整体布局严谨,拱卫紫禁城。北京作为千年古都,城垣方正,祖社庙市,布局对称,形成了"君权神授"、"皇权至上",以帝王为中心的封建一统的皇家文化特征。

北京为五朝帝都,虽经朝代多次的更替,屡遭兵火洗礼,但基本上保存了一个皇都所应具有的各种建筑,如宫殿、城池、园囿、坛庙以及陵寝等类,在这点上是中国任何一座古都都无法与之相提并论的。

北京城最突出、最宏伟的建筑群,是占据全城中心位置的金碧辉煌的故宫。故宫是北京城的核心,又称紫禁城或宫城,为明、清两代封建王朝的皇宫。紫禁城占地72万平方米,内有宫殿房屋9000余间,建筑面积达15万平方米,宫城有宫城墙,其周长3400多米,外有护城河,即"筒子河"环绕。金碧辉煌的宫殿,在庄严高大的红墙、雄伟壮观的城门和城楼、玲珑精美的角楼、微波荡漾的筒子河的辉映下更为壮丽。紫禁城自明永乐十八年(1420)建成,先后经历明、清两代24位皇帝。像紫禁城这样面积广大,具有东方独特建筑风格的宫殿群,可说世罕其匹。汉、唐时代封建盛世时的长安古都的确令人神往。但今天只能看到当年长乐宫、未央宫以及大明宫的遗址,在悯惋的心情下,难免会低吟出一句"西风残照汉家陵阙"的叹息!沈阳的清故宫虽然保存完好,但其宫殿的建造与规模实在无法与北京的故宫相比。

昔日皇家园囿颐和园、北海等,新中国成立后便向全国人民开放,天坛、地坛、日坛、月坛、社稷坛分布北京城的四周,有的已开放或被列为文物保护单位,有的则尚在整修。明朝陵寝十三陵保存全好,1961年定为全国重点文物保护单位,2003年列入《世界遗产名录》,成为北京第6处世界文化遗产。自此,北京拥有世界文化遗产数量,不仅居于全国第一,而且是世界上拥有世界文化遗产最多的城市。

说到北京城的城池确实令人惋惜,北京城的皇城墙、内城城墙以及外城墙已经面目全非了,值得庆幸的是正阳门门楼与箭楼、东便门的角楼、德胜门的箭楼、西便门的城楼还完好地保存了下来,内城城墙还残存着一段,永定门又重新修复,从中仍能看出明、清两代北京城的规模及其建制。北京城仍不愧为中国辉煌的皇都建筑文化艺术的璀璨明珠。

4. 北京历史是中国传统文化与多种宗教文化相交融的缩影

北京城物质文明的标志,不仅体现在那金碧辉煌的皇宫与宫城,城门与城墙,胡同与四合院,而且也体现于道教、佛教、天主教、基督教、伊斯兰教等多种宗教仪典场所寺庙观堂。北京良好的城市文化生态环境构建了融会各民族文化和世界文化的空间。作为首善之区的北京,融汇着中华民族悠久的文化传承和世界多种宗教文化,形成了多元的文化体系。

宗教文化在世界都城中是一种独特的文化现象。两千多年的中国传统文化中占主导地位的天人合一的思想,使北京这座古老的城市融合中国传统文化的精华与诸多宗教思想内涵,成为北京人世代传承的文化基础。古都北京城内天坛、地坛、日坛、月坛、先农坛和社稷坛,以及寺庙观堂等的建造就表明古都北京宗教文化内涵有多么厚重,它包含着中国宗教文化的精神价值和文化价值,体现着古都北京宗教文化的神韵。古都北京寺庙观堂本身就是一道靓丽的风景线,是古都北京历史文化名城向世界展示的独特资源。

在中国人创造出古都名城北京的同时,也创造了北京的人文空间。自人类的祖先在古都北京这块土地上繁衍、生息、耕耘的时候,宗教文化便随之产生。古都北京不仅是人类的发源地,而且是中国宗教与文化的萌发地。目前已知的中国最早的宗教遗迹是北京山顶洞人的墓葬。从古至今,不但原始宗教、中国土生土长的道教在北京地区繁衍、传播与发展,而且外来的佛教、基督教、伊斯兰教等宗教各个教派亦相继在北京地区传布与发展。古都北京具有极强的文化吸纳能力,它能融入世界上最优秀的宗教文化,使中国传统文化的精华与诸多宗教思想内涵相融合,成为北京人世代传承的文化基础。

原始宗教、道教、佛教、基督教、伊斯兰教在北京长期的演进中,形成了一条完整的清晰地发展脉络,对北京历史产生极大的影响。

古都北京的寺庙观堂种类齐全,品位高,历经沧桑,潭柘寺、戒台寺、法海寺、法源寺、天宁寺、白塔寺、广济寺、西黄寺、雍和宫、白云观、东岳庙、牛街礼拜寺、东四清真寺、宣武门教堂、西什库教堂、房山车厂村三盆山景教十字寺的遗址等等,本身就是珍贵的文物,是北京城物质文明与精神文明重要的标志之一。

四、北京历史的分期

北京历史的分期,目前史学界还没有统一的标准,也没有有关北京史分期的论著,但从涉及有关北京史的著述看,基本上是以通史发展的线索作为北京史分期的标准。北京大学历史系编写的《北京史》一书,也是按此线索。

研究北京史的分期,首先应明确标准,不应照搬通史,同时也应考虑北京的特点,这一原则就是首先要处理好城市史与通史的关系,即局部与整体的关系。其次是要遵照北京历史发展的阶段特点来划分北京的历史时期。主张依据北京历史发展的阶段及特点划分北京历史时期的学者认为:在漫长的北京历史演进过程中,它呈现出阶段性及特征性。应当根据北京历史发展的阶段性与特征,来确定北京历史的分期。如果完全用中国通史分期法来划分北京历史时期,就会忽视北京历史发展的阶段与特点。著名学者阎崇年认为:"北京历史发展有一条基本的线索,这就是从原始聚落,逐渐发展为地域政治中心,发展为北部中国政治中心,乃至形成目前中国的政治中心。依据北京历史发展的基本线索、阶段及特点,把有文字记载的北京史分为五段:(1)先秦:方国政治中心;(2)汉唐:北方军事重镇;(3)辽金:北中国政治中心;(4)元明清:统一多民族国家政治中心;(5)现代时期。"而曹子西主编《北京历史纲要》按北京历史的演变,以其功能、地位和作用,把北京历史划分为四个大的时期,十五个阶段。即第一个时期,从北京地区的古代人类活动开始,到城市的起源和发展(70万年前至公元前222年)。第二个时期,从封建统一国家的东北军事重镇、交通贸易枢纽到北部地区的多民族大城市(公元前221年至公元937年)。第三个时期,中国封建社会、半殖民地半封建社会中全国政治中心、经济中心、文化中心的形成与演变(公元938至公元1949年)。第四个时期,中华人民共和国的首都(公元1949年至现在)。

本教材在吸纳学界已有成果的基础上,将北京历史划分为六个阶段:

(一)远古:北京城的起源与初步发展;

(二)先秦:方国政治中心;

(三)汉唐:北方军事重镇;

(四)辽金:北中国政治中心;

(五)元明清:统一多民族国家政治中心;

(六)近代:1840年第一次鸦片战争到1949年新中国成立期间北京地区历史发展的概况。

第一章 远古时期的北京地区

教学内容：了解北京地区在远古时代的状态，北京湾的形成，北京最早的开拓者如何生活以及他们原始的宗教信仰。

教学目的：通过本章的学习，使学生了解远古时期北京地区的地理环境以及北京地区旧石器、新石器时代的古人类及其文化遗存的基本内容。

教学重点：远古时期北京地区原始人类生存的环境及其生活的文化特点。

北京是北京人的发源地，是孕育人类文明的摇篮。

自然条件是人类生存发展的前提。特别是远古时期，在人类出现以前，当时北京地区的自然环境与现代北京地区自然环境有很大的不同。在四亿年前左右，北京和整个华北地区从大海中隆升，华北古陆诞生了。一亿年前左右，因发生燕山运动，北京的西部上升，中部和东南部相对下沉，北京的山区和平原具有了雏形，为北京人生存提供了自然条件。据地质专家介绍，北京地区远古时期曾是一片海洋，而且是海洋中地壳活动十分剧烈、地质结构非常薄弱的地区。距今一亿多年前的中生代晚期，由于气候变化和地质构造变动，在中国东部发生了一场强烈的造山运动，火山喷发，地壳变动，山地隆起，这就是著名的"燕山运动"。在燕山运动作用下，太行山以西的山地抬升，太行山以东的平原断陷下降，使海岸逐渐向东边移动，历尽沧桑，北京地区终于由深海变成了陆地。

关于北京地区远古时期是海的说法，民间流传的传说极多。北京自古就有"苦海幽州"的说法。相传在北京白塔寺的白塔下压着一条能行云布雨的龙，如放出它，北京城就会重新被大海侵吞。

北京民间相传，当年燕王朱棣要修建都城，让手下大臣帮他选择一地建城，这位大臣就是刘伯温。刘伯温指着远处发光的地方对燕王说：这就是他安邦定国之处。于是燕王就朝着发光的地方走去，走呀走，走到尽头一看，原来是一片汪洋大海。燕王找到刘伯温，责问他说：海上怎么能建城呢？刘伯温说：别着急嘛，我去找龙王说说，请龙王往后退退，让出一块儿地来。龙王虽然很不高兴，无奈无法抗拒上天的旨意，只好照办。于是燕王就在龙王让出之地建了这座北京城。当然，这只不过是北京民间流传的故事而已。任何民间的传说，都是世世代代口头流传的一种形式，有些东西是有根据的，并非完全无稽之谈。比如说北京是一片海就是对的。随着日月的推移，后来才变成了陆地，当然不是龙王让出来的，而是经过多少万年地壳变化形成的。

北京大地在漫长的地质岁月中数度沉浮，饱历沧桑，形成了今天复杂的地貌形态。北京由沧海变成陆地，后来逐渐形成了森林与草原。随着地壳的运动，北京湾由此而诞生。50万年前的北京地区是河流纵横池沼遍地，属暖温带向亚热带过渡的气候，很适合动植物的生长。根据古生物学家的考察，麋鹿、恐龙、剑齿鹿，和人类的祖先就在此生衍繁殖。

第一节　北京湾的形成

北京地区三面被连绵不断的山岭所环绕，只有正南和东南方是开阔的平原。从北京地形图上看，北京地区很像一个半封闭的海湾。地理学家称北京地区为"北京湾"。北京湾位于华北平原的西北角，东距渤海150多公里。北京地区有一条古老的河流，它穿越整个北京城，自西向东流入海河而汇入渤海。

北京地区三面环山。北：军都山、燕山（统称为军都山），往东可直达渤海之滨，史称"神京右臂"。西：太行山的条脉（俗称西山）。东：靠近大海（渤海）。南：直接与华北大平原连接。燕山山脉在南口的关沟附近与南来的太行山山脉相交合，形成了一个弧形的山弯，拱弓着北京城。

永定河是北京的摇篮，它哺育着生灵万物。它也是古老北京的象征。永定河在北京的名气是很大的。永定河斜贯北京西南，源于黄土高原。永定河干流长650公里,流域的面积达5.4万平方公里。其上源分为南、北两支:北支洋河,源自内蒙古乌兰察布盟兴和县以北的山麓;南支以桑干河为主干,发源于山西省宁武县管涔山。桑干河东流到怀来县朱官屯与洋河会合后,始称永定河。永定河从西北流入北京,河切穿太行山山脉,形成了嵌入曲流,即官厅山峡,后形成官厅水库,经山谷而出,倾泻于平原之上。门头沟地区妙峰山下有个三家店,即是永定河的出山口。永定河自三家店出山后,便荡涤于北京湾小平原上,以三家店为中心,河面呈扇面形来回摆动,河道不断变化,北到清河,东南到大兴,形成了一个中部微宽,面积广阔的冲积扇。从良乡直到通州的广阔地段,是永定河横行肆虐的地方。当时人们叫它"无定河"。永定河铸成的这块冲积平原和它源源不断的水流,为北京城的起源、发展奠定了良好的自然基础。

因为永定河发源于黄土高原,故有"小黄河"之称。又因河水浊流,又称之为"浑河"。永定河出西山山谷后,流速顿减,大量泥沙沉积,流速不定,留存至今的永定河故道极多,有的形成小河流,有的形成小的沼泽地带,如什刹海、海子等便是如此形成的。还有的积成地下水,如北京"海淀"地区便因此而得名。

永定河,是清朝为巩固河防以卫京师大力修治而得名的。

20世纪50年代修了官厅水库,从根本上改变了永定河的多泥河,善淤积,好迁徙的特点,使其顺从地为北京人民服务。

北京的河流都属于海河水系,在北京范围内多是从北向南和从西北向东南流,说细些它们又属五个二级的水系。(参见图1-1)

1. 蓟运河水系的错河和沟河。
2. 潮白河水系的潮河、白河和怀九河。
3. 北运河水系的温榆河。
4. 永定河水系的永定河、清水河。
5. 大清河水系的拒马河、大石河。

潮白河是北京地区的第二条大河,由潮河与白河会合而成,故称潮白河。其中,潮河源于河北省丰宁县,白河源于河北省沽源县,两河在密云县的城南河措村附近汇合,经天津市北塘流入渤海,全长

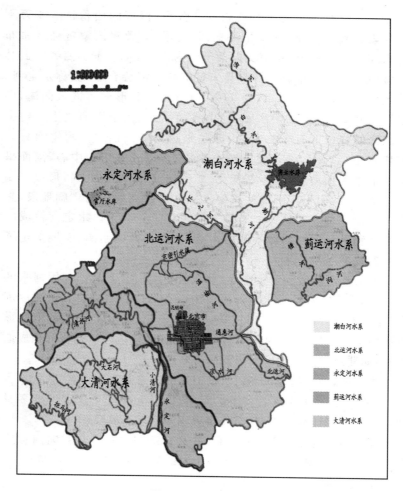

图 1-1 北京水系图

500多公里。

北运河：流经北京城的东郊地区，是隋朝（605～610）由人工开凿的南北大运河的最北段，通惠河、清河、凉水河，几乎全注入北运河，是北京最主要的排水河道。

拒马河：源于河北省涞源县，流经北京的西南边缘。房山区的大石河(又名琉璃河)是其支流。

泃河:源于河北省兴隆县与天津市蓟县交界处,流经北京的东部,因它与错河于平谷西部汇合,故又称其为泃错河。

这些流河为远古人类生存提供了必备的条件。

第二节 北京最早的开拓者

北京人、新洞人、山顶洞人为旧石器时期北京地区的最早开拓者。他们的生活是怎样的呢?

一、旧石器时期

1. 旧石器时代早期文化

考古学家把属于更新世、以打制石器为主要工具的文化,称为旧石器时代文化。北京地区旧石器时代早期文化,以周口店北京直立人文化遗存为代表。

周口店位于北京西南房山区的龙骨山上,属于洞穴遗址。最早由瑞典人安特生(Johan G. Adersson,1874~1960)发现,1927年正式组织发掘,一直持续到1937年。从1929年由裴文中发现第一个完整的直立人头盖骨开始,先后共发现6个较为完整的人类头盖骨化石,以及大量头骨碎片、下颌骨、肢骨和牙齿化石等,总计203件,代表着40多个不同年龄和性别的个体。与人类化石伴出的石制品数以万计,伴出的动物化石有100多种。这是至今为止中国发现的资料最为丰富的旧石器时代早期遗址,也是世界范围内直立人化石及其文化遗存的重大发现。

周口店第一地点所发现的人类化石有较为一致的特点,表现为颅盖低平,前额后倾,颅骨较厚,头骨最宽处位置偏低,眶上圆枕两侧稍向后弯曲,眶上圆枕与额鳞之间有明显的宽沟。头顶有矢状脊,鼻骨较宽,大致属于阔鼻型。颧骨很高,颧面前突且较垂直。吻部略向前突出而没有下颏,下颌骨粗大且有下颌圆枕。牙齿粗壮,有铲形门齿。德国人类学家魏敦瑞(Franz Weidenreich,1873~1948)计算出早期发现的5个头骨平均脑容量1043毫升。1966年在第3层发现的属中年男性的 5 号头骨脑量达 1140 毫升,形态也更为进步。吴汝康认为 5 个成年人的平均脑容量为 1088 毫升。这些人类化石最早被称为"中国猿人北京种",简称"北京人"。由于属直立人范畴,正式被命名为北京直立人,又称北京猿人。(参见图 1-2)

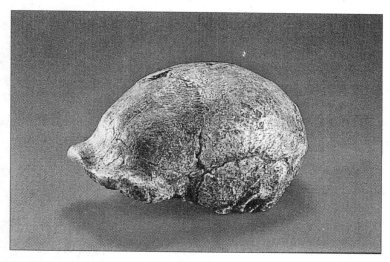

图 1-2　北京猿人头盖骨(复制品)

北京人制造石器的原料主要是脉石英,其次为水晶、砂岩和燧石。制作方法主要为砸击法和锤击法,可能用过砰砧法。石器个体普遍偏小,也有少量大型石器。种类以刮削器最多,占三分之二以上;其次为尖状器,其他还有砍砸器、端刮器、雕刻器和石球等。这些石器有三分之二以上为石片石器,多从劈裂面向背面单面加工,并有很多没有经过二次加工就直接使用的石片。其中最具特色的是用砸击法制作的大量两极石片和用两极石片加工而成的两端刃器。总体来看,北京人对石料的有限选择,在很大程度上影响到产品的质量,造成耗料甚大,次品率高,成品率低;打制技术也为不修理台面的原始的技术,故石片多不定型。作为主要种类的刮削器稳定性不够,加工比较粗糙,有一定的原始性。密云黄土梁地点的石制品与北京人早期的石器接近。

与石器伴出的还有很多破碎的兽骨,不排除个别曾用作骨器,但绝大多数应为当时敲骨吸髓所致。北京人居住的洞穴内还发现有大量的烧骨、成堆的灰烬,以及木炭、被烧过的石头、鹿角、朴树子、紫荆木炭块等,个别层位的灰烬厚达数米,表明北京人已经学会控制用火。

与北京人伴生的动物化石达 100 多种,仅哺乳动物化石就有 90 多种,代表性的动物有中国鬣狗、肿骨鹿、梅氏犀、水獭、剑齿虎、三门马、李氏野猪、硕猕猴、葛氏斑鹿、德氏水牛、居氏大河狸、转角羚羊和豪猪等,被称为周口店动物群(参见图 1-3)。其中现已绝种的占 60% 以上,其年代相当于更新世中期。这些动物化石能够存在于洞穴中,应有多种情况。如食草类动物,既可能为北京人的猎物,也不排除是食肉动物拖入洞中;食肉动物不少可能为曾经在此穴居的动物,如中国鬣狗。食草动物中数量最多的肿骨鹿、葛氏斑鹿、野猪等,可能为北京人的主要狩猎对象,甚至可能存在不同季节猎取不同鹿类的现象。共存的鸟类化石共 62 种,多经火烧,应为北京人的重要猎物。森林中的第三纪残留动物剑齿虎可能对人类威胁最大,还有一般的豹、虎、棕熊、狼等。草原上则奔驰着三门马、羚羊、肿骨鹿等。边缘性生态环境、多种动植物资源,为北京人提供了良好的可以长期居住的理想生境。(参见图 1-4)

图 1-3 周口店动物群

图 1-4　猿人生活

2. 旧石器时代中期文化

"文化大革命"期间发现的"新洞人"文化,是北京地区旧石器时代中期文化的代表。在周口店第 15 地点、第 22 地点和房山半壁店附近,也都发现有旧石器时代中期遗址。

新洞实位于龙骨山南坡。在洞中发掘出 1 枚可能属于男性个体的左上第一前臼齿,颊面无三角形隆起,齿冠基部没有凸出的齿带,比北京人进步,各项测量数据都介于北京人和山顶洞人之间。伴生哺乳动物约 40 种,可分为三类。第一类是北京人时期的残存属种,有硕猕猴、披毛犀、翁氏鼢鼠、似李氏野猪、肿骨鹿等;第二类是新出现的晚更新世动物,如岩松鼠和赤鹿等;占多数的是第三类,即在第四纪早晚一直延续的动物。显然,新洞人比北京人时代晚,属于晚更新世初期。据碳十四法、热释光法、铀系法等方法测试,新洞堆积的年代距今 20 万年至 10 万年左右。

新洞内发现有大量灰烬,还有烧过的朴树籽,没有发现鬣狗粪,说明曾长期作为人类的居穴。动物化石中,多见生活在茂密杂草中的啮齿类,也有一般活动于树林和灌木丛中的犀、象、熊、猞猁、猕猴等。结合孢粉分析,可知当时气候温暖,附近为多树的灌木草原。值得注意的是,新洞中发现有一些大型哺乳动物的烧骨,或许是人类捕猎的对象,说明其狩猎能力比北京人有所提高。而大量小型哺乳动物化石的发现极可能同新洞人选择其作为食物来源有关。

3. 旧石器时代晚期文化

晚期文化以山顶洞人文化为代表，除山顶洞外，引人关注者当数东城区的王府井东方广场古文化遗址。

山顶洞遗址发现于周口店龙骨山顶，紧邻第一地点，1933年至1934年进行了发掘。山顶洞由洞口、上室、下室和下窨组成。接近洞口的上室较为宽大，有烧过的灰烬，可能是居住的地方。下室狭小阴暗，集中摆放着人骨，人骨旁边有不少红色的赤铁矿粉末，还有不少装饰品，当为有意识的埋葬，或者就是当时的墓地，也就是迄今为止中国境内发现的最早墓地。据碳十四、热释光、氨基酸外消旋法测定，动物化石的综合年代为距今18300～10500年，堆积年代为距今29000～10000年。山顶洞的地质年代属于晚更新世晚期。晚更新世以后气候总体上向干冷方向转变。山顶洞发现有果子狸、猎豹等代表温暖气候的哺乳动物，可能反映了从间冰期向寒冷的末次冰期的过渡。在附近树林中还有赤鹿、斑鹿、野猪，草原上有野马、羚羊，并有鬣狗在夜间出没。

所发现化石包括三个完整的头骨和许多头骨残片、下颌骨、牙齿、脊椎骨和肢骨等，代表8～10个人的个体。其中一例男性超过60岁。这三个完整头骨具有不完全一致的形态。与北京直立人相比，山顶洞人的脑容量增加，平均1393.3毫升，在现代人的变异范围之内；脑内动脉分支也与现代人接近，说明智力发达程度已同现代人接近。(参见图1-5)伴随着这一变化，使颅骨变高、厚度变薄，头骨最大宽度上移，额部丰满，眉弓变矮，吻部后缩，牙齿变小，颏部突出。男性身高1.74米，女性1.59米，高于北京直立人。

图1-5 山顶洞人

旧石器时代晚期文化比前有十分显著的进步。山顶洞的石器仍属小石器传统，但石器种类更加多样化，有各种刮削器、尖状器、雕刻

器、锥或钻等。这时的另一个重要变化,是骨角器的大为发展。山顶

图1-6 山顶洞人骨针

洞的带穿骨针(参见图1-6)、刻纹鹿角等的出现,表明人们已经掌握了骨、角材料的特性,使用了不同于石器制作方法的专门工艺。尤其骨针的出现意味着当时已可以用兽皮缝制原始衣服,对人们抵御酷暑严寒,以及培育人类特殊的服饰文化有重要意义。这时文化发展的另一重要标志是多种装饰品的出现。主要有表面稍经磨平的穿孔石珠、表面打磨并涂朱的穿孔砾石、齿根部位对穿的穿孔兽牙、穿孔青鱼眶上骨、穿孔海蚶壳、刻纹鸟骨管、鱼脊椎骨等。这些装饰品多发现于人骨化石附近,当属随身的佩饰、坠饰类,说明当时人类已经有明确的审美观念,注意自身的装饰打扮。以红色的赤铁矿粉末将装饰品染红,或在尸骨旁撒粉末,说明人们最早关注的是红色,这也是旧石器时代晚期世界其他地方的普遍现象。除赤铁矿易得外,可能又有驱逐野兽的作用,或者与鲜血及人们的生死观有关。这些都意味着人们的抽象思维能力有很大提高。海蚶壳的发现表明其活动范围更远达海滨。(参见图1-7)

图1-7 山顶洞人捕鱼示意图

1996年在王府井东方广场的施工现场发现有旧石器时代晚期的人类活动遗迹,碳十四测年为距今24030±350年。发现有2000余件遗物,1000多件石制品,包括石核、石片以及石锥、石钻、刮削器、雕刻器等小型石器,原料以燧石为主,以锤击法为主,仍以石片石器为主,作为主体的刮削器以向背面加工为主。骨制品400余件,有骨核、骨片、骨器,有些骨片上有人工刻画或砸击的痕迹。还有木炭、烧骨、烧石、灰烬,以及大量牛、马、鹿、兔、鸵鸟等动物的化石。这可能是一处人类临时活动的营地,是在北京平原上首次发现旧石器时代晚期人类的活动遗迹。从石器看,与山顶洞石器特点基本一致,与北京人石器也有一定的相似性。

山顶洞人及其文化肯定应当是后来华北地区新石器时代人类及其文化的主要来源之一,甚至不排除与北京地区的新石器时代早期存在直接关系。

二、新石器时期

人类社会迈入新石器时代的门槛,大概是距今1万年左右的事。新石器时代是以原始农业、家畜饲养为主要特征,以磨制石、陶器为主要标志。

1. 新石器时代早期文化

北京地区新石器时代早期文化,发现于门头沟东胡林文化遗址。据测定,距今10000年左右。在东胡林文化遗址发现火塘等用火遗迹。墓葬葬式仰身直肢,有二次葬。随葬有螺壳组成的项饰和牛肋骨串成的骨镯,可能都属于墓主人生前佩戴的饰物。

作为主要生活用具的陶器基本为夹砂褐陶,器表斑杂,火候不均,质地疏松,陶胎中夹杂大量石英颗粒。器类可能属筒形罐和盂类。内壁粗糙,外表稍光滑。除个别口沿外有附加堆纹和錾状装饰外,其余基本为素面。主要为泥片贴筑法制作。还有个别的石容器残片。

东胡林和转年遗址出土了大量细石核、细石叶、圆头刮削器、雕刻器等细石器,此外还有打制的砍砸器、刮削器、尖状器,以及磨制的石斧、石锛、石磨盘、石磨棒。细石器主要与狩猎有关,在东胡林发现不少鹿骨。

2. 新石器时代中期文化

北京地区新石器时代中期文化,见于平谷上宅遗址,以其第8层遗存为代表,绝对年代在在公元前5000年以前。在上宅遗址出土的手制陶器有1000余件,主要器型为深腹罐、各式钵、盆、碗、杯盂、舟形器和鸟首形镂孔器等,工艺品有猪头、羊头、海马、蛇等小型塑像及耳珰形器等;出土石器约2000余件,大多为打制、琢制或磨制的大型石器,也有细石器。大型石器为盘状器,其次为砧石。形态规整、磨制精致的有石斧、石铲、石磨棒、石磨盘和锄形器。细石器多数为间接打制而成的长条形长片,如石镞、尖状器、刮削器、石刀等。还有打猎用的掷球、弹丸及捕鱼工具,雕刻工艺品有小石猴、小石龟、小石鱼及耳珰形器。(参见图1-8)从上宅文化的绝对年代、器形的形制、纹饰及制作方法等方面分析,上宅文化的相对年代应属新石器时期较早阶段,其社会性质为原始社会阶段,比磁山、裴李岗、兴隆洼等早期新石器文化略晚,但早于红山文化。

图 1-8 器形的形制

3. 新石器时代中、晚期之交文化

新石器时代中、晚期之交遗存,在北京有较广泛的分布,以北部的平谷上宅第4至7层遗存、平谷北埝头遗存,以及以昌平西北约4公里的雪山遗址存为代表。

在北埝头发现近椭圆形的半地穴式狭小房屋。在该遗址挖掘出房址10座,属半地穴式建筑,每座房址地面中部附近埋有1~2个较大的深腹罐,罐内存有灰烬和木炭,是烧煮食物和保存火种的灶膛。在房屋周围发现手制陶器(掺有滑石粉,较规整),器表面有纹饰,有大口深腹罐、圈足钵、小罐、平底碗、双系小杯、鸟首形镂孔器有圆形器等。石器有大型石器和细石器两种,大型石器以盘状为主,还有石斧、石铲、石磨盘、石磨棒、石饼和石坠等,制法同上宅。细石器由燧石打制而成,有石镞、柳叶形器、尖状器、刮削器和石片、石核等。从出土的器物上可看到,农业不甚发达,经济方式可能属于农业与渔猎采集经济并存。

雪山一期文化遗存,在雪山遗址第Ⅰ和第Ⅱ地点,有灰坑9座,为圆形和椭圆形两种。圆形灰坑形状规整,可能是用于贮藏物品的。陶器为手制的,主要是罐,大部分是带双耳,还有钵、壶、盆和豆等。石器以磨制为主,选用的石料为砂岩、页岩、石英砂岩、玛瑙石等,种类有斧、凿、刀、磨棒、环、镞等。该遗址相当于仰韶文化或红山文化晚期阶段。

雪山一期文化在北京地区的兴起,标志着北京文化进入一个蓬勃发展的时期。陶器中加砂陶明显多于泥质陶,以褐色为主,灰、黑陶少量。崇尚素面,有一定数量的彩陶,少见绳纹等拍印纹饰。彩陶图案有垂带纹等。陶容器绝大多数为平底,少数带圈足,不见三足器,种类主要有素面侈口罐、素面高领罐、高领壶、筒形罐、弧腹盆、敛口钵、豆等。装饰品有石环等。这时北京南北部的些许差别,比如南部陶器多夹云母等,不过是环境略有不同的反映。从石斧、石锛、石凿、石磨盘与石磨棒,以及细石器镞等工具的发现来看,其经济方式应以农业为主,兼有北方式的狩猎。

4. 新石器时代晚期

大约公元前4000年以后,以北京地区雪山二期文化为代表的新石器晚期,以夹砂和泥质褐陶为主,其次为泥质黑皮陶、灰陶和里外透黑的纯正泥质黑陶。素面和磨光陶不少,也有不少绳纹、篮纹、旋纹、方格纹、附加堆纹、划纹、戳印纹等,出现轮制器物。陶容器有平底、圈足、三足器,种类复杂,有双鋬鬲、翻缘甗、斝、鸟首形足鼎、甑、深腹罐、矮领瓮、豆、高领壶、高柄杯、曲腹盆、平底盆、双腹盆、平底碗、折盘器盖等,还有装饰品环。从功用来说,专门化程度很高,仅炊器就有五大类之多;用作盛储器的盆有三四种形制。北京地区较多褐陶,实为一大特色。从平底盆来看,为轮制褐色,轮制技术和南部地区无异,只是烧成的时候偏好氧化焰。从石斧、石刀、石锛、石凿、石磨盘与石磨棒、陶纺轮,以及细石器镞、刮削器等来看,经济应以农业为主,兼有北方式的狩猎。尤其是石刀的较多出现,为农业发达的明证。

总体来说,雪山二期文化属于中原文化系统,兼有东方、北方风格,是一种多元因素的文化,也是一种颇为活跃的文化。仅从陶器器类的空前复杂化,也可推想其社会生活的丰富多彩,以及社会分工和社会阶层的存在,当时应已进入初期的文明社会。由于该文化以北当时可能不存在农业文化,因此北京地区就成为了对抗燕山以北非农业民族的前沿阵地。

在经历了几十万年漫长的原始社会阶段后,北京地区终于迈进了人类文明的大门。在这块土地上,由北京地区出土的螺壳项链、手镯、陶器(红陶、黑陶)、青铜器足以证明:北京地区很早就进入人类文明。随着生产力的提高,私有制的出现,原始的城堡便开始产生,即最早的城市的雏形逐渐形成。随着阶级社会的出现,一个伟大的城市已孕育其中。城市是作为一种社会的结构而存在的,是为了适应社会的发展的需要产生的。摩尔根《古代社会研究》一书指出:"在回顾人类的进步过程时,在低级野蛮社会中,部落长住的居民点是用栅围起来的。"由于财富在生产力提高的情况下逐渐增长,私有制随之产生,有了私有财产便出现了部落之间的争斗。每一氏族部落,为了保护自己的财富,为了防范其他部落的掠夺与侵袭,采取了一些相应的防御措施,如建栅栏,后用石头与土筑墙,逐渐把一个氏族的中心点变成了有防御措施的部落,城市便是由这种部落的居位点发展而成的,也就是说城市的产生最初是出于防御的需要而形成的。城市同时也具有防御的功能。

第三节 原始宗教与早期文化

宗教是人类文化的一种现象,是人类社会发展到一定阶段的产物。原始宗教属于自然产生的宗教,是从人类有了灵魂观念的时候开始的。人类的灵魂观念和原始宗教信仰最初产生于原始社会。

一、"北京人"没有宗教意识

远古时期人类的祖先思维很简单,语言也很贫乏,过着群居的生活,在他们的意识中根本就没有什么宗教观念。最早生活在北京房山区周口店地区的"北京人",便处于人类的这一历史时期。1927年至1928年,周口店地区出土了大量的古人类化石,科学家开启了周口店镇龙骨山宝库。国内外古人类学家对考古发掘的"北京人"化石研究表明:"'北京人'的牙齿比现代人的牙齿大而粗壮。肢骨很像现代人,但也显示出一些原始性。……总的来说,'北京人'的身材比现代人略矮一些,这表明人类进化过程中身高也是逐渐加大的。"而且认为,从社会发展阶段来看,"北京人"正处于原始群时期。"当时的人类还处于幼年时期,由于刚刚脱离动物界不久,婚姻形态也很原始。"由此可见,在远古时期,处于原始人群阶段的"北京人",是没有宗教意识的。

在人类社会发展史上,曾经有一个极其漫长的时期是没有任何宗教观念的。也就是说,宗教是人类社会发展到一定阶段的社会历史现象,并不是有了人就有了宗教,人类的祖先是没有任何宗教信仰的。

二、北京山顶洞人的宗教意识

在人类经过长时期的集体劳动,逐渐产生了抽象思维能力之后,宗教意识才逐渐产生。人类的宗教观念大约产生于公元前3万年到1万年的中石器时代后期,或者更晚一些时候。

在北京西南郊房山区周口店北京龙骨山猿人遗址发掘出的众多的人体骸骨化石和丰富的文化遗存是世界上绝无仅有的,这些文物遗存说明北京是世界最先进入人类社会的地区之一。考古工作者在北京房山周口店古人类遗址的发掘发现:生活在北京地区的古代人类山顶洞人的"人类遗骨周围,散布有赤铁矿粉",山顶洞人这种墓葬方式表达了北京古人类对死亡的看法。山顶洞人把赤铁矿粉或红色碎石块放在死者的身上,似乎带有"输血"的含义,认为这样做就会使死者的"灵魂"到另一个世界去"生活",表达了山顶洞人意识中有一个"彼岸世界"存在,这就是人类最初的宗教观点。

学术界认为:考古工作者1933年至1934年在北京房山区周口店地区发掘发现的北京山顶洞人的墓葬,是目前已知的中国最早的宗教遗迹。这些不会开口讲话的山顶洞人的原始墓葬群,以他们对死者尸体的处理的方式告诉我们,距今18000年前人类的远古祖先已经有了灵魂观念,而某种原始的宗教信仰大约也在原始人群走向母系氏族社会的这一时期产生了,山顶洞人的墓葬表明北京地区最早的山顶洞人有了宗教意识。

北京山顶洞人的宗教遗迹,不但揭开了宗教北京的序幕,而且也揭开了中国宗教的序幕。

三、早期文化——对红色的崇拜

由考古发掘来看,在旧石器时代的晚期,在山顶洞人居住的洞穴内,埋葬氏族内的死者,在尸体上撒赤铁矿粉和红色的碎石块,并且随葬装饰品等,一方面表明山顶洞人有了宗教意识,另一方面还表明远古人类特别喜爱红的颜色。

一些学者研究发现:山顶洞人崇拜红颜色主要的原因之一与"火"是红色有很大关系。由于火的使用和人工取火的发明,人类的祖先摆脱了茹毛饮血的动物式的生活,获得了御寒的、驱赶野兽的手段,使人类的生产和生活发生了质的变化,所以红颜色在山顶洞人时期就得到偏爱。

远古人类崇拜红颜色的另一原因和"太阳"是红色也有很大关系。太阳象征着光明,也象征着生命,有了火红的太阳,万物才得以生长。红颜色是生命的象征,红色自然被视为能趋吉避凶的吉祥颜色。

名词解释:

北京湾的形成　　北京人　　新洞人　　山顶洞人
东胡林人　　上宅文化　　雪山文化

思考题：

1. 远古时期北京地区的地理环境
2. 旧石器时代北京地区的文化特点
3. 新石器时代北京地区的文化特点
4. 原始宗教特点

第二章 北京地区早期的国家和城市

教学内容：北京地区的先民们经过原始社会,进入了阶级社会,在新的社会中出现了早期的国家和城市,重点了解西周以来燕国的历史与文化。

教学目的：通过本章的学习,使学生了解北京地区早期的国家与城市的初步形成是经历了一个漫长的、由小到大、由低级到高级的发展过程。

教学重点：西周及春秋战国时期燕国的历史与文化,以及西周燕国的始封都城董家林古城址和燕都蓟城的兴废。

第一节 城市的萌芽

北京地区在原始社会后期便出现了都市,并开始由原始社会向奴隶社会过渡。

一、传说中的北京

北京传说最早在北京建都邑的是中原各族共同的祖先黄帝。历史传说：黄帝部落与炎帝联合后,在北京西北的涿鹿将九黎部落打败,并杀死它的酋长蚩尤,而后建立了都邑。《史记·五帝本纪》记载："蚩尤作乱,不用帝命。于是黄帝乃征师诸侯,与蚩尤战于涿鹿之野,遂禽杀蚩尤。"后黄帝被尊为天子,"邑于涿鹿之阿……以师兵为营卫(都邑早期城市)"。神话传说,黄帝曾在涿鹿(今官厅水库附近)之战和阪泉(涿鹿东)之战中,先后战胜了蚩尤和炎帝,在涿鹿建立了都邑。杜佑《通典》记载：帝的孙子"颛顼都於帝邱,其他北至幽陵"。明万历年间修《顺天府志》："渔子山,平谷县东北七馀里,传为轩辕黄帝陵,门阜隆然,形如大冢,即渔子山也,其下就有轩辕庙。"并说,颛顼还在业陵祭祀过黄帝。还传说黄帝葬于平谷。明朝蒋一葵

《长安客话》记有"平谷县,鱼骨山"。

这些传说所涉及的都属原始氏族末期的历史。历史发展的规律告诉我们,最初的城市的诞生,正是奴隶社会发展的标志。

由传说可知,幽州就是北京最早的正式名称,《吕氏春秋·有始览》:"北方为幽州,燕也。"幽州一词出现不会早于战国。

城市是在一定的历史条件下产生的,是随着阶级的出现而出现的,北京城也是根据社会发展的需要而形成的。

轩辕黄帝之孙高阳氏帝颛顼,曾"北至于幽陵(幽州)"。尧时曾经"申命和叔,居北方,曰幽都"。尧令人治水,流无功者共工于幽陵。大禹时分天下为九州,大河以北称作冀州。(《墨子·尚贤上》:"禹举益于阴方之中,授之政九州成。")夏朝时,商祖在北京地区南部活动。商祖王亥在京南易水一带放牧过牛羊,在各部族间进行贸易。夏朝曾经把天下九州分为十二州,把冀州分为两部分(北——幽,南——冀)。

《史记·五帝本纪》所记黄帝与炎帝、黄帝与蚩尤这两次战争是中国古代流传下来的很著名的传说。涿鹿与阪泉今在何处,虽有不同说法,但史书记载都在今北京附近,时间距今约四五千年。

二、"幽都"与"幽州"和"幽陵"

1. 中国古籍中有不少关于"幽州"、幽陵的记载,其中最著名的幽州,有一种比较广泛的说法,认为北京最早的名称叫"幽州",并认为是从尧舜时期流传下来的,实际上这仅仅是传说。"幽州"一名,在中国历史上出现,大约在战国时期。史籍中最早记载幽州之名的有,《周礼·职方氏》:"东北自幽州。"《吕氏春秋·有始览》:"北方为幽州,燕也。"《尚书·舜典》:"流共工于幽州。"《尔雅》:"燕曰幽州。"在明确记有"幽州"的几部书中,《周礼》和《吕氏春秋》成书于战国后期。故幽州一名的出现不会早于战国时期。当时出现"幽州"之名,并不是孤立的现象,它与先秦学术思想的发展有密切关系。战国时产生过一种学说——"九州说",这种学说是当时人根据他们掌握的地理知识,将全国土地分为九个区域,共九个,故称"九州",幽州是九州之一。当时"九州"说,只是一种学说,并不是现实生活中各地通行的地名,在中国历史上将"幽州"作为一处区域的地名来使用,是汉武帝时。西汉前,中国地方建制并没有"州"这一级名称,汉武帝元封五年(公元前106年)在全国设十三州部,幽州名列其中,这是幽州在北京地区为正式地名的开始。

2. 幽州初置的时间。"幽州"作为正式行政机构,确切地说应始于汉成帝绥和元年(公元前8年)。但按古代注释家们所说"幽州"一词的出现是在遥远的古代,甚至传说中的尧舜时期。

3. 与幽州相关联的地名还有幽都、幽陵、幽都之山等。按古代注释家们的说法,"幽都"即"幽州"。"幽州"与"幽都",这两个名称的来源,本出自不同的系统。如上所说,"幽州"是九州之一,它是随着九州一词的出现而出现的。

"幽都"与"幽都之山"则不同,它们的出现与"九州"说法没有什么关系。

"幽都"这个名称传布甚广,除见于历史著作外,在古代神话和文学作品中也经常出现,因此,它不仅是一般的地理名称,而且在神话领域里"幽都",成为阴间世界的代名词。历史地名"幽州"——"幽都"——"幽陵"。

4. 在神话传说中,将人死后居住的世界称为幽或"幽都",《庄子·天运篇》有"鬼神守其幽"。《礼记·檀弓下》:"望反诸幽,求诸鬼神之道。"郑玄注:"鬼神处幽暗,望其从鬼神所来。"《楚辞·招魂》:"魂兮归来,君无下此幽都些。"王逸注:"幽都,地下后土所治也,地下幽冥,故称幽都。""幽都"指阴间幽冥世界。即使儒家经典,也难确定其具体地点,西汉孔安国在《尧典》"幽都"下注云:"北称幽,则南称明,从可知也,都谓所聚。"宋代蔡沈在《书经集释》中用传说解释传说的办法称:"日行至是,则沦于地中,万象幽暗故曰幽都。"幽都是个"万象幽暗"的地方。

5. 古代注释家对幽都的具体地点也曾作过解释,但各家说法不一,有的认为在雁门以北,《淮南子·脩务》高诱注云:"阴气所聚,故曰幽都,今雁门以北是。"有的认为指的是《山海经》中的"幽都之山",《史记·五帝本纪》索隐说:"《山海经》曰:'北海之内有山名幽都。'盖是也。"影响最大的说法还是"幽都"即"幽州"、"幽陵"

为一地说。

6. 历史事实如何,各家均未进行论证。作为古代传说而言,各书所说难免有某些分歧,这是常见的现象,无法据以严格追究其历史的真实性。

7. "幽都"之名,作为中国历史上的地理名称大约在唐代中叶。唐德宗建中二年(781),设幽都县,其地在今北京市西南,即宛平城。这是幽都作为正式地名的开始,在此以前,虽有幽都之名,但均属神话或传说,不是人们现实生活中所使用的真实地名,故而不能实指其地,唐代幽都县的建立,才正式确定了幽都的所在地,可见"幽都"之名是一个以传说到现实的演变过程。

三、商代文化

1. **商代早期——夏家店下层文化**

夏家店下层文化是指分布于燕山南北的一支青铜时代的古老文化,因发现于内蒙古赤峰夏家店遗址而得名。其年代约为公元前 2000~前 1500 年,约相当于中原地区的夏及商代早期。这一文化的陶器与中原地区风格大异,除形体上的区别外,彩绘做法也是同时期文化中所特有的。但这种彩绘是在陶器烧成后绘制上去的,因而与仰韶文化中在生坯上绘成,然后焙烧的做法不同。从青铜器的出现与使用,彩绘陶纹样(参见图 2-1)与商青铜器的关系,占卜风俗的盛行等文化特征看,夏家店下层文化与中原地区的夏商文化关系极为密切。

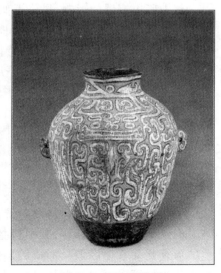

图 2-1 彩绘陶纹样

2. 商代中期——刘家河商墓

刘家河商墓是商代晚期墓葬,位于北京市平谷区刘家河村。其墓葬年代约为公元前14～前13世纪。该墓葬是1977年由当地农民在取土时发现的,后由北京市文物工作队作了考古发掘。

据考古发掘考证,此墓为南北向,有二层台。墓主人的遗骸不明。墓内共出随葬品40余件。铜器有小方鼎、饕餮纹鼎、弦纹鼎、鬲、甗、爵、斝、卣、罍、瓿、盉、铁刃铜钺,还有人面形饰、各式铜泡等。金器有臂钏和耳环、笄、金箔。此外出有玉斧、玉璜及绿松石珠等。其中铜礼器放在南端二层台上,金饰、玉饰、铜人面形饰及铁刃铜钺等均出于墓底。铜礼器中的小方鼎、饕餮纹鼎各成对,这在商代中晚期墓中是少见的。出土的金臂钏,用直径0.3厘米的金条制成,工艺讲究,金耳环和金笄也是难得的珍品。铁刃铜钺残长8.4厘米,钺身呈长方形,有上下阑,铁刃系由陨铁锻成,嵌入钺身内约1厘米。这是继河北藁城台西遗址出土铁刃铜钺之后又一件发掘品,表明商人对铁已有一定程度的认识,并已具备锻铁技术。

墓中所出铜器的形制、风格近似中原商文化,但所出的金器具有较强的地方色彩,迄今未见于中原地区的商代遗址。墓室填土中所出的陶片具有夏家店下层文化的特征。这座墓的发现对研究商文化的分布以及探索商文化与夏家店下层文化的关系都有重要意义。关于墓的年代,也有学者认为属商代中期。

第二节　西周燕国都城及燕文化

一、古燕国的由来

历史文献记载:夏朝与商朝统治时期,北京以及北京以北地区当时有几个部族同时存在,其中包括孤竹、燕亳、山戎、肃慎等,其中燕国可算是北京地区最早形成的国家之一。燕国,是北京地区自然形成与发展而建立的奴隶制国家,史学界通常称之为"古燕国"。

关于古燕国的历史情况,甲骨文和其他文献资料都有所记载。商代甲骨文中"燕"字写作"匽",并有"匽来"、"妇匽"等卜辞。所谓

"晏来",当指晏国人到商王朝来。而"妇晏"则指嫁给商朝人的晏国女子。可见,晏与商王朝不但常有往来,而且还有婚姻关系。文献资料中出现的这个古燕国始于西周初年。公元前11世纪中期,周武王灭商后建立了西周王朝的统治。周武王得天下而分封诸侯,据《史记·燕召公世家》记载:"周武王之灭纣,封召公奭于北燕。"《左传·昭公九年(前533年)》亦记载周景王使者詹桓的话:"及武王灭商……肃慎、燕、亳,吾北土也。"这些史料记载虽不完全一致,但可以看出早在周初封燕以前,北京地区就有古燕国。周初,燕已存在。周武王灭商以前,北方就有肃慎、燕、亳存在了,古燕国与商同族同宗,从属于商朝。

在汉代以前"燕"与"晏"、"匽""郾"通用,由于时代不同,文字的字形也有变化,"燕"在甲骨文中的字法是像一只小燕在飞。飞燕最早出现在北京地区部落,居住在北京地区部落的图腾就是飞燕。古燕国的祖先与商同宗,相传其祖因母亲吃了燕子的蛋而生,故其部落崇拜燕子,以燕为图腾,以燕为族徽,以燕为部族名,逐渐演变成为国家,仍称燕。山脉也因之而用燕命名:燕山山脉。古燕国的版图很大,活动范围和区域也很广。在董家林古城遗址附近东南一里的黄土坡村发现了几百座大、中、小墓葬,出土有青铜器等,发现了很大的奴隶主墓葬,说明北京董家林地区早在商朝末年就是人口密集的都邑。

北京地区自然形成的国家除了古燕国之外,还有一个古蓟国。古蓟国可能是黄帝后裔所建,于公元前7世纪被燕国所灭。《史记·乐书》记载:"武王克殷返商,未及下车,而封黄帝之后于蓟。"《史记·周本纪》记载:"武王封帝尧之后于蓟。"由以上记载可以看出,古蓟国与古燕国同为远古时期北京地区自然形成的国家,而在西周初期同为诸侯的封地,成为臣服于西周的诸侯国。

二、西周时期燕国都城

1. 城市产生的原因与条件

任何城市的产生都是与社会生产发展分不开的,也就是说,城市是社会生产方式发展到一定阶段的产物。马克思、恩格斯对此都有过论述。如马克思在《德意志意识形态》中指出："城市的出现,在物质劳动和精神劳动的最大的一次分工的时期,它是随着野蛮向文明过渡,部落制度向国家的过渡,地方局限性向民族的过渡而开始的。"

城市是在原始社会的末期出现的。

北京城也产生于原始社会向奴隶社会交替的时期。了解北京城产生后北京地区的形势及当时的历史状况,将有助于我们进一步了解北京城发展的历史。因为这与北京城的形成是有着极密切的关系的。

(1) 城市产生的原因

由于生产及生活的需要,在长期与大自然斗争中,人类逐渐形成群居的居民点及氏族公社。当时生产及生活方式简单,因而分区也很简单,当时只有"生与死"的区别。最早居民点只有住处与葬地的分区。随着生产工具的进步,生产力不断提高,生产发展产生了剩余产品,也就产生了私有制,这就使原始公社的生产关系逐渐解体,而慢慢过渡到奴隶制社会。

传说中夏禹传子而不禅让,标志着人类已进入私有制的社会。《礼记·礼运》篇叙述的小康社会,正是描述了原始公社的解体及向奴隶制的过渡:"今大道既隐(原始公社解体),天下为家(变公有为私有),各亲其亲,各子其子,货力为己(财产私有),大人世及以为礼(儿子继承财产变为是当然的事)……城郭沟池以为固(保护财产)……以立田里(土地私有)……是谓小康。"

从这段描述可以看出,由于私有制的产生,需要有城郭、沟池来保护奴隶主的私有财产,传说夏已经是"筑城以卫君,造廓以守民"了。城是保护国君的,廓是看管人民的,二者的职能很明确。

(2) 城市产生的条件

《管子·乘马》云:"凡立国都,非于大山之下,必于广川之上,高毋近旱而水用足,下毋近水而沟防省。因天材,就地利,故城郭不必中规矩,道路不必中准绳。"不难看出:中国都邑或城镇选址非常严格,首先城址要选在山川远近得当之处。还要水源充足,交通便利。也就是说:一个城市的产生首先应具备主要三个地理条件:1. 地势平坦;2. 水源充足;3. 交通便利。这三个条件是大多数城市产生与形成所应具备的地理条件。

2. 西周燕国都城及文化

(1) 武王灭商与周初封燕

西周时期,是中国奴隶制发展的鼎盛时期。公元前11世纪中,周武王灭商纣后建立了西周王朝。周武王为巩固刚刚建立的周王朝统治,采取了一系列的措施,其中最重要的措施之一就是实行分封制。分封制为"封建亲戚,以藩屏周"。"封建"就是封邦建国之意。周天子的宗室封为同姓诸侯,功臣和先王圣贤的后裔等封为异姓诸侯。受封的诸侯都可以从周天子手中分到一定范围的土地和奴隶,即周天子连同土地上的奴隶一起分封给诸侯。受封的诸侯得到了土地和奴隶,但是他们只有使用土地的权利,没有拥有土地的权力,即所有的土地都为周天子所有。受封的诸侯要协助周天子进行统治,以拱卫京师,捍卫周王室。此外还要对周天子承担一定的义务,那就是要随时服从周天子的调遣。(参见图2-2)

图 2-2 西周分封

《左传·昭公二十八年》载:"昔武王克商,光有天下,其兄弟之国者十有五人,姬姓之国者四十人。"《荀子·君道篇》记载:西周"兼制天下,立七十一国,姬姓独居五十三人"。西周初期所分封的诸侯远不止此,有的史料记载,周初封国达400多个,而服国800多个。《史记·周本纪》云,"诸侯叛殷会周者八百",即所谓八百诸侯。如,姜尚受封于营丘,国号齐;周公旦于曲阜,国号鲁;北京地区的燕国也是这时受封的。

燕国是召公奭的封国,是西周初北方的一个大国。《史记·燕召公世家》记载:"召公奭与周同姓,姓姬氏。周武王灭纣,封召公奭于北燕。"刘宋裴骃《史记集解》引谯周曰:"周之支族,食邑于召,谓之召公。"唐司马贞《史记索隐》曰:"召者,畿内菜(采)地,奭始食于召,故曰召公。……后武王封王于北燕,在今幽州蓟县故城是也。"《穀梁传·昭公三十年》记:"燕,周之分子也。"这些记载说明:召公奭为周之支族,姬姓,因其食采于召(今陕西岐山县西南),故称召公。周武王灭商后,将他封于北燕,建立燕国,地在今北京一带。

(2)董家林古城是西周时期封国燕的古都(亦称都邑)

北京市文物局考古工作队的考古发掘为西周诸侯国燕国的都邑地理位置的确定提供了重要的依据。1962年北京市文物工作队在房山区琉璃河乡董家村一带发现了一座规模很大的商周古城与文化遗址。

董家林古城遗址坐落在北京燕山山脉脚下一块宽阔的高台平地上,琉璃河(又称拒马河)流经古城南。董家林古城与文化遗址占地广阔,规模宏大,内涵十分丰富,绝非一般居民可比。从遗址中出土的青铜器看,有大量贵重的西周青铜器,多带"匽侯"铭文,如1986年在琉璃河黄土坡墓地发掘出青铜器克盉、克罍的铭文(参见图2-3、图2-4)。由此初步判定,此即燕召公奭封地。琉璃河董家林古城是召公奭封国燕的封地无疑。

另外,从琉璃河商周遗址中西周早期文化来看,也就是从时间范围来看,与周初封燕的时间也是相当的。墓葬区有商代与西周两个时期的墓葬。西周时墓葬,时代最早的是周初成王前后。根据《史记》记载,周建立后二年武王病死,由成王继位。从琉璃河遗址中的文物看,年代是从西周成王前后开始的,也与周初封燕后在今北京地区建立燕国的时间完全符合。墓葬区陪葬品中就发掘出大量贵重的

第二章 北京地区早期的国家和城市

图 2-3 青铜器

图 2-4 铭文

西周青铜器。可以判断,享有这些青铜器的主人,当然是具有重要政治地位的人物。尤其重要的是遗址中出土了堇鼎:高 62 厘米,重 41.5 公斤,有三足,腹圆,双平,器内壁有四行共 26 个字的铭文、外有花纹。铭文如下:"匽侯令堇饎大保于宗周,庚申,大保监(赏)堇贝,用作太子癸宝(障)鸒□。"①(参见图 2-5、图 2-6)

图 2-5 堇鼎

　　这显然是"太保"在位时的器物,太保就是召公奭。太保是燕国的开创者,周初他在京都曾任"太保"之职。堇鼎的出土,表明琉璃河就是西周初燕国的始封地。西周初期,周武王将召公奭封于燕——今北京地区,是有其考虑的。首先从政治、经济、地理位置等方面的条件来看,北京地区是北方及东北各族南下的必经之路,是交通的枢纽。其次,从西周王朝的统治考虑,加强北方防御,北京地区正是重

---

① 见北京市文物研究所:《北京考古四十年》,第 47 页,北京燕山出版社,1990 年。

第二章　北京地区早期的国家和城市　　　　　　　　41

图 2-6　铭文

要的军事要地。第三，北京地区在商末已是安邦立国之地了，是在原有附属国的基础上建诸侯国，对此郭沫若曾说：燕国的历史决不始于周初，而是早已有之，燕"系自然生长的国家"。这三个因素使周武王将其同族召公奭封于此。

（3）城址和城内布局

遗址范围包括琉璃河乡北洞城、刘李店、董家林、黄七坡、立教、庄头等地，东西约3.5公里，南北1.5公里，面积5.25平方公里。这个遗址分为三部分，即居住区、墓葬区和古城址三个部分。（参见图2-7）

居住区有当时人们生活的遗迹。考古工作者在居住区发掘出房子、窖穴、陶窑和各种遗物，如陶器、骨器、石器等，还有人骨。墓葬有大型、中型、小型三种。小型随葬品很少，一般为2.5米×1.2米；中型墓一般长3.5米×2米，葬具为一棺一椁，随葬品比较丰富。大型墓则迥然不同，不但规模很大，而且形制也和中、小型

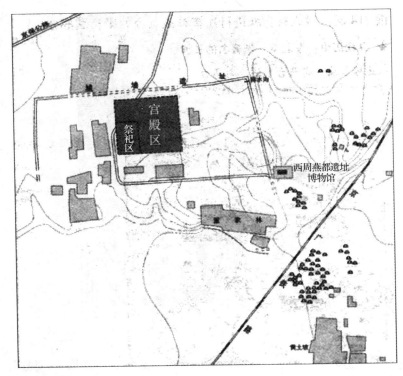

图 2-7 西周燕都遗址

墓不同。1046号墓为大型墓葬,它有通往墓穴的墓道,全长为16米。墓穴为长方形,4.2米×2.8米=11.76平方米,墓底距地表深为8.7米。棺木巨大,但被盗。除此之外,它还有一个陪葬坑(1100号车马坑),南北长6.1米,东西宽5.7米,距地表深为1.9米,坑中共葬马14匹,车5辆。人死后随葬马车,这是显示贵族社会身份的表现,非常人所及。随葬马车的多少,显示着死者生前的社会地位。此墓随葬车马的数量是比较多的,这说明墓主人生前的社会地位应属于燕国的高级贵族。这一切说明,琉璃河地区在西周时是燕国的重地,应是燕国的始封地。由考古发掘出的这个规模很大的遗址来为依据,说今琉璃河地区为燕国的始封地是完全相称的。

(4) 西周时期燕地经济文化的发展

了解西周时期经济文化状况与夏、商时期一样,主要依据考古发掘资料。目前在北京地区发现的西周时期的考古资料主要有两个地方,一是房山区琉璃河地区董家林的商、周遗址,二是昌平区白浮村西周木椁墓。出土的文物,重要的有青铜兵器、工具;车马饰件和陶器、石器、象牙器和玉器等,依据这些资料,我们可窥见当时经济与文化的情况。由资料分析当时经济生产主要是农业与手工业。农业与商代没有突出的变化与发展,当时农业生产工具依然以石器为主(出土工具证明),农业发展虽不突出,但手工业进展显著,门类也很多,除陶器、石器外,突出的是生产玉器、漆器、青铜器。青铜器出土很多,种类也不少,做工很精细。另外,这些青铜器不但标志了当时制造的水平,许多铭文也成为研究当时社会历史的重要资料。另外在辽西地区也发现了西周时燕国的青铜器,说明生产技术的提高,产量日增。(参见图2-8、图2-9)

图2-8 青铜器

图2-9 青铜器

漆器,在房山区琉璃河董家林西周时期的燕墓中出土了不少,种类很多,有豆、壶、杯、盘等,均为木胎,厚重,器表皆有漆绘,还有的用蚌片镶嵌起来的图案,可见工艺技术之进步。(参见图2-10、图2-11)

西周带字甲骨。1975年在昌平区白浮村西周木椁墓地出土了不少卜甲和卜骨残片及带字的甲骨。卜甲所用的龟甲,有腹甲与背甲。卜甲都经过加工,凿成方形平底的线槽,槽孔排列整齐,字形较小,接近商末甲骨的风格。过去发现的带字甲骨,主要是殷墟地区,北京地区发现的卜甲等,说明当时北京地区文化的发展。

图 2-10　漆器

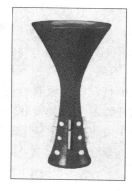

图 2-11　漆器

第三节　燕都——蓟城的遗迹

一、蓟与燕——北方古邑

蓟与燕是远古时期北京地区的古国,同为周初的封地。蓟与燕一样,在西周初期同为周分封的诸侯国。蓟与燕同是北京地区古老的称呼,在商末周初,北京地区已经有了燕、蓟的政区建置。蓟在西周前,可能是商朝的一个属国,或者是商属国的属国。但有一点可以推断,蓟是北京地区自然形成的行政区域,是一个由村邑或聚落发展起来的古国。

蓟与燕国的关系如何?蓟国的情况又如何呢?唐代张守节《史记正义》:"蓟、燕二国俱武王立,因燕山、蓟丘为名,其地足以立国,蓟微燕盛,乃并蓟居之,蓟名遂绝焉。"按照这个说法,蓟弱燕强,尔后强燕吞并了弱蓟,蓟国不复存在了。可以这样说,古燕国与古蓟国逐渐融合为一体了。在融合的过程中,当然是强者融合弱者。自西周中期后,一直未发现有关于蓟国活动情况的记载。

二、古蓟国的地理位置

蓟国的始封地在哪里？其城址的遗址在哪里？这是学术界至今未能解决的问题。据北魏郦道元《水经·㶟水注》记载："㶟水又东北迳蓟县故城南——昔周武王封尧之后于蓟，今城内西北隅有蓟丘，因丘以名邑也，犹鲁之曲阜，齐之营丘矣。"按此说法，蓟城名称始于蓟丘，其位置约在今北京广安门以北的白云观一带，况且白云观西墙外原有一处高丘，故有的学者认为那就是古代蓟丘的遗址。1974年考古发掘发现了残城墙遗址，应是郦道元在《水经注》中所说的蓟城，但后经考古发掘考证，残城遗址下面压着一座东汉晚期墓葬，这表明残城遗址的时代是在东汉以后，故有的学者便否认了蓟城在北京广安门以北白云观一带的说法。

有的学者认为蓟城的城址在今石景山地区，"今石景山区地区的古城，就是当年的蓟古城，后又重新建新城"。

还有的学者认为蓟城的位置就在今宣武门与和平门一线之南。

新中国成立以来考古工作者经过数十年的工作，为探寻蓟城位置提供了重要的实物资料。上世纪50年代在白云观以南不到4公里处（广安门南700米外），曾发现战国遗址，出土饕餮纹半瓦当，这是燕国宫殿建筑常用的建筑构件。1956年在配合永定河引水工程的考古发掘工作中，发现151座春秋、战国至东汉时的陶井，其中战国36座。陶井分布最密集的地区是宣武门至和平门一带，共130座。1965年在配合市政工程的考古发掘中，发现65座战国至汉代陶井。陶井分布在陶然亭、白云观、姚家井、广内白纸坊、广内南顺城街、和平门外海王村等处。较密集的地方是内城西南角宣武门至和平门一带，发现陶井55座。70年代又陆续在西单大木仓，宣武区白纸坊、陶然亭、姚家井等处发现一批战国至汉代陶井。井是用一节节井圈套叠成圆筒状，井底还发现汲水的水罐等生活用品。很明显，这是生活用水井。水井密集，说明当时人口很稠密。根据上述一系列考古发现，专家们推测蓟城应在发现陶井最密集的今北京城西南部宣武门至和平门一带。

值得一提的是1974年考古工作者曾在白云观附近的"蓟丘"发掘，发现了一段古城墙的西北角，在此城墙下压着3座东汉墓，说明该城建造年代不早于东汉。它提示我们对战国"蓟城"位置需要重新认识,只能期待更多的考古发现。

由于至今尚未发现文献相关的记载,而考古发掘亦尚未有重大的发现,所以学术界关于蓟城遗址的定位问题仍未能达成共识。

三、燕国迁都为蓟

蓟国在公元前7世纪时被燕国灭,蓟城遂成为燕国的国都。

燕国灭蓟国后,随之将政治中心北移至蓟国的国都蓟城。

燕迁都的主要原因是:燕的都邑位于北京地区西南方的董家林处,与燕国日趋发展的形势不相适应,故在灭掉蓟国后,便将都邑北移于蓟城。《韩非子》曾有记述:"燕襄公以河为界,以蓟为国。"燕襄公在位的时间大约是公元前657~618年,即春秋中期。河指黄河,后南移(春秋战国时在今河北沧州东北入渤海)。国指国都,即都城。

燕国迁都大约在公元前697年,时值周平王即位东迁洛邑之际。春秋初期,燕桓侯当政,国力比较贫弱,不被中原诸侯国重视。况且当时燕又常遭北方山戎族的南侵,抵抗无力而常失败。公元前690年时,燕庄公继位。此后山戎族仍常出兵侵燕,燕庄公出谋反抗,鉴于国力贫弱,便向齐国告急求援。其时,齐国正值齐桓公在位,遂发兵援燕,打败山戎,收复了燕的许多失地,交还与燕。自此之后,燕国为防范山戎,加固北方疆土,决意将国都北迁蓟城。公元前657年,燕襄公继位后,实现了燕国迁都这一意愿。这也是燕国迁都蓟城的主要原因。其二,由于燕国经济不断发展,永定河渡河问题得以解决,这也是燕迁都蓟城的一个客观原因。其三,蓟城所处的地理位置易守难攻,这是燕迁都蓟城的又一主要原因。此后,燕国日益强大起来,并成为战国七雄之一,燕都蓟城亦成为著名的城市。

四、燕国的灭亡

战国中期各国争斗不休,此时燕国发生了历史上著名的燕王哙让子之事件。公元前320年燕王哙继位,以子之为相。子之为人专断,而且善于权术。虽官居相位,却不满足。《史记·燕召公世家》记载:"子之相燕,贵重,主断。"子之觊觎燕国国君的位置,设法逼迫燕王哙下台。在子之的胁迫下,燕王哙交出燕国的大权,"君反为臣",引起群臣百姓极大的不满,燕国一片混乱。正当燕国内乱之际,齐国、中山国等乘机大举攻打燕国,杀了子之和燕王哙。齐军占领燕国长达三年之久,给燕国人民带来了无穷灾难。

各国诸侯从各自的利益出发,一致谴责齐国的暴行,并"伐齐救燕",迫使齐国退兵。燕昭王职即位后励精图治,四处寻找治国良才。因礼待老臣郭隗,筑宫而敬以为师,结果各国群贤聚集燕国。史载:"乐毅自魏往,邹衍自齐往,剧辛自赵往,士争趋燕。"唐代诗人陈子昂有诗:"南登碣石馆,遥望黄金台,丘陵尽乔木,昭王安在哉!"即是形容燕昭王以重金聘用了苏秦。《战国策》也记载他千金市马的故事,一时燕国成为"人才高地"。燕昭王二十八年(前284年)燕国联合赵、楚、韩、魏诸国攻齐,上将军乐毅攻破齐国,占领齐国七十多城。是燕国最辉煌的时期。

燕昭王死后,燕国国势急剧衰败,在对外战争中屡屡失败。燕太子丹因无力阻止秦攻燕,便派荆轲刺杀秦王,结果事情败露,激怒了秦王,反加速了秦军对燕国的进攻。燕王喜二十八年(前227年),秦大将王翦率军在易水以西打败了燕军,占据了燕下都(即武阳,今河北易县),第二年又攻下蓟城,燕国灭亡。

第四节 山戎族经济与文化

春秋战国时期,山戎的势力颇为强大。山戎南临燕国,东近齐国,西接赵国,时常长驱直入燕、齐、赵的边地进行掳掠和骚扰,成为这三个诸侯国的世代边患,其中尤以"病燕"为甚。在古代文献中,"山戎越燕伐齐"、"山戎病燕"等记载屡见。山戎势力的发展,对燕国是个很大的威胁。燕国不断受到以山戎为主的北方少数民族的侵凌,农牧业生产和人民生活受到很大破坏。到燕桓侯(前697～前691)时不得不将都城迁到临易(今河北省雄县)西北,燕国的权力中心逐步向南迁移,且国力日衰。燕庄公二十七年(周惠王十三年,前664年),山戎侵燕,燕国向齐国告急,齐桓公率师救燕,大败山戎部族,解除了山戎对燕国北部地区的威胁。

北京地区春秋、战国之际的山戎文化遗存，主要集中发现于北部山区——延庆县八达岭以北的军都山一带。1985年8月至1987年12月，北京的文物工作者在延庆县境内发掘出玉皇庙、古城村、葫芦沟三处春秋战国之际的山戎墓葬500余座，出土各类富有特色的山戎文物8000余件。这些遗迹和遗物，对于研究北京地区山戎的历史情况，有着很重要的意义。

玉皇庙墓地是一处很重要的大型墓地，占地在2万平方米以上，共有墓葬350余座，这是迄今为止在北京地区发现的我国青铜时代北方少数民族文化遗存中规模最大、年代最早、文物最丰富的一处墓地。已经发掘的墓葬均为长方形竖穴土坑墓。墓内的殉牲现象很普遍，被杀殉的牲畜主要是牛、羊、狗，其中以殉狗最为普遍，不论男女老幼，大多殉狗。殉牲的方式，都是将牲畜杀死，只取其头和腿，拿来作象征性的祭祀。牲头和牲腿的摆放方式，多是将牲腿放在下面，把牲头放在牲腿之上，一般是以一条牲腿加上一个牲头，代表一个牲畜。多数死者都用麻布覆面，这是山戎族的葬俗特点之一。直到今天，还有在死者脸上盖上黄纸的习俗，他们也许表达的是同一种丧葬意思。根据有关民族志的材料，这类覆面的意义，在于祈望死者的灵魂附体安息，不要再出窍祸害生人，以保氏族后代平安无恙。同时，在葫芦沟墓地还发现了一处石祭坛。这可能是山戎原始宗教举行仪式和活动的处所。

第五节　原始宗教的衰落

中国原始宗教与世界各地原始宗教一样，是人类先民在长期的生活中自然创造出来的，有其自发性，既没有完善的制度，也没有经书，同时也没有欺骗的成分。原始宗教是氏族全体成员共同的信仰，所崇拜的神灵都与氏族成员的生活密切相关。原始先民当时崇拜神灵不是为了精神的解脱，而是希望神灵帮助他们解决现实生活中的困难，达到祛病消灾，衣食无忧的目的。

原始宗教对天上日、月、星辰，地上河、海、岱的崇拜，孕育着中华民族的文化。鬼神崇拜、创世神话、图腾雕刻、祭祀太阳的活动，以及中国原始文字，无不与原始宗教有关。《山海经》记载的十二个月亮的神话,表明古人已经具有一年十二个月的天文知识。考古发掘山东大汶口文化九种文字符号都与中国原始宗教有关,如其中的"日"、"火"、"山"字等,与原始宗教的自然崇拜有直接的关系。至今,有的少数民族为了避邪,还有把红色涂抹在身上的习惯。可以说,中国原始宗教是中国原始文化的滥觞。

原始宗教随着私有制的发展而衰落,"天"成为众神之长,并且成为人间君主的支持者。夏、商、周时期宗教已经成为国家的宗教,祭祀天神成为人间最高统治者的特权。出土的商代甲骨卜辞表明,"殷人尊神,率民以事神,先鬼而后礼。"根据文献记载,西周时期已经将祭天与祭祖合二为一,形成了垄断的宗法祭祀制度。这一制度的确立,意味着原始宗教已经衰败。

春秋战国时期,进行宗教活动的巫师们越来越多地参与了剥削,其活动开始产生了欺骗的成分。例如:战国时期魏国邺(今河北临漳县)令西门豹在上任途中戳穿用民女祭祀河神的阴谋诡计,当场令人将巫婆与地方上的管事扔进漳河商谈为河伯娶亲的故事,生动地说明,随着生产力的发展,科学技术的进步,促使科学从原始宗教中分离出来。

名词解释:

古燕国　　董家林古城址　　堇鼎　　燕都蓟城　　山戎经济

思考题:

1. 为什么说周初燕国的始封地在今天的北京地区。
2. 蓟城在我国早期历史发展的地位与作用。
3. 原始宗教的衰落。

第三章　秦至隋前：北方军事重镇时期的蓟城

教学内容： 从整体上了解秦汉至十六国时期，北京地区历史发展的总体是围绕着中原王朝经略北方以及中央政权与地方割据势力较量而展开的。秦汉时期，蓟城由诸侯国的政治中心变成中原统一的多民族国家抵御游牧民族内侵的军事防守重地。魏晋十六国北朝时期，北京地区处于分裂割据势力的控制之下，是各民族融合的中心。

教学目的： 通过本章的学习，使学生了解秦汉统一时期北京作为军事重镇的作用，及魏晋十六国分裂割据时期北京的地位。

教学重点： 秦、汉、魏、晋四个时期，北京作为北方军重镇的意义。

第一节　秦统一后的燕地蓟城

一、燕地蓟城的形势与变化

1. 郡县设置与政区

秦始皇灭掉六国，结束了诸侯割据称雄的分裂局面，建立了专制主义中央集权制的封建统一国家，蓟城从此由一个诸侯的领地中心，转变为秦王朝北方军事重镇和交通枢纽。对统一的秦王朝来讲，首要的问题是建立什么样的地方行政体制才便于统治。当时丞相王绾言："诸侯初破，燕、齐、荆（楚）地远，不为置王，毋以填（镇）之，请立诸子。"众臣"皆以为便"。廷尉李斯独排众议，主张："皆为郡县，诸子功臣以公赋税重赏之，甚足易制。天下无异意，则安宁之术也。"秦始皇也认为"天下共苦斗不休，以有侯王……复立国，是树兵也，而求其宁息，岂不难哉，廷尉议是。"遂决定废除分封制度，实行郡县制度。

秦将全国划为三十六个郡。

秦制：郡为一级政区，直隶中央；县为二级政区，隶属于郡。

郡设郡守，全面负责政事，郡尉分管军事，御史职司监察。万人以上大县设县令，万人以下设县长。县下设乡、亭、里等层之统治机构。

北京地区郡县设置情况，各种史料记载不一。《史记》只记叙秦灭六国后"今天下以为三十六郡"，未记郡名。刘宋裴骃《史记集解》列秦三十六郡，述及上谷郡、渔阳郡、代郡、右北平郡等。北魏郦道元踏勘考察后所著《水经注》灅水条载："秦始皇二十三年，灭燕以为广阳郡。"按此记载，秦在蓟城附近及其以南地区，设置广阳郡。郡所在蓟城。广阳郡治所在蓟城，辖蓟城及以南地区。其北偏西为上谷郡，治所在沮阳（今怀来南），沿长城一线，辖今河北怀来县至张家口一带。其北偏东为渔阳郡，治所在今怀柔与密云之间的梨园庄。其正东为右北平郡，治所在无终，今天津蓟县。再往东为辽西郡、辽东郡。（参见图3-1）

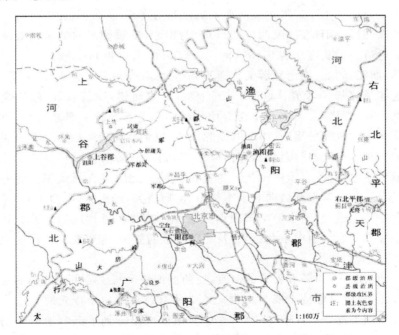

图3-1 秦代广阳郡

第二种说法：依据唐杜佑编撰《通典·州郡》记载："秦灭燕，以其地为渔阳、上谷、右北平、辽西、辽东五郡。"北宋乐史撰《太平寰宇记·河北道·幽州》则称："始皇灭燕，置三十六郡，以燕都及燕之西陲为上谷郡。"——按此记载，蓟城及其附近地区合并于上谷郡。以后遂有争议，但都在这两种观点中之间。

现首都博物馆采取蓟城在上谷郡及五郡说。笔者认为燕国被灭后，其地分属秦所设五郡，后为加强对燕地区的管理而专设了一个新郡广阳郡。广阳郡治所应在北京外城及北京西南地区。秦为什么要加强对燕地的管理呢？因为燕地属秦边远地区，属北部边陲，况且当时为数众多的燕的旧贵族仍存在，有随时反秦复国的可能。除此之外，北方少数民族不时南侵也使秦国忧虑，如此更要加强对燕地的管理。

2. 修驰道巡碣石

秦始皇为了加强中央对地方的控制与管理，从公元前220年起，便以都城咸阳（在今陕西咸阳市东）为中心，陆续修筑通向全国各地的驰道。秦驰道东穷燕、齐（河北、辽宁、山东一带），南极吴、楚（江苏、浙江、湖北、湖南），后又修通了到达九原（今内蒙古包头）的驰道。这些道路极为考究：驰道"广五十步，三丈而树，厚筑其外，隐以金椎，树以青松"。道中为皇帝专用。秦始皇还下令统一车轨轨距，拆除诸侯国之间的堤防、沟壑及城郭要塞，以消除交通障碍和割据分裂的屏障。秦灭赵、燕之后，即拆除了燕南长城（易水长城），打开了蓟城南达恒山（今石家庄附近）、邯郸的道路。此路可直通咸阳。此外还有一条由燕都蓟城向北出军都山、出居庸关，经平城（山西大同）到九原的大道，此路也经平城向南经太原，向西南，可达咸阳。蓟城处于华北平原上通向东北、西北及北部地区的要冲，起着相互连接的枢纽作用。

秦统一后，随着驰道的修筑，使蓟城加强了与统治中心咸阳的联系，这对促进经济发展与文化交流十分有益。秦始皇曾先后五次出巡全国各地。公元前215年，秦始皇第四次出巡到了燕蓟地区的碣石（今秦皇岛一带）。秦二世继位后，也沿着秦始皇走过的驰道巡行诸郡县，也曾到碣石观海，到达辽东而还。

3. 筑长城，防匈奴

秦攻打燕国时，燕国只得把防守北长城的军队调来抗秦，造成北部边境的空虚。于是，在漠北地区居住的匈奴便乘机南下，进至今黄河河套地区，并不时侵入燕蓟西北部山地。秦始皇后来派人求仙，仙丹未得的卢生回来以迷信散布说："亡秦者，胡也。"秦始皇日益感到北部边际的重要，便命将军蒙恬率兵30万，抗击匈奴，夺回河南（黄河河套）失地。公元前213年，为加强北部边际，令蒙恬主持修筑长城、将秦、赵、燕三国北长城连按起来，西起今甘肃临洮，东到辽东，长1万多里，这就是举世闻名的万里长城。（参见图3-2）

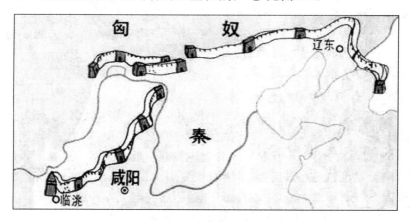

图3-2 秦长城

长城的修筑表现出我国古代劳动人民空前的创造力，但也加重了人民的负担，特别是北京地区的人民所承受的负担更重，简直成了灾难。当时北京地区流传一首民谣："生男慎勿举（抚养），生女哺作脯（用肉干喂），不见长城下，尸骸相支拄！"司马迁在《史记》中也曾慷慨陈词，评议蒙恬功过说："吾适北边，自直道归，行观蒙恬所为秦筑长城亭障，堑山堙谷，通直道，固轻百姓力矣。夫秦之初灭诸侯，天下之心未定，痍伤者未瘳，而恬为名将，不以此时强谏，振百姓之急，养老存孤，务修众庶之和，而阿意兴功，此其兄弟遇诛，不亦宜乎！何乃罪地脉哉！"这种评述应当说是比较公平的。只是过重地怪罪了蒙恬。

二、燕蓟地区的反秦斗争

秦灭六国，为防止各国旧贵族起而反抗，立即下令将关东各国的贵族、豪富 12 万户迁于关中、巴蜀等地，并下令收缴民间所藏兵器，把收缴上来的兵器集中于咸阳，铸成十二个铜人，以消除隐患。为从思想上统治人民，公元前 213 年，秦始皇又接受了丞相李斯的建议，禁私学，烧毁"秦记"以外的列国史籍。《诗》《书》、诸子百家等只限朝廷保存，私藏不交者为"城旦"（去修长城），服役四年。后又因被儒生所骗，秦始皇大怒，将 460 多儒生坑杀于咸阳。① 其间北京地区在秦嬴政统治之下，阶级矛盾激化。

公元前 210 年，秦始皇死于巡行途中，李斯、赵高立少子胡亥为帝。因秦二世继续推行旧政，引起民怨，广大人民被逼无路可走，只得起而反抗。

1. 各郡县响应陈胜吴广起义

公元前 209 年，征集的一批平民 900 多人，前往渔阳（今怀柔区梨园庄）戍守，经大泽乡（今安徽宿县东南）遇雨误期，按秦法，误期则斩，于是陈胜、吴广率众起义。各地遂掀起了反秦高潮。这时原六国的旧贵族也纷纷起来反秦，欲乘机恢复旧国。刘邦在江苏沛县起义，郦商在河商陈留响应，项羽在苏州起兵，各路起义军纷纷起而反秦。

2. 武臣取燕赵称王，韩广称燕王占蓟地

吴广起义后，令武臣向西北进攻夺取燕地，但他占领赵地之后，却按兵不动，独立称王。为了扩充地盘，不向西进，反派原秦上谷卒史韩广北巡燕地。韩广率兵北上，很快占领了燕地蓟城。这时燕地一些旧贵族、豪富劝其称王，"楚已立王，赵又立王。燕虽小，亦万乘之国也，愿将军立为燕王。"韩广因母亲居赵地，认为此议不妥。燕人说："赵方西忧秦，南忧楚，其力不能禁我。且以楚之强，不敢害赵王

---

① "焚书坑儒"之说，始见于东汉初卫宏《古文尚书序》"及秦始皇灭先代典籍，焚书坑儒，学士逃难解散"云云。有学者认为，应该根据《史记·儒林列传》："及至秦之季世，焚《诗》《书》，坑术士，六艺从此绝矣。"以及《汉书·儒林传》相同的记载，对卫宏所说的"坑儒"，应该根据《史记》的记述，理解为坑术士。

将相之家,赵独安敢害将军之家?"韩广遂称燕王,赵王曾率兵攻打,不胜而归。

3. 秦王朝的溃灭

继武臣、韩广称王之后,其他四国也一一恢复,并共同反秦。秦二世急令大将章邯渡河北上攻打赵地反军。秦兵攻打赵地时,燕王为保燕地,令大将臧荼率兵救援,但因兵力不足,无法解赵王之围。此时武臣内部发生叛乱而被部下所杀,立歇为赵王,赵国危在旦夕。当时赵王歇急派各路反秦大军求援解赵王围,但楚将守义因怯敌图霸按兵不动。项羽见状,杀死守义,率2万多义军北上救赵,与秦军决战于巨鹿,临行前破釜沉舟,士气大长,后击败秦军,章邯南逃。自此项羽威信倍增,被各路反秦联军推举为反秦联军的统帅,号"诸侯上将军",项羽率反秦联军追杀,章邯于今河南安阳投降,义军直杀向秦都。

刘邦迂回而行先至咸阳。刘邦兵10万、项羽40万大军,刘邦不敢称王。项羽得咸阳后,称西楚霸王,并以霸王身份大封诸侯王。西楚霸王共封王18位,封臧荼为燕王,韩广为辽东王,刘邦为汉王。遂引起各国争斗,韩广不服,但被臧荼击败杀死。刘邦卧薪尝胆,出关击败项羽,遂向北进攻,攻打赵地,俘虏赵王歇,又胁迫燕王臧荼投降,臧荼不服。刘邦率大军伐燕,终将其俘虏,另立自己亲信卢绾为燕王。

第二节 西汉时期的燕地蓟城

一、燕蓟地区建置沿革

西汉在地方行政区的设置上,改变了秦代单一的郡县制度,实行县郡与封国并行制。边远地区封立子弟、功臣为诸侯王,诸侯王的封地称为王国。这种状况在刘邦晚年有所改变,渐渐削夺了异姓诸侯王的权力,只立同姓诸侯王。

公元前202年,汉高祖刘邦立宠臣卢绾为燕王,蓟为其国都。这是高祖所封八个异姓诸侯之一。公元前195年,高祖十二年,改封皇子刘建为燕王。刘建在燕地四年,病死。刘建儿子被吕后杀害,燕国无人继承,改为燕郡。

吕后八年,封其侄子吕通为燕王,吕后死,吕通也被杀。汉文帝时因琅玡王刘泽反吕氏有功,被封为燕王,死后其子刘嘉为燕王,后传其子定国。到汉武帝时,定国因罪自杀。汉武帝把北京地区设为燕郡,后又立刘旦为燕王。汉昭帝即位,燕王刘旦不服,反叛,事泄,自杀,北京地区改设为广阳郡。汉宣帝时又设广阳郡为广阳国,立刘旦子为广阳王。王莽时又设广阳国为广阳郡。(参见图3-3)

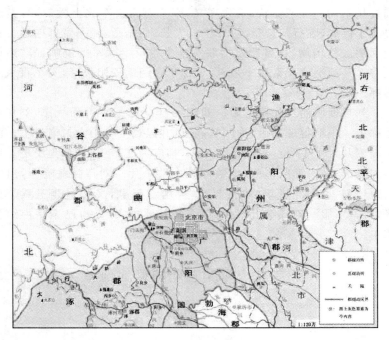

图3-3 西汉广阳郡

西汉时,北京地区四度为诸侯王国的都城达198年之久,四度为郡治,共33年。政局变动频繁,给北京地区人民生活带来极大痛苦,土地兼并与贫富悬殊状况日益严重。

二、燕蓟地区反抗斗争

西汉时，燕地蓟城长期封立王国，政治上黑暗腐败。在北京地区多次发生统治阶级内部争权夺利的斗争，给人民生活造成了更大的灾难。

1. 刘邦消灭异姓诸侯燕王卢绾

卢绾原是刘邦近邻，两人又是同年同月同日生。刘邦举事起义后，卢绾从军，官至太尉，执掌军权，成为刘邦亲信宠臣。刘邦灭臧荼后，卢绾被封为燕王，几乎同刘姓诸侯一样看待。当时诸侯王的封地广大，人口众多。北京地区在政治、军事、经济、财政上处于独立半独立的状态，这种情况使刘邦日益感到有必要进一步加强中央集权，遂采取了削夺异姓诸侯王的措施，先后铲除了楚王韩信等异姓王。刘邦这一举措使燕王卢绾日益感到孤立和危险，便与叛汉的代相陈豨相通，采取了与匈奴和好的政策，后陈豨事情败露被杀，其部将降汉，并告发了卢绾与陈豨勾结通谋计划。刘邦闻后，召见卢绾，但他称病不敢前往，刘邦又派人迎接，卢绾更加恐慌，闭门称病不行，后汉高祖刘邦认定卢绾已反，便派樊哙率军北上击燕。打到蓟城之后，立刘邦之子刘建为燕王。卢绾携其家人移居长城塞下，想等时机，再向刘邦请罪。后刘邦死，吕后执政，卢绾认为吕后欲诛诸侯王和大功臣，便投降了匈奴。匈奴让他做东胡王，后抑郁而死。这是西汉初统治者在北京地区发生的权力的争夺，这次战乱使北京无辜百姓再遭摧残。到了西汉中期，北京地区又发生了一次较大的反叛的事件。

2. 燕王刘旦谋反败露

西汉中期，国势鼎盛，汉武帝死后，统治阶级内部激化的矛盾一下子爆发出来。其子燕王刘旦急想谋取帝位，遂使北京地区成为统治阶级内部矛盾斗争的焦点。

元狩六年（公元前117年）四月，汉武帝立刘旦为燕王。刘旦为人辩略，博学多识，并好招揽各种人才。汉武帝不喜欢他，于是立了小于刘旦的刘弗陵为太子，即后来的汉昭帝。汉武帝死后，昭帝即位时只有八九岁，刘旦不服。刘旦提出在郡国为武帝立祠庙，未允，十分生气,怒曰:"我当为帝,何赐也。"遂与中山哀王子刘长、齐孝王孙刘泽等人密谋,准备反叛。声称少帝非武帝子,大臣所共立,天下宜共伐之。事情发生后,刘泽等人很快被杀。叛乱平息后,昭帝念手足之情赦免了刘旦,使北京地区百姓免遭动乱之苦。

此事后,刘旦姐鄂邑盖长公主等人与掌实权的霍光争权,知刘旦对霍光长期怨恨不满,便与刘旦联络。刘旦为了扩充自己政治实力,也不断用财宝良马贿赂盖长公主等人,结成死党,准备由长公主设宴,伏兵杀死霍光,立刘旦为天子。刘旦十分高兴,但因事不机密被告发。刘旦多次谋反败露,在蓟城以绶带自缢而死。死后,谥"刺王",即暴戾无亲。刘旦在燕地时,过着骄奢淫逸的腐败生活。其在蓟城的建筑十分豪华铺张。王宫修有宫墙,宫城筑在城楼。宫城中有朝宫,曰"万载官",有朝殿,曰"明光殿",有池沼,有永巷,有端门,有井灶等等。蓟城内辟里市驻屯车骑、材官等军队,连墓地也十分豪华。由北京丰台区大葆台一号汉墓发掘可知。此墓长40多米,由墓道通道、外围廊、"黄肠题凑"、"便房"和椁室构成。黄肠题凑是用1.5万根长90厘米、宽厚均为10厘米的柏木叠砌四壁,用长方木盖顶。椁为置棺,棺共五层。随葬珍品已被盗窃。残留的有陶、铜、铁、玉、玛瑙和纺织品等400多件。其中有些器物造型优美,制作精巧。墓道中随葬车马,保存完整,彩漆的车3辆,马11匹。这是刘旦之子广阳王刘建之墓。汉武帝之后,豪强势力逐渐增长,燕蓟地区土地兼并与贫富分化日益严重,当时大姓西高氏、东高氏尤其凶横,连郡吏都惧怕他们。豪强地主常放豢养的宾客去当强盗,抢夺后躲入高氏家宅,郡吏不敢追捕,日久天长,人出门要张弓拔刀才敢走路,所以北京地区农民反抗地主阶级的斗争也非常强烈。

早在汉武帝时,公元前99年,北京地区就爆发了坚卢、范主领导的燕赵农民起义(见《汉书·酷吏列传·咸宣传》)。这些起义农民自立为号,攻城夺邑,夺得兵器,释放死囚,捕都尉,杀太守,并勒令县府为起义军备粮草,严惩欺压百姓的乡、里官吏,使朝廷震惊。汉武帝派官吏到郡县督促镇压了这次起义,被杀义民成千上万,但农民的反抗并没有被扑灭。

汉昭帝即位后,统治阶级内部矛盾缓解,对北京地区采取了和缓的政策,但农民为反抗斗争没有停止过。汉宣帝刘询在位期间,即公元前69～66年期间,因连年荒歉,接连爆发起义,攻打官府,释放囚徒,搜索市朝,捕劫列侯,地方官吏束手无策。后因统治者采取了招抚政策,起义军被分化瓦解而失败。

面对这种情况,燕地无终(今天津市蓟县)人徐禾曾上书曰:"天下之患,在于土崩,不在瓦解。"并说:"关东五谷数(年)不登,年岁未复,民数穷困,重之以边境之事。……不安故易动,易动者,土崩之势也。"如不及时防范,采取措施,"虽有强国劲兵,亦不免土崩"。那样北京地区人民反抗会接连不断。

西汉末期,王莽以"承皇天上帝威命",托古改制,推行"新政",不但没有解决土地兼并的加剧,反而进一步造成统治阶级内部的混乱。在王莽统治下,终于爆发了王匡、王凤率领的绿林起义军,以及樊崇领导的赤眉起义。是时,黄河流域及燕蓟地区有大大小小的起义军数十支,小的数千人,大的达数十万人。当时活跃于黄河流域如此最强的起义军称为铜马军,拥有数十万人,主要活动在河北与山东交界之处。广阳地区的蓟城的起义军也以铜马军为号,奋起攻杀官吏、打击地主豪强。各地起义军影响很大,加速了新朝的灭亡。

三、燕蓟地区社会的经济文化状况

1. 人口、土地、农业

西汉建立之初,由于历经战乱,城市荒芜,民众四处逃散。燕蓟地区向东北边地逃荒避乱的人达数万。经西汉初期休养生息,流散的农民陆续回归乡里,劳动力相应增加,垦地逐渐扩大。战国末期,七国人口为2000万左右,经西汉200年后,至汉平帝时,人口增加到5900万以上,为战国末的近三倍。班固《汉书》中说:汉朝户口已达"极盛"时期。全国开垦耕地达82700多万亩。人平均占有耕地13.8亩。幽州刺史统监的燕蓟地区10个郡国162个县,计有370多万人,占全国人口6.4%,人均耕地高于13.8亩。蓟城所在的广阳国,约有7万多人,地2700多平方公里土地,每平方公里约有26.2人,与全国人口密度最大的平原济阳等地相比,仅及其十分之一二。属"地广民稀"之处。

随着西汉中期社会经济的繁荣与发展,以及铁制农具在生产中的广泛使用,蓟城附近的农业有了一定发展。当时燕蓟地区农耕作业已掌握了耧播技术。海淀清河镇朱房村出土过西汉时期的铁耧足。北京地区大量汉代瓦井的发现也可以进一步说明当时农业有一定的发展。在今宣武门至和平门一线以南,发现了密集的瓦井,陶然亭、广安门内大街一直到西单大木仓等地,都相继发现了瓦井。这些密集的西汉瓦井说明当时不只是为了饮食用水,很可能就是为了灌溉园田之用。不过从文献资料看,当时燕蓟地区的农业发展速度是缓慢的,其原因是燕蓟地处北部,而且又经常受到水、旱、风、蝗等自然灾害的影响。据《汉书·五行志》记载:公元前80年,"燕王都蓟大风雨,……拔宫中树七围以上十六枚,坏城楼"。

2. 物产、工商业、交通

秦汉时期,北京地区已得到相当的发展,特别是蓟城、涿县,已经能同当时全国著名的大城市邯郸、洛阳等相提并论了,成为"富冠海内"的"天下名都"。其主要原因是燕蓟地区的物产和工商业比较发达。《史记·货殖列传》称:"夫燕亦勃(海)、碣(石)之间一都会也。南通齐、赵,东北边胡……有鱼盐枣栗之饶。"并有马、牛、羊裘、筋角等畜牧物产。蓟城以东为雍奴泽(今天津市宝坻县西南),盛产鱼盐、蒲苇。渔阳诸县和蓟城以南的涿郡,富藏铁矿,朝廷曾在此置铁官。从北京地区出土的铁器来看,有成套的铁农具和刀、剑、戟等兵器及马饰、车具,以及镜、剪等日用品。这表明蓟城一带在农业、手工业和日常生活中,均广泛地使用铁器,当时北京地区的冶铁技术水平并不比中原地区低。铜器用品的制作更为精致,工艺水平较高,朝廷曾在渔阳郡的泉州(今天津市武清县)设盐官。至于制陶业和纺织业则更为普遍。

蓟城在经济贸易中是汉族与东北各民族贸易的中心,除本地的农产品、手工业品外,还有来自中原地区的丝帛、漆器和糖、酒。蒙古高原、松辽流域及朝鲜半岛的皮毛筋角、耕牛战马等,也由官私商队运集于蓟、涿等城,再散于境外及中原地区。蓟城一带的地主、富商、高利贷者和手工业主,据有千树栗、千树枣、猪羊牛马,各种作坊和商铺,每年收入达数十万金,几乎等于千户侯。

蓟城作为广阳国和蓟郡的治所,交通、通信也是比较发达的。汉代继承和改进了秦代的驿站制度,自长安、洛阳北上通达燕蓟地区的驿道,大体上就是沿着秦代的驰道设置的。蓟城是燕蓟地区驿道的中心,从这里又有各条支线通达所辖诸郡县。当时的文书往来、通信联络和军事商旅,便是沿着这些驿道通过的。在驿道上还设置了驿站、传舍,以供差旅和车马行宿之便。《续汉书》称:"驿马三十里一置。"驿,亦称传置。汉律,四马高足为传置,四马中足为驰置,四马下足为乘置,一马二马为轺置,如置急者一乘一马曰乘。《史记·陈丞相世家》称,在平息卢绾时,汉高帝令陈平亟驰传载周勃到燕蓟代樊哙为将。《汉书·昭帝纪》称,上官桀,桑弘羊等"与燕王通谋,置驿往来相约结"。由此可知,燕地蓟城与长安之间的交通、通信联络还是相当方便而又迅捷的。

3. 艺术、文化、教育

以蓟城为中心的燕蓟地区,至西汉中期,学术繁荣,出现了比较著名的学者,也可以说出现了自成一体的学术上实力派。汉武帝采纳了董仲舒之议,罢黜百家独尊儒术,实行文化专制统治政策,来适应加强中央集权制的需要。西汉朝廷在中央设立了五经博士,《诗》有鲁、齐、韩三派,另有不立博士的毛诗一派。其中韩诗的创立人就是燕人韩婴。

韩婴,西汉文帝时博士,景帝时常山王太傅。他学识渊博,著述很多。司马迁说他"推《诗》之意而为《内外传》数万言,其语颇与齐、鲁间殊"。所著《韩故》三十六卷、《诗内传》四卷、《诗外传》六卷、《韩说》四十一卷,在当时流传甚广。武帝时,韩婴曾与董仲舒论于帝前,因他精悍,处事公明,仲舒不能难。其孙韩商,以通韩诗而成为博士,精于《易经》和韩诗。河内人赵子曾从韩婴学诗,并教授于同郡蔡谊。蔡谊又授食子石、王吉,王吉又授长孙顺。韩诗遂有食、王、长孙三家。蔡谊应召为武帝说韩诗,帝甚喜,擢为光禄大夫、给事中,进授昭帝,后升丞相。自此韩诗一派的影响愈来愈大。

有关燕蓟地区的学术著作,据《汉书·艺文志》记载,还有韩婴的

《韩氏易》二篇,《论语》类有《燕传说》三卷,法家《燕十事》十篇,纵横家《庞煖》二篇(兵权谋家又著录《庞煖》三篇),纵横家范阳人蒯通《蒯子》五篇(或即蒯传之《隽永》八十一首)。另有辽东太守苏季赋一篇,燕代讴雁门云中陇西歌诗九篇等等。

西汉时官学制度已趋完备,除在长安设太学和五经博士外,还下诏诸郡国设立学校,郡置文学官,县置经书,乡里为学校,也招收弟子讲授行学,培训、选拔官吏,燕蓟地区学校设置情况虽无文献记载,但从燕王刘旦本人"博学经书杂说,好星历数术倡优射猎之事,招致游士",并有"医工长"的情况来看,当时燕地蓟城的学者、文人、术士、医师各种人也不会很少。

第三节 东汉时期的幽州蓟城

一、幽州蓟城的政治状况

王莽以新代汉不久,绿林、赤眉起义相继爆发。北京地区以铜马军为号,起而反抗。皇族刘秀兄弟联合绿林军,与王莽军在昆阳决战,以八九千人的兵力击败了王莽40万大军,消灭了新朝的主力,为历史上著名的以少胜多的昆阳之战。昆阳战后,刘秀北进,收剿各地。刘秀每到一地便与当地郡守、县吏联手,取得各地官吏绅士的拥戴,从而扩大自己的势力。公元24年(更始帝二年)正月,刘秀进驻燕地蓟城,但因未能及时取得当地乡绅的支持,只得退驻河北地区。此后,刘秀采取瓦解分化铜马军的做法,在北京地区进行了一场激烈的战争,消灭了起义军。农民军死伤者达13000多人。刘秀建立东汉,在洛阳称帝。

东汉建立后,地方建置与行政区域设置方面沿袭了西汉制度。实行州、县制,全国设十二个州,每州设州官吏(后改称刺史),州下设郡或国,郡或国下设县。州为一级政区,隶属中央;郡、国为二级政区,由州管辖;县为三级政区,由郡、国管理。今北京地区归幽州管辖,州治在蓟城。公元23年,更始帝之幽州州牧苗曾抗拒,被杀。刘秀拜大将军朱浮为幽州州牧,后刘秀又封刘良为广阳王,故幽州为广阳国,蓟城为国都。刘秀为集中皇权,加强对地方的控制,陆续合并郡与封国。当时幽州所管辖的县邑也合并了70余处,同时将广阳划入上谷郡,并将并州的代郡划为幽州管辖。过了60年,又将广阳郡从幽州分置出来。据《后汉书》记载,幽州刺史统辖郡、国十一,县、邑、侯国九十所。其中有五个郡的十四个县在今北京境内。

广阳郡,治蓟。郡下设五县。其中蓟、广阳、昌平、军都四县在今北京境内。

涿郡,治涿,领七县,仅良乡一县在今北京地区。

上谷郡,治沮阳,领八县,仅居庸一县在今北京地区。

渔阳郡,治渔阳,领九县。其中渔阳、狐奴、潞、平谷、安乐、傂奚、犷平等七个县在今北京地区。

右北平郡,治所土垠(今河北丰润附近)。下设四县,仅无终县西部在今北京地区。(参见图3-4)

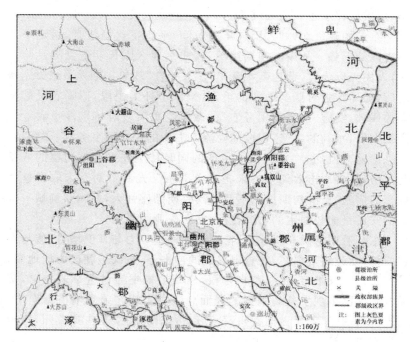

图3-4 东汉幽蓟地区区划图

蓟城地处上谷、渔阳两郡之间,历来是兵家必争之地。刘秀称帝之初,忙于统一中原,无暇北顾。渔阳太守彭宠趁机率兵2万,围攻幽州州牧朱浮于蓟城,并派兵攻打广阳、上谷、右北平等地,这对刚刚建立的东汉政权来说威胁很大。

彭宠本是南阳宛人,其父彭宏在西汉哀帝时曾任渔阳太守,因反对王莽摄政而被杀。彭宠怕受株连,遂投向王莽,代渔阳太守之职。刘秀称帝后,彭宠自负追击铜马军有功却没有受到重用,心中不平,遂囤积粮食、积聚珍宝,成为当地的大富商和握有重兵的豪强。是时,幽州州牧朱浮多次密奏彭宠图谋不轨。刘秀又诏征于彭宠,彭认为朱浮出奏自已,上疏要与朱浮对证,光武帝不许,使他更加疑虑,于是率兵攻蓟,刘秀派兵救援朱浮未成,彭宠率轻骑三千,攻取了右北平郡和上谷郡数县,北通匈奴,后自立为燕王。鉴于这种情势,光武帝刘秀亲自督战,匈奴单于派兵援彭,彭宠见状,退出蓟城,据守渔阳,后被奴仆子密等三人谋杀。

东汉始建之初,刘秀用三年的时间,平息了这场叛乱,稳定了北部边区的形势。从东汉初期情况看,北京地区因长期遭受战乱与灾荒,人民无以为食,燕地蓟城竟出现"人相食"现象。刘秀平息彭宠叛乱后,随即加强对燕蓟地区的治理,采取了怀柔手段,招降农民起义军的残部,实施"遗其归田务农"的政策。东汉政府特别注重农业生产的发展,水利的兴修,积极倡导流离失所的民众回乡务农。刘秀在平息彭宠叛乱后,在加强农业生产的同时特别注重北部边疆的戒备与设防,并多次击败匈奴的来犯。由于东汉光武帝刘秀采取了这些相宜的措施,东汉初期虽然不及西汉时期鼎盛强大,但幽州蓟城一带的治安还是比较稳定的,并出现了安居乐业的局面。

东汉后期情况有所改变,特别豪强地主势力与日俱增,内戚与宦官擅权,朝政腐败黑暗,在黄巾起义的冲击下,东汉王朝已山崩地裂,名存实亡。汉献帝初立,董卓专权,袁绍被推举为讨董卓盟主时,实际上东汉已出现了分裂割据的局面。当时袁绍之弟袁术占据南阳,刘表占据荆州,刘焉占据益州,公孙瓒占据幽州,袁绍占据冀州,曹操占据兖州等等。

公孙瓒,辽西令支(今河北迁安)人,以讨伐乌桓和镇压黄巾起义有功而升为将军,并封为蓟侯。袁绍自称为冀州牧,公孙瓒进兵攻打袁绍,由于冀州诸城守官纷纷叛离袁绍而投降公孙瓒,公孙瓒占据了蓟城。后,公孙瓒与袁绍战于界桥,大败,退回蓟城。袁绍获胜后撤兵南归,公孙瓒又率兵追击于拒马河,与袁绍连战二年,粮食殆尽,士卒疲困,互掠百姓,弄得野无青草,兵马无食。袁绍趁此时机发兵攻打,致使公孙瓒被杀,袁绍自此成为北方最强大的割据者。

恰在此时,曹操迎献帝于许昌,并下诏声讨袁绍,檄文有"地广兵多,而专自树党,不闻勤王之师而但擅相讨伐"。袁绍自灭公孙瓒后,备以10万精兵攻打许昌,准备灭曹取汉而代之。当时曹操手中只有1万多兵力,以一比十的劣势兵力应战袁绍,在许县北面200多里的官渡(今河南中牟县东北)设防,大败袁绍大军。官渡之战也是历史上有名的以少胜多的战例。战后,曹操基本上统一了北方,成为控制包括幽州等地区在内的北方最强大的势力。

二、幽州蓟城的社会、经济、文化

1. 人口、土地

东汉初,人口锐减。据《后汉书·郡国志》记载,光武帝中元二年(57),全国人口仅为2100万人,与西汉人口兴盛时相比,减少了近三分之二。但到东汉中期,因社会比较安定,农业连年丰收,人口逐渐恢复、发展,至和帝元兴元年(105),已经达到了5300多万人。但整个东汉时期一直没有达到西汉鼎盛时期的人口。另外,从全国耕地来看,当时有73200多万亩土地,也比西汉时耕地有所减少。因东汉时期人口减少,人均占有耕地13.7亩,人均耕地与西汉时期的13.8亩相差不多。唯有广阳郡的人口、耕地面积在迅速增长与扩大。

广阳郡下有五县,东汉时约有28万人,与西汉时期相比,净增人口15万多,拥有土地3600多平方公里,平均每平方公里为77.9人。从当时人口密度来看,不仅在幽州所属郡、国中居高位,即使与全国其他地区相比,亦居前20位。北京地区人口的增长,劳动力相应迅速增加,为生产的恢复与发展提供了重要条件。

东汉时期燕地为什么会出现人口增长的状况呢?除自然增长原因外,与东汉时期的几次大的人口迁徙大有关系。董卓专权以后,山东、河北一带官民纷纷避战乱于幽州,官民人口竟达百万余口。这一字虽不很准确,但无论东汉前期还是后期,迁入燕地蓟城的人口都是以万计算的。

2. 经济发展

东汉时期农业生产进一步发展,铁制农具和牛耕技术已广泛使用,并注意到水利的开发与利用。如在狐奴(今顺义牛栏山)地区就已引沽水(即今白河)和鲍丘水(即今潮河)入田,开辟稻田80多万亩。是时,农作物种类除传统的麦、粟、黍外,增加了水稻。而蓟城西部、北部的广大丘陵山地,如大才山、军都山等,仍保持着原始生态面貌,地下矿藏较丰富。畜牧业也比较发达,鸡、鸭、猪、羊等饲养的很多,而且还是产马之地,还有人专以贩马为业,成为积聚千金的大富商。

另外,东汉时期,冶铸、制陶等手工业都有了进一步的发展。蓟城东南的泉州(今天津市武清),自西汉以来就是煮盐之乡,东汉时还在此地与渔阳郡的渔阳(今怀柔)与涿郡的固安(今属河北省)等地设置铁官,主管开山鼓铸。冶铸技术的发展,对逐步实现生产工具的铁器化起了重要的推动作用。

东汉时制陶业进入了一个新的时期,蓟城制作的绿釉彩陶器和彩绘陶器都达到了相当高的水平,品种繁多,制作精细,生活用品无所不有。仅出土的三截四层和三截六层的陶楼,就反映出当时地主庄园的豪华与气派。

蓟城附近商业很发达,这里成为大富商聚集之地,俨然是贸易中心。与西汉不同的是,东汉时期长城外许多少数民族迁到长城内居住,各民族之间的交往增多、加深了。

3. 学术文教

东汉时期尤为尊崇儒学。燕地蓟城官学与私学都很普遍,学术方面出现了不少著名的人物。如崔骃,以钻研典籍为生,不追求仕途做官,而是效法扬雄的《解嘲》,作《达旨》以明己志,成为当时著名的文学家。他的诗赋《四巡颂》,以辞文典美著称。

卢植,是东汉时期学术上著名的代表人物。年少时,与郑玄同为古文经学大师马融的得意弟子,博通古今,远近闻名。著《尚书章句》

第三章 秦至隋前：北方军事重镇时期的蓟城

后,险些被董卓杀害,后隐居军都山。

第四节 秦汉时期燕地蓟城的民族关系

匈奴是我国北方地区一个古老的游牧民族,很早就受中原文化的影响。战国时进入奴隶制,活动于燕、赵、秦以北地区。秦汉之际,匈奴冒顿(mò dú)单于统一了各部,占领了大漠南北地区。秦为防匈奴,筑长城,并收复河套地区。楚汉战争时,匈奴再次南侵,蓟城以北上谷、渔阳诸郡经常受其骚扰,西汉初对匈奴基本上采取防范的政策。

公元前 200 年,匈奴及韩王信扰汉,曾将汉高帝围困于白登(今山西大同东)七日。自此,西汉王朝采取与匈奴进一步友好,即和亲的政策。汉武帝时始对匈奴采取攻势,将匈奴追击至漠北地区。其间,匈奴也曾经对西汉发动过多次侵犯,并侵骚到燕地蓟城。公元前 119 年,汉武帝曾派大将卫青、霍去病出击,这次战争,双方死伤达数万人。双方交战,并没有中断经济贸易交往关系。汉宣帝时,匈奴内部分裂,出现了五单于争雄的分裂局面。其中漠南呼韩邪单于部与西汉和好,采取了入朝附汉的政策,并与西汉通婚往来。后来漠南漠北统一,匈奴与西汉平安友好相处多年。是时,匈奴良马驯养方法传入燕地蓟城,而中原地区的文化,以及冶铁等技术亦传入匈奴地区。到西汉末年,北部地区呈现一片各民族和谐共处的平和景象。但王莽篡权期间,汉民族同匈奴民族的矛盾日益激化。东汉建立后,经多次交战,匈奴被击败,一部分西迁,一部分居于燕地蓟城,或长城内外。不难看出,两汉时期北京地区各民族频繁交往,虽有多次战争,但和平是长期的;统治者之间进行的战争,并没有阻止不同民族之间的友好交往。

第五节 民族融合的魏晋十六国北朝时期

公元 220 至 581 年的魏、晋、南北朝时期,是中国历史上南北分裂、政权频繁更迭、军阀混战的特殊时期,同时也是中国历史上第一次南北民族大融合的时期。在这一历史时期,燕蓟地区历经曹魏、西晋、十六国时期的后赵、前燕、前秦、后燕和北朝的北魏、东魏、北齐、北周等朝代。这一时期幽蓟地区具有以下三大特点：

1. 以中原政权为代表的中央政权强大时，幽蓟往往成为北方的经济、贸易中心和北部边疆地区的军事重镇。

2. 以中原政权为代表的中央政权衰弱时，幽蓟往往成为军事割据势力的政治中心之一。

3. 中原政局混乱时，幽蓟又成为北方游牧民族南侵中原的军事前哨基地。

这样就使北京地区成为农耕文化与游牧文化融合的中心地带。

一、魏晋时期的幽州蓟城

1. 政治状况：郡县与王国并存

公元220年，曹操之子曹丕废汉建魏称帝，为魏文帝。魏历五帝，共46年。在曹魏统治时期，北京地区为幽州。郡、县的设置沿袭东汉，只是个别郡县名称有所变化而已。是时，幽州下设12个郡、国，其中4个郡国及其下设的24个县中的9个县在今北京地区。（参见图3-5）

(1) 燕国，治蓟（今北京城区西南），原称广阳郡。魏明帝封其叔父曹宇为燕王，改燕郡为燕国，下设5县：蓟、广阳、昌平、军都、安次等。广阳也曾为侯国，5县中除安次县外，其余4县均在今北京地区。

(2) 范阳郡，治涿（今属河北省），魏初改涿郡为范阳，文帝封其侄曹敏为范阳王，后改封曹敏为琅琊王，又复范阳郡。下设8县：涿、良乡、方城、长乡、酒、故安（今河北省定兴县西）、范阳、容城，仅良乡在北京。

(3) 上谷郡，治居庸（今北京延庆）。辖6县：居庸、沮阳、下洛、潘、涿鹿、广宁。

(4) 渔阳郡，治渔阳（今怀柔东北），初曾与燕郡合，后分设。下设5县：潞、安乐、犷（广）平、泉州、雍奴。安乐县（今顺义西南）曾为蜀后主刘禅的封地。

其余为(5)代郡，(6)右北平郡，(7)辽西，(8)辽东，(9)乐浪，

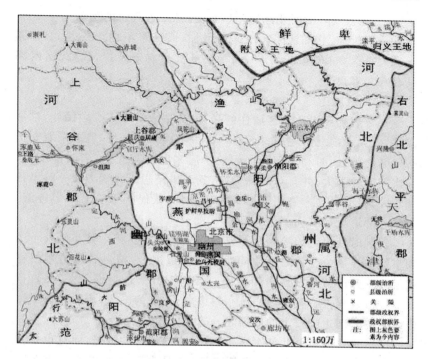

图 3-5 曹魏幽蓟地区区划图

(10) 玄菟,(11) 昌黎,(12) 带方。

东汉初 10.2 万户,63 万人;曹魏初,只剩 30 万户,"领户三千,孤寡之家,参居其半"。

西晋(265~317,历 4 帝、共 52 年) 公元 265 年,司马炎称帝,为晋武帝,复演了魏代汉的故事。西晋行政建置与东汉与曹魏基本相同,实行郡县与封国并行的制度。

(1) 燕国,治蓟。晋武帝封司马机为燕王,又将渔阳郡归入燕国,辖 10 县。燕国是西晋时北方最大的封国,与幽州分界而治。"八王之乱"后,废国设郡。

(2) 范阳国,治涿。晋武帝叔司马绥为范阳王,范阳国下设 8 县,其中良乡和长乡北部在今北京地区。

其余为(3) 广宁郡,(4) 代郡(治河北蔚县),(5) 北平郡(治遵化),(6)上谷郡(治河北涿鹿),(7)辽西郡(治河北卢龙东)。

魏晋时期,北部地区人口逐渐增加,但分布不均。燕国、上谷郡每县人口达2000至2900户,而一般的县只有千余户,代郡、辽西郡只有八九百户。

2. 民族关系

在曹魏幽州沿边地区居住的乌丸(乌桓)、鲜卑等少数民族,常常侵扰,成为曹魏北方之患。面对北部少数民族的侵扰,曹魏采取安抚的羁縻之策,同时利用部族之间的矛盾来削弱其势力,当时少度根、轲比能部较强大,并且与曹魏和好,其动机是想借曹魏力统一鲜卑各族。因其反复无常,魏明帝派韩龙刺杀他,扶保其弟统治鲜卑各族,曹魏北部边境相安无事。

曹魏时期对边地控制很严,为防止边官作乱,都令其将嫡长子送到京师为人质。曹魏对民族问题也非常重视,对擅自挑动边衅的官吏惩处十分严厉。如幽州刺史杜恕,因"斩所从来小子一人,无表言上",后被处死,因其父有功于国,得以免死,削为庶人,流放。这也是曹魏时期北部边疆安定的原因之一。

幽州是曹魏时期北部军事重镇,是中原地区的屏障,而且也是曹魏经营辽东地区的基地,既出师之地,亦是事平劳军之所。西晋时期,基本沿袭曹魏治理北部边疆的政策,对北部边疆从不掉以轻心。为了确保北部边疆安定,西晋对居住在北部边疆地区的各少数民族采取的也是分化瓦解与招抚的政策。在西晋统治时期,北部边境也很稳定。

3. 社会经济

曹魏统治时期为了缓和阶级矛盾,安定边民,实行了屯田制,鼓励流民返回乡里。曹魏的屯田制分为军屯和民屯两种,在军屯土地上耕作的是佃兵,在民屯土地上耕作的是屯田客。幽州地处北鄙,屯田制实施后,不少流民返回乡里,从事农业生产。但是到了曹魏后期,由于屯田官和权贵们对土地的侵占,以及对佃兵和屯田客的残酷剥削,造成屯田额数日益削减。随着佃兵与屯田客的纷纷逃亡,屯田制便随之瓦解。

屯田制瓦解后,曹魏又实行了限田制,即国家将地出租给农民。

西晋时期为了增加国家的租赋，扩大耕地，实行了占田制，强迫农民开垦荒地。由于占田制对农民剥削更重，没有刺激起人民生产的积极性。

魏、晋两代为促进农业生产，注意兴修水利，幽州永定河水得到利用。公元294年，幽州居庸强烈地震，地裂宽三十六丈，长八十四丈，水泉涌出，死百余人。第二年，西山山洪暴发，戾陵大坝被冲毁。晋惠帝令刘靖、刘弘父子修复了戾陵堰与河渠，为恢复生产创造了条件。

4. 西晋末年王浚在幽州的统治

王浚是晋尚书王沉庶子，其母穷贱，王沉不齿。在八王之乱中，王浚为割幽州自固，"结好夷狄，以女妻鲜卑务勿尘，又以一女妻苏恕延"。八王之乱中，他在幽州拥兵观望，为成都王司马颖所忌。司马颖曾密谋杀王浚，结果反被王浚所杀。后王浚联合并州刺史司马腾与鲜卑，大败司马颖于邺城。在八王之乱中，谁强依托谁，王浚趁此之机迎惠帝返回洛阳，被封为大将军、幽州都督。自此，王浚大权在握，政治上极为得势，后王浚受封为博陵公，并加封燕国之地。

匈奴刘渊得势称帝，羯首石勒附刘渊，成为晋在幽州与冀州一带的大患。王浚与之交手，大败。

5. 华芳墓的发掘——王浚妻之墓

1965年7月，在北京西郊八宝山革命公墓之西发现西晋王浚妻华芳墓一座。经考古发掘，全墓系用一面印有绳纹或条纹的青砖砌成，墓中有多道石门和四堵封门砖墙，被盗过，人首在棺外，其余在淤土之中，银铃是一件艺术珍品，球状，银丝8个乐人形系。墓中随葬品制作精巧细致，反映出相当高的工艺水平，同时也反映出王浚统治幽州的奢靡。据墓志石载：永嘉元年（307）"假葬于燕国蓟城西二十里"。依据郦道元《水经注》对蓟城的考察，蓟城应该在北京外城西北部，即在白云观附近。

二、十六国时期的燕蓟

1. 幽州地区政权交替与族属状况

公元316年，西晋亡。翌年，司马睿在今南京称帝，史称东晋，经营长江以南的半壁河山，中国从此进入南北长期的分裂对峙阶段。

此时,长江以北的广大地区为匈奴、鲜卑等诸族军阀征战场所,政权频繁更替。在黄河流域的北方先后出现了由来自草原的匈奴、鲜卑、羯、氐、羌等少数民族建立的政权,史称"五胡十六国时期"。

公元314年(晋愍帝建兴二年),王浚被后赵的石勒擒获。西晋将领刘琨守幽州,军驻安次,与鲜卑联合、联婚,准备攻打匈奴与羯族石勒。但彼此互相猜疑,刘琨被鲜卑将杀于蓟城。蓟城随即陷入严重混乱之中。占据幽州的割据政权先后有后赵、前燕、前秦、后燕、北燕等。

2. 前燕政权在蓟城建都

前燕为鲜卑人慕容皝于公元337年建立,国号燕,史称前燕。公元350年,慕容皝之子慕容儁攻占蓟城。公元352年定蓟城为前燕国都,公元357年迁都邺城(今河北临漳)。蓟城作为前燕国都共计5年,这是少数民族政权第一次在蓟城建立都城,是北京发展的一个转折点,在北京历史上具有比较深远的意义和影响。慕容儁在蓟城营建太庙、宫殿。修建的宫殿称碣石宫。

三、北朝时期的燕蓟

北朝始自北魏太延五年(439)拓跋氏统一北方,终于581年(北周大定元年)[①],北周外戚杨坚独揽朝政,迫北周主禅位,建立隋朝。

1. 北魏的建立以及幽州行政建制

建立北魏的是鲜卑族拓跋氏,这个部族原生活在大兴安岭北端东麓一带,过着游牧生活。东汉末年,匈奴的一部被打败远走塞北,后复西迁,传说匈牙利就是西迁的匈奴而形成的。由于匈奴有的西迁,有的内徙,故地遂空,于是拓跋氏乘机南下,在匈奴故地定居下来。三国时期,拓跋氏曾遣使与曹魏通贡,一直交往到西晋末年。公元338年,拓跋部逐渐兴旺起来,立国,国号为"代",具有了国家的雏形。代国建立后形成了百官制与立法。正当其在国家形成的道路上迅速发展的时候,376年被日益强大的前秦苻坚所灭。淝水之战后,

---

① 严格说,公元587年,隋灭原附属于西魏的后梁,北朝结束;589年,隋灭南朝陈,统一全国,南北朝结束。

前秦瓦解,中国北方又开始混乱,拓跋珪复合各个部落,恢复了代国,自称代王,后改国号为魏,史称"北魏"。拓跋珪在386年(前秦太初元年、东晋太元十一年)四月称魏王,398年迁都于平城(今山西大同),即皇帝位,是为北魏道武帝。拓跋珪称帝后,首先加强内政整顿,并注意安抚百姓,恢复生产,采取了"敦课农桑"的措施,遂有"垦田岁倍"的成效,这一措施扩大了燕郡的耕地面积。由于北魏政府注重农业生产的发展,拓跋鲜卑族进入中原地区后逐渐改变了游牧习俗和畜牧经济的形式,迅速彻底转向农业生产。此外还设法网罗汉族士大夫。北魏统治者一方面给汉族士大夫高官要职,另一方面还让汉族士大夫为朝廷制定官制、修律令等,从而促进了北魏社会的稳定与发展。幽州等地区的生产也随之发展起来。

　　北魏政府对外则不断开拓疆土,扩大疆域,先后北伐西征,征服了许多部落,俘获了数十万人口和成百万的牲畜。它把这些俘虏一部分变为奴隶,连同其他战利品,一道分给诸部的王公大人和将士,一部分降为隶产、牧户或杂户,令其从事农业、畜牧业和手工业生产,从而客观上壮大了北魏的实力。公元397年,北魏灭掉后燕,虏其36万人口,然后"计口授田",分给耕牛、农具,得以租税,增加了财政收入,充实了塞北。在对外战争的过程中,由于受中原先进的经济文化的影响,内部存留为氏族部落关系也发生了变化。北魏政府先后下令,将原有部落遣散,变为交纳租调和服兵役徭役的编户齐民,"离散诸部,分土定居,不听迁徙,其君长大人,皆同编户。"北魏建国初期,奴隶在生产中还占有很大的比重,而且还存留着大量的接近于奴隶的隶户。同时,汉族的封建生产方式依旧保留下来。在汉族的影响下,鲜卑族本身在向封建制转变中。随着北魏国力的强大,先后灭掉了夏和北燕,并于439年(太延五年)灭掉了匈奴人沮渠氏的北凉政权,统一了黄河流域,形成南北对峙的局面。

　　北魏时期幽州范围有所缩小,大致相当于西晋幽州的范阳、燕、北平三郡国之地。晋代幽州的其他地区,北魏时期分属燕、平、安三州管辖。北魏时期,幽州仍治蓟,领燕、范阳、渔阳三郡。在今北京市境内的有燕郡的蓟、广阳、良乡、军都和渔阳郡的潞、渔阳县,以及范阳郡的涿、长乡,乃至燕州上谷郡居庸、沮阳,安州西南部。(参见图

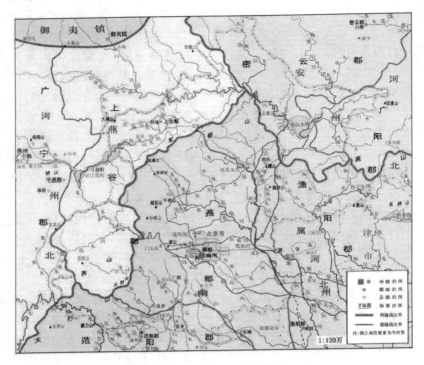

图 3-6　北魏时期燕蓟地区图

2. 北魏孝文帝时期的改革

建立北魏的鲜卑族拓跋部是祖居今内蒙古草原的游牧民族,社会发展比较落后。北魏虽然统一了黄河流域,在中原建立了政权,但是从整个社会来看,阶级压迫和民族压迫交织在一起,鲜卑贵族仇视汉人和其他少数民族的情绪仍十分严重。因此在北魏统治时期,民族矛盾一直是很尖锐的。北魏王朝从始建之初就千方百计地笼络汉族士大夫,在政治上虽不实行夷、汉分治的政策,但当时的阶级矛盾却很严重。主要原因是北魏政府把战争中掠来的俘虏变为奴隶或杂户的做法一直未绝,其二是北魏政府对民众的剥削也很严重,除明确规定的租调额之外,还经常临时征调绢帛和粮食等物资,而且数量往往超过朝廷所规定的租调额。这一做法使民众不堪重负,自然促使阶级矛盾日益激化。因此,从北魏立国初到孝文帝改革前,各族人民的反抗斗争一直没有间断,特别是445年在西北地区爆发十几万人的各民族大起义,对北魏统治者震动极大。北魏孝文帝改革前,除阶级矛盾与民族矛盾尖锐外,统治阶级内部也是矛盾重重。造成这一矛盾的主要原因是政治经济利益的冲突,同时也由于民族差异而导致鲜卑贵族对汉族地方官吏存有戒心,彼此互相猜忌生疑。北魏鲜卑贵族进驻中原后,生活日益腐化,施政刑罚又过于严厉。如北魏有功之臣汉族人崔浩竟因在修国史中触犯了拓跋氏统治者而落得亡身灭族。北魏的地主阶级广占田土,奴役大量人口,不少汉族大户假宗主鲁护名义,控制了大批土地和人口,使政府的收入减少,权力集中受到影响。孝文帝时期的改革就是在这种情况下发生的。

孝文帝即位时年仅5岁,由其母冯太后执政。是时,国内土地兼并严重,阶级矛盾尖锐,各族人民的反抗斗争此伏彼起,接连不断。针对这种情况,冯太后开始进行改革。孝文帝的改革从公元485年开始至496年基本结束,前后达十二年之久,以公元490年为界,改革分为前、后两个时期。改革的前期阶段以均田制为主,主持者为冯太后;后一阶段以汉化政策的推行为主,主持者是孝文帝。

北魏孝文帝改革的内容包括为均田制、三长制、迁都和汉化政策。公元490年冯太后死,孝文帝亲政。孝文帝为了缓和阶级矛盾与民族矛盾,推行了以鲜卑贵族为主,以汉族经济文化为中心的汉化政策,以达实现民族融合之目的。孝文帝改制,特别是母仪政策的推行,顺应了历史发展的趋势,促进了自十六国以来各民族人民由互相仇视到逐渐融合的过程,并且以法律的形式肯定了各民族融合的成果,同时也促进了以鲜卑族为中心的北方各族封建化的过程,为实现新的统一奠定了良好的基础。

3. 北魏末年幽州地区反魏斗争

孝文帝改革加速了民族融合的过程,并且逐渐缩小了民族之间的差异。但是随着北魏封建经济的成熟,社会矛盾日趋尖锐。造成北魏末期社会矛盾尖锐的主要原因是均田制遭到破坏,地主大量兼并土地,而农民无田可耕,阶级矛盾日益尖锐。加之北魏政府屡次攻打南朝,又与北部柔然作战,徭役繁多,造成河北、河南一带家家有人从军,十室九无男丁的惨状。至孝文帝之子宣武帝即位时,这种现象更为严重,阶级矛盾更为突出。

地处北部的幽州地区,在孝文帝时期人民生活就很贫穷,而且幽州又是佛教盛行之地,佛教僧侣享有免租赋、力役等优待政策,而且佛教自有内律,不全依朝廷法令,故私自剃度为僧者颇多,不满统治阶级的人也剃度为僧。北魏孝明帝正光六年(525),幽州、冀州、沧州、瀛洲(今河北河间)等州连年荒旱,民众无法生存,饿殍遍地。是时,六镇兵杜洛周率众起义,大败北魏元谭诸军,占领了蓟城,幽州地区完全掌握在起义军的手中。杜洛周起义沉重地打击了北魏统治者。

4. 北魏的分裂与北周统一北方

公元534年,北魏分裂为东魏与西魏。

逃往关中的北魏孝武帝,改称西魏,大政则由鲜卑氏的匈奴人宇文泰掌握。公元557年,其子宇文邕也自立为帝,改国号为周,史称"北周"。

东魏迁都邺城。幽州隶东魏管辖。由于东魏孝静帝年幼,朝中政务被鲜卑化的汉人高欢把持。东魏武定八年(550)五月,高欢之子高洋废东魏孝静帝而自立为帝,改国号为齐,史称北齐。幽州地区归属北齐管辖。北齐历6帝,立国28年,其间高欢父子推行民族分裂政策,恢复鲜卑的旧制旧俗,排斥汉族的先进文化,抬高鲜卑贵族的特权,极力维护门阀士族的利益,使已缓和的民族矛盾又日趋严重。东魏内政混乱,终被取代西魏的北周所灭。

北周的统治者沿袭了北魏孝文帝的民族政策,适应了民族大融合趋势的发展,缓和"胡"汉之间的矛盾,重用汉族官吏,以《周礼》为模式,整顿官制,改革兵制,建立府兵,提高士兵地位,严格训练,大大提高了战斗力。同时,还下令强行废除佛、道二教,使佛、道寺院控制的大量土地和人口得以解脱,并且赦免了许多奴婢。与此同时,北周政府还注意推行减轻徭役,严惩贪污等政策。北周武帝宇文邕是一位杰出的少数民族政治家。北周建德六年(577),周武帝出兵灭北齐,占据幽州,统一了北方。

四、魏晋南北朝时期的技术与文化

1. 佛教的传入与流行

佛教产生于公元前6～5世纪的印度，其创始人是乔达摩·悉达多，释迦牟尼是佛教徒对他的尊称。公元前后（西汉末、东汉初）传播到我国中原内地，4世纪初期至中叶传播到北京地区。佛教教义宣传"十二缘起"和"四谛"，以"三世两重因果"说明生死轮回的道理，用苦、集、灭、道来说明世间和出世间两方面的因果关系，以及达到涅槃解脱的途径。

魏晋南北朝时期，社会矛盾尖锐复杂，为佛教提供了传播的客观条件。自十六国至北朝时期的260多年当中，北部中国经济文化相对落后，但在历代统治者崇佛风气的影响下，佛教有了明显的发展。其时虽中经北魏太武帝拓跋焘和北周武帝宇文邕两次灭佛，却没有影响幽州地区佛教的发展，当时的北京地区反到成为佛教僧众的避难所，为使佛经永世流传开创了凿石刻经的先河。

北魏末年，寺院达3万多所，僧尼达200多万人。南朝佛教更为盛行。梁武帝还曾把佛教定为国教，仅建康（今南京市）一地，寺院就有500多所，僧众达10多万人。

概括说来，南北朝时期，北方的佛教偏重于宗教的仪式与修炼，因而北朝有许多石窟佛像的雕造，而南方则侧重于对佛理的探讨，对佛教理论的发展有所贡献。这两种倾向，到南北朝末期逐渐融合，隋唐以后南北佛学合一。

2. 道教的产生与传布

道教是中国土生土长的宗教，自创立之始便奉老子为教主，以老子的《道德经》为主要经典。中国早期道教自东汉顺帝时期在民间产生，太平道和五斗米道是东汉时期早期道教的主要教派，幽州是太平道活动的主要区域。

太平道是河北巨鹿人张角于东汉灵帝（167～189在位）时所创建，流行于滦河中下游一带，后因张角利用太平道发动了黄巾起义而被禁止。

五斗米道即张陵创立的天师道，流传于今陕西汉中至长江中下游地区。

曹魏政权汲取黄巾起义的教训,对道教采取了利用与镇压、改造和限制相结合的政策。魏晋时期统治者对道教扶持和利用的政策,使道教得以发展。

北魏统治者鲜卑族拓跋氏进入中原后,积极效法汉地的佛教与道教,自称是东汉幽州上谷昌平籍寇恂的第十三世孙的寇谦之受到重用,经他改革后的新天师道也得到北魏太武帝拓跋焘的赏识,并成为北魏的国教。到东魏时期,道教处于停滞的状态。至北齐、北周时期,幽州地区出现了道教观宇遍布山野,道徒人数比纳税的正户还多的局面,说明道教传播已经相当广泛。

3. 科学与技术

(1) 龙骨水车——翻车的广泛利用

东汉末年至曹魏时期,随着农业生产的发展,农具也不断改造与发展。三国时期魏国扶风(今陕西省兴平县)人马钧,在毕岚所创造翻车的基础上加以改造与完善。马钧改造后的翻车称为"龙骨水车",是我国古代最著名的农业灌溉机械之一,也是当时世界上最先进的灌溉工具。

(2) 贾思勰与《齐民要术》

北魏末年,贾思勰的《齐民要术》是一部总结黄河中下游地区丰富的农业生产经验的杰出农学著作。全书分为十卷,九十二篇,十一万字,内容相当丰富,涉及面甚广,包括土地的整治,肥料的施用,精耕细作,以及畜牧、兽医、养生、种竹、农副业等方面的知识和技术,称得上是当时的农业百科全书。《齐民要术》对我国古代农学的发展有重大的贡献,其中有些知识和技术,至今仍有价值。

(3) 韩婴对乘法口诀的记述

西汉时期,燕人韩婴《韩诗外传》卷三记述了春秋时期曾经有人把九九歌献给齐桓公的故事。"九九歌",是我国古代所用的数学乘法口诀,内容与今相同。《韩诗外传》中关于"九九歌"的记载是我国最早记述乘法口诀的史料之一,说明早在公元前4世纪左右,北京地区就已经使用这一数学方法了。

（4）西晋象牙尺

象牙尺是日用量具。1965年出土于北京西郊八宝山西侧西晋墓。此墓的主人为王浚之妻华芳，王浚于晋惠帝还洛阳时领幽州刺史，其妻华氏墓志铭末署"永嘉元年四月十九日造"。象牙尺长24.2厘米，宽1.6厘米，两面各刻十寸。象牙尺一面在寸的度数内又刻十分，在寸的刻度线两端五分刻度线的正中雕出规整的圈点。在半尺的分界线中部两侧各刻一同样圈点。象牙尺的制造时代限即华氏下葬前永嘉元年，即公元307年。今珍藏在首都博物馆藏内。

名词解释：

秦蓟城　　西汉蓟城　　东汉幽州蓟城
魏晋十六国北朝时期幽州蓟城

思考题：

1. 秦筑长城防匈奴的原因及意义。
2. 西汉时期燕地蓟城地区建置沿革以及社会经济文化状况。
3. 东汉时期燕地蓟城地区的政治经济文化状况。
4. 秦汉时蓟城、北部地区的民族关系。
5. 魏晋十六国北朝时期幽州蓟城状况。
6. 魏晋以来的科学与技术。

第四章 隋至五代时期北方军事重镇幽州

教学内容：从整体上了解隋唐至五代时期幽州的情况。公元589年,隋文帝杨坚统一南北,结束了魏晋十六国南北朝以来长期分裂割据的局面,幽州的形势与地位发生了变化,成为显赫一时的军事重镇。幽州既是军事远征的前进基地,又是中央王朝控制北方地区的军事要地。唐代后期和五代时期,随着"安史之乱"的爆发和藩镇割据的形成,幽州又成为藩镇割据势力的中心。

教学目的：通过本章的学习,使学生了解幽州作为北方军事重镇的作用及意义。

教学重点：幽州在隋、唐以及五代时期作为北方军事重镇和经济文化中心的意义。

第一节 隋朝北方军事重镇

公元581年(北周大定元年)二月,独揽朝政的北周相国杨坚受北周静帝宇文衍禅让,称皇帝,建元开皇,国号为隋。隋开皇九年(589),统一了南北,结束了魏晋十六国南北朝以来长达270多年的分裂局面。虽然隋朝二世而亡,仅存短短的37年,但隋王朝却是一个承前启后的重要时期,为唐代经济文化发展与繁荣奠定了基础。

一、隋朝的幽州涿郡

隋朝建立后,为了加强中央集权,巩固国家的统一,在政治、经济、兵制等方面进行整顿,确立了三省六部制,官吏任免权归属中央。同时创建科举制,开科考选拔官员之先河。在兵制上也改变了过去军户、民户分治的办法,军人户籍、田地也归州、县管理。改地方州、郡、县三级制为州(郡)、县两级制。《隋书·地理志》载:隋文帝开皇三年十一月,即以郡县过繁,户口减少,下诏罢除诸郡。原幽州下辖的燕、范阳、渔阳三郡皆废,仅存州、县两级地方政权。隋文帝时期,幽州管辖蓟、良乡、安次、涿、潞、雍奴、昌平、固安八县。

隋炀帝即位后,为了加强对各地的管理,于大业三年(607),又诏令废州改郡。于是,幽州、燕州、檀州等州被废,只设郡、县两级行政机构。隋炀帝将幽州改为涿郡,郡治设在蓟城,统蓟、良乡、安次、涿、固安、雍奴、昌平、潞、怀戎九县。涿郡户口为84000户。(参见图4-1)

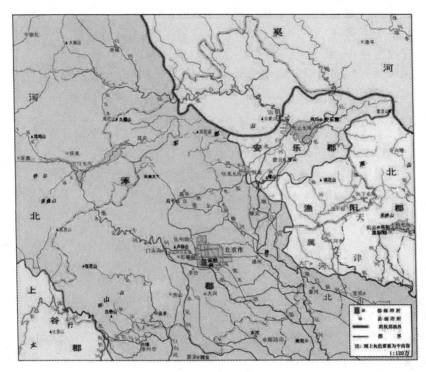

图 4-1　隋涿郡区划图

1. 军事要地

杨坚建立政权后,在东北地区设立军事机构幽州总官府,总管六州五十镇,与并州、营州(今辽宁朝阳)、朔州、代州等各军事区域联合,防备突厥和契丹。鉴于幽州军事地位的重要,隋文帝委任重臣名将担任幽州总管,驻守幽州。先后担任幽州总管的有于翼、阴寿、李崇、周摇、燕荣等。这些人都是隋文帝的亲信重臣或当时的名将。

突厥兴起于6世纪中期,至木柯可汗时,"西破嚈哒,东走契丹,北并契骨,威服塞外诸国",不断进入幽州,杀掠吏民,留屯塞外。北周曾以千金公主嫁给东突厥沙钵略可汗。隋代周后,北周千金公主请沙钵略复辟周室,沙钵略联合原北齐营州刺史高宝宁,又联结契丹、靺鞨,举兵反隋。隋幽州总管阴寿,沿边修保障,峻兴城,与并州总管虞庆则屯兵数万防御。隋开皇初年,幽州总管阴寿率步骑数万出卢龙塞击高宝宁,高宝宁败逃,投奔契丹,被杀。隋开皇三年六月,突厥寇幽州,幽州总管李崇战于砂坡,全军覆没。此后,燕蓟多次被突厥扰害。周摇继任幽州总管后,正值突厥分裂,各部纷降,契丹内附,幽州总管又对东北"九夷八狄,缓怀抚慰",千金公主自请改姓杨氏,北方渐趋安定。

大业三年,炀帝欲北出塞外。突厥启民可汗即命举国开御道,并率领霫奚、室韦等族修建自榆林郡(治所榆林,今内蒙古托克托县),开三千里御道,东达于蓟。隋炀帝北巡出塞,由此御道至涿郡。

隋朝灭南陈统一全国,结束南北分裂局面后,寻以户口滋多,析置州县。又为集中全国兵权于中央,废诸州总官府,幽州总官府遂废。

2. 开凿永济渠,兵伐辽东

隋朝自始建之初,隋文帝就想加强对太行山以东,河北平原包括幽州等重要都会的联系,改善通往这一带的交通条件。隋炀帝曾在榆林召见高丽使节,是时已有向辽东用兵的意图。由于隋朝要用兵辽东,加强与河北地区的经济联系,以及隋炀帝游幸北方等原因,开凿一条由东都洛阳,北达幽州的水路运输线便成当务之急。大业四年,发河北男女百余万凿永济渠,是为大运河的北段。大运河以东都洛阳为中心,西通长安,南至馀杭(今杭州),北达幽州,全程分为四段。洛阳以南有三段:通济渠、邗沟、江南至馀杭为终点;洛阳以北是永济渠,直通幽州。永济渠是从今河南武陟县截引泌水为水源,通至黄河,东接清水、淇水,顺曹操开凿的白沟北流,通往内黄、魏州(今河北大名)、临清、贝州(今河北清河)、东光等富庶的地方,到今天津武清县入永定河(当时称桑干河,即今城南的凉水河),直达蓟城南郊。这最后的一段。隋代还没有今天城东的北运河,这条河是后来金元时期开凿的。

永济渠开通后三年,大业七年,隋炀帝决意向辽东用兵,自江都(今扬州)御龙舟,渡河入永济渠,四月到涿郡之临朔宫,下诏曰:"省俗观风,援届幽朔","观风燕裔,局罪辽滨","执锐勤王,舍家从后,罕蓄仓禀之资,兼损播殖之务"。事实果然是这样,他已经下令:"总征天下兵,无问远近,俱会于涿。""又发江淮以南水手一万人,弩手三万人,岭南排镩手(排即盾,镩是小矛)三万人,于是四远奔赴如流。"同年五月,"敕河南,淮南,江南造戎车五万乘送高阳(今河北保定、博野)供载衣甲幔布,令兵士自挽之。"同月,"发河南北民夫以供军级。"同年七月,"发江淮以南民夫及船运黎阳及洛口诸仓米至涿郡。"黎阳仓(在今河南巩县)、洛口仓(在今河南浚县)俱在当时的运河线上。

当时全国的广阔地区,西到关中,南及岭表,都是征发士兵的范围。军需运输的民夫远超过军丁的人数。水陆征调的沿途,"舳舻相次千余里,载兵甲及攻取之具;往还在道常数十万人,填咽于道,昼夜不绝,死者相枕,臭秽盈路,天下骚动。"今河北、山东一带是进攻辽东的基地,在这个区域内,北端涿郡集中陆军,东端东莱(今山东蓬莱市)海口驻屯水军。幽州总管元弘嗣在东莱海口造船300艘,官吏驱使民夫,昼夜水中,不敢休息,自腰以下皆生蛆,死者十之三四。隋大业八年正月,四方兵集涿郡。"诏左十二军出镂方,长岑,溟海辽东,朝鲜等道,骆驿引途,总集平壤,号二百万兵。"隋炀帝亲赴辽东,临行祭社于南桑水上,祭天帝于临朔宫南,祭马祖于蓟城北,并举行仪式,亲授节度于将军,然后顺序仪法。第一军发,日遣一军,相去四十里,连营渐进,发四十日乃尽,首尾相连,鼓角传闻,旌旗亘960里。如此威武的队伍,徒有虚名,不能应敌,指挥失度,接连败北。到七月,九军度辽皆陷,资储器械巨万计,失亡遗尽,只得班师而返。炀帝在涿郡短暂停泊后,车驾至东都。一年后,大业九年正月,再下诏征天下兵集涿郡,四月率师渡辽,被阻于坚城之下,会杨玄感在黎阳反叛,遂返师。大业十年二月,隋炀帝第三次下诏复征天下兵,三月亲至涿郡,督师伐辽,各道俱进。此时天下已乱,士卒在道,逃亡相继,出师未利。

3. 隋末农民起义与罗艺占据幽州

由于隋炀帝三次用兵伐辽东,"旌旗万里,征税百端,猾吏侵渔,人不堪命",不仅耗尽国家财力,使百姓不堪重负,而且进一步激化了阶级矛盾。黄河下游一带的百姓更是遭受深重的徭役、兵徭的负担。是时,天灾不绝。如大业七年,"秋,大水,山东、河南漂没30余郡,民相卖为奴婢"。山东、河南、河北一带危机四起。隋炀帝攻打辽东兵发于涿郡,故涿郡百姓备受各种徭役之苦。面临死期,倘不栖身沟壑,只有逃亡,于是投身起义,随之四海之内兵革威起,反抗隋朝暴政。

太行山以东地区成为隋末农民大起义的发源地,涿郡也就成为激烈的斗争中心。涿郡附近上谷王须拔自称漫开王,立国号燕,还有魏刀儿自称历山飞,率众10余万人。幽州人杨仲绪亦率众万余人,纷纷树起反隋旗帜。河北窦建德于大业十二年,以精兵7000,袭杀涿郡通守郭绚所率万余人,获马千匹,并追斩郭绚于平原。次年七月,隋炀帝命涿郡留守薛世雄增兵3万,自涿郡出发,讨伐起义军。兵到河间,被窦建德军袭击,大败,反隋斗争进入高潮。不久,王强拔起义,魏刀儿被杀,所率兵部并于窦建德军,窦军三次进攻涿郡幽州城,未能攻克,后转战于河北各地,败于李世民。据传今房山窦店曾有窦建德墓。

二、涿郡宫寺与房山刻经

1. 建临朔宫

隋大业初年,炀帝欲征讨辽东,涿郡的地位日显重要。大业四年开永济渠。大业五年,在涿郡蓟城建临朔宫,作为炀帝巡幸督战的行宫。临朔宫由任朝请大夫的著名的工程技术专家阎毗设计营建。阎毗曾参加大兴城的建设,还参加过修隋兴城及运河的工程。临朔宫怀荒殿,宏大华丽,融西域文化于其中,很有特色。隋炀帝曾在临朔宫宴请西突厥处罗可汗。《隋书·阎毗传》载:"将兴辽东之役,自洛口开渠,达于涿郡,以通运漕。""毗督其役,明年,兼领右翊卫长史,营建临朔宫。"临朔宫毁于农民起义,遗址无存。关于隋炀帝的临朔宫在涿郡蓟城的具体位置,学界有两种说法:一说位于蓟城城南七里清泉北岸(今永定门外凉水河北岸),一说位于蓟城的江南隅,即今法源寺处。

2. 石经与舍利函

隋佛教发展很快,以"北京敦煌"著称的房山石刻,最享盛名。隋大业年间,隋僧静琬师承北齐南岳慧思和尚的遗愿,为防佛经遭到毁灭,发愿刻经,选定幽州北山即白带山为址,开凿洞窟,凿石为室,藏石经板于洞室中。自静琬法师刻经始,历经隋、唐、辽、金、元、明六个朝代,绵延1039年,镌刻佛经1122部3572卷14278块。像这样的刊刻,规模之大,历时之长,是世界文化史上罕见的壮举,堪与闻名寰宇的万里长城、京杭大运河相媲美,为稀有而珍贵的文化遗产。隋炀帝至涿郡时,曾施绢千匹及其他财物予以资助,使涿郡崇信佛教成风。

1981年11月27日在白带山上的雷音洞内佛座后边5厘米处发现一块方石,方石下面的地穴中发现舍利函。石函共五层:最外层汉白玉质函,刻铭文262字,记载明万历二十年在石经山发现三颗佛舍利的情况。第二层为青石函,盖上刻"大隋大业十二年岁次丙子四月丁巳朔八日甲子于此函内安置佛舍利三粒愿住持永劫"36字。第三层为汉白玉石函。第四层为镀金银函,四周线刻青龙、白虎、朱雀、玄武四神图案,内有木质彩绘香珠一颗,珍珠八粒。第五层为白玉制成,做工精巧玲珑,边长12厘米、高17厘米,函内装有两粒乳白色佛舍利和两粒珍珠。云居寺内珍藏的这两粒佛祖舍利与北京八大处灵光寺内佛牙塔内珍藏的佛牙、西安法门寺珍藏的佛骨指舍利,并称为佛事海内三宝。

第二节 唐朝统治下的幽州城

自魏晋以来经过几百年的动乱与分裂,至隋王朝时南北重新统一,下及于唐朝。公元618年唐朝建立,其版图辽阔,民族融洽,"四夷降伏,海内安宁",幽州成为唐王朝北方重要的军事重镇,蓟城通称幽州城。

一、贞观年间的幽州

秦王李世民自高祖平定中原后,以大半生的精力征服或怀柔边境。在他的努力下,唐朝的汉族和各少数民族和睦相处,出现了历史上难得的民族关系融洽、和睦共处的黄金时期。这为经济发展创造了条件。

1. 幽州蓟城形制的确立

唐代初期,地方行政制度沿袭隋朝旧制,以州统县。唐贞观元年(627)于州上设道,形成道、州、县三级行政区划。据《旧唐书·地理志》记载:唐高祖武德元年(618)复置幽州,治所蓟城,领蓟、良乡、范阳(原涿县)、雍奴、安次、昌平六县。

魏晋以来,幽州蓟城城址基本没有扩大和迁移,对幽州城的建置与规模一直到唐朝时才有了明确的文字记载。贞观十九年,唐太宗率大军攻打辽东,大军云集幽州。是年四月,唐太宗在蓟城南郊誓师进兵,五月渡过辽水到达辽东前线,九月返回幽州城。唐太宗此次出兵攻打辽东损失十分惨重。为了悼念出征阵亡的将士,为了安抚军心,遂下令在幽州城东南修建悯忠寺,即今法源寺前身,并在幽州城城西十余里修建了哀忠墓。武则天时,"追感二帝(太宗、高宗)之志,起是道场,寺以'悯忠'为额"。以后历代对这座寺庙都注意保护,至清雍正时改名法源寺。它的位置也就成为推定幽州城永久性的依据。宋《太平寰宇记》中所引的《郡国志》,以及唐《元和郡县图志》等都有关于蓟城城址的记载:幽州城南北九里,东西七里,呈长方形,周长为32里。另外,近年来北京地区出土的唐代与辽代的墓志石刻碑文都是对幽州城的定位与复原的重要资料。

由唐太宗敕命修建的悯忠寺位置就可确定幽州城基本方位,并进一步探寻幽州城全城的建置(参见图4-2)。从文献资料记载基本可以确定幽州城的位置。幽州城的东城垣在今宣武门大街西烂缦胡同与法源寺东墙外之间的南北一线,西城垣在今小马厂至甘石桥的东侧,南城垣在今白纸坊至姚家井一线,北城垣在今会城门至新文化街一带。幽州城城内面积为9平方里。依据唐代僧人南叙《重藏舍利记》,也可推定当时幽州蓟城的东城墙在今天的法源寺以东、烂缦

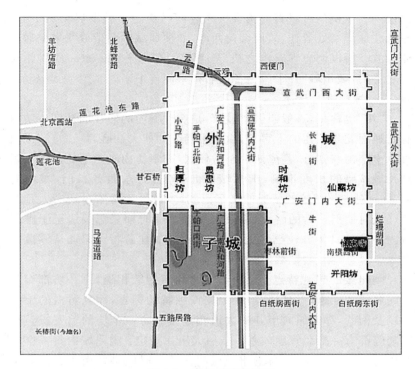

图 4-2 唐幽州城复原图

胡同偏西一线的地方。唐太宗虽然在幽州城居留不足一个月,但他对幽州城形制布局建设及主要建筑是十分赞同的。

根据唐墓志推测幽州位置,与郦道元《水经注》所记北魏蓟城位置基本一致,城址无大变化。详见下唐墓志。

2. 幽州子城

子城位置在幽州城内西南隅。据会昌六年(846)释师伦书,记旧藏智泉寺的舍制,因寺毁改归悯忠寺保藏的经过,文中记载:"智泉寺……即子城东门东百馀步,大街大衢之北面也。"智泉寺毗邻悯忠寺,"子城东门东百馀步",也就是说由悯忠寺西行"百馀步",就可以到"子城东门"了,"大衢之北面",即现在的南横街北面,恰与法源寺位置相合。子城位居大城的西南部(参见图 4-2),考其四面城垣,北墙在今广安门外南一带。四墙正中均有门,东西二门外称东掖门和西掖门。东掖门可以直通街衢——今南横街。子城不居全城中心,是选在地势高处营建,故而偏向西南,如梗居城中会造成往来交通不便缘故。所以悯忠寺启建之初,是考虑到有与子城一东一西遥相对应之势的,幽州城"开十门",各门名称未流传下来。

3. 坊和市

"坊"也称里,一般叫做"里坊",是唐代城内的居住的社区。坊内有贯通南北与东西的十字街,由十字街分为四大社区,每一个社区内再以十字街巷划分,割成四个小居住区,即每坊内十六个居住区。以幽州城城墙的长度推测,幽州城南北各三门,东西各二门,城内有36坊。对幽州城坊的情况的文字记载,多散见于两宋时期文人雅客游辽金时期燕京后的游记,以及出土的这一时期墓志等。至于幽州城内各坊的具体方位已经无从考定,对坊的建置特点只能从零散的文献中寻觅到一些记载。

幽州城的建置特点是:坊与坊之间有围墙相隔,每一坊都有自己的名称和标志。坊门和门楼上均设独特的标志,而且坊内的十字街以及街巷,都与通向市井的大道相连接。每一个坊的治安、巡逻、宵禁等都有一整套管理体系。依照大唐律规定:幽州城内每一个坊的坊门都是晨启夜闭,与幽州城城门开关的时间是紧密相合。如果在城门、坊门关闭后夜行,就要挨二十棍,即"犯夜笞廿"。唐朝幽州城还规定:幽州城内坊与坊之间的墙垣与官署廨垣皆不准攀越,违者"杖七十"。唐朝幽州城每年只有正月十五日这一天开放宵禁,名曰:"金吾驰禁,特许夜行。"幽州城城北为固定的市辖之区,作坊,店铺,按行开市,盛唐时继有发展。

另外,幽州城内还有不少寺庙道观等建筑。如"兴国寺在旧城北有唐虞世南书念佛堂金字牌,奉福寺按旧记寺长于魏孝之世……贞观十年诏仍旧墓加修",皆杂于坊巷间。其他如仓库、官廨、校场等,在子城附近。西山山麓北部的兜率寺——今卧佛寺也在唐朝贞观年间始建。

二、唐太宗以幽州为融合各族人民的聚居点

唐太宗以半生的精力实现"前王不辟之土,悉法衣冠;前史不载王名,并为州县"。开拓疆土的目的,唐朝对突厥战争的胜利,是实现

这一局面的转折点。贞观四年(630),东突厥战败崩解,其头目颉利可汗成为大唐的阶下囚。"突厥既亡,其部落或北附薛延陀,或西奔西域,其降唐者尚十万口,诏群臣议区处之宜。"唐太宗清醒地认识到,突厥虽然打败了,但并不意味着北部边疆的安定,处理好战后的突厥民族问题,制定切实可行的政策,是关系大唐长治久安的大计。是时,朝野对这一问题展开热烈的争论,争论的焦点是将突厥民族尽数驱逐塞外,"纵之使还故土",还是收居内地。将突厥收居内地有两种意见,一种意见是:"分其土地,析其部落,使其权弱势分,易为羁制。"另一种意见是:"全其部落,得为捍蔽,又不离其土俗,因而抚之,一则实空虚之地,测示无猜之心。"前一种意见是以魏徵为代表的一派的主张,没有得到唐太宗的重视。后一种意见是由原隋幽州总管的窦抗之之子窦静提出来的。他十分熟悉中原政权与突厥的边防之争,而且宰相温彦博十分支持窦静的意见。温彦博对幽州地区和北方少数民族部落情况十分熟悉,他曾以并州道行军长史的身份,率兵与突厥作战,兵败被虏,罚为苦役,因而他对突厥等北方民族有较深的了解。温彦博总结了自汉以来处理民族纷争的成功经验,从维护各民族的长远利益的角度考虑,向唐朝政府提出了切实可行的意见。其实温彦博也主张使突厥民族"各有酋长,不相统属,力散势分,安能为害"的主张,但是他认为能够使其心悦诚服才是最主要的。温彦博主张,使突厥"怀我德惠,终无叛逆"才是上策,并且认为:"我援护之,收居内地,禀我指麾,教以礼法,数载之后,尽为农民。选其酋首,遣居宿卫,畏威怀德,何患之有?"即以先进的生产方式促进少数民族发展。唐太宗果断地采纳了他的意见,决意把东突厥人众安置在"东自幽州,西至灵州"的朔方之地。这一政策的实施使突厥民族原有的部落几乎全部保存下来了,自然幽州一带便随之成为民族杂居融合的地区了。

唐太宗根据各民族居住地区的不同情况,采取多种灵活的民族政策。如对东北各少数民族实行招抚的政策,对吐蕃实行和亲的政策等等。唐朝平定突厥战争后安置措施正确,各部落臣服,故"诸部相率内迁,并请太宗为天可汗"。由于唐太宗对归附的各少数民族采取了不改变其生活、生产方式,保存其部落体制,尊重其习俗,并设其首领进行管理的做法,促进了民族和睦。唐太宗在民族问题上实施的民族政策是开明的,他说:"自古皆贵中华,而贱夷狄,吾独爱之如一,故其种落毕依朕如父母。"唐太宗被各族尊为"四夷君长"、"华夷父母"、"天可汗"。唐朝时期不但人口骤增,而且大漠以南归属大唐所有,边境得到开发。从东北一线来看,"自燕州以下十七州"地区成为少数民族聚居地,而且在民族聚居地区设立羁縻州,相当于民族自治的州县。在少数民族人口较多的地区,唐朝还设立了都督府,任命该地区民族首领担任都督府的都督和刺史等职务,并规定都督和刺史可以世袭。唐朝的幽州成为中原地区与北部各少数民族交往的纽带,而幽州城是各民族和谐共居的中心。总的来看,民族和睦友好,彼此友好往来,确是贞观年间出现的新局面。

三、武则天时期的幽州——控制塞外的军事重镇

贞观二十三年五月,唐太宗去世,太宗第九子李治即位,是为唐高宗。唐高宗即位不久,西突厥阿史那贺鲁部叛,吞并破乙毗射匮可汗部,自号沙钵罗可汗。武则天称帝后,东突厥和辽东契丹复兴,东北各少数民族的势力日益强大起来,特别是突厥与吐蕃联合,更构成了对中原政权的严重威胁。是时,作为北方重镇的幽州不但是控制塞外的北方军事重镇,担负着繁重的军事防御重任,而且也是民族矛盾交汇地区。幽州有事,将危及河北乃至洛阳的安全,故幽州地位随之上升,朝廷将文武重臣先后派往幽州。

1. 东线战起

边疆危机,首先来自于西线吐蕃的进攻。从唐高宗到武则天时期,唐朝与吐蕃进行了连续不断的拉锯战。唐高宗时吐蕃曾经一举攻陷了西域地区18个州,切断了唐西行的通道,唐王朝急从东北前线调遣大将薛仁贵攻打吐蕃。薛仁贵出师不利,接连失掉今青海北部至今甘肃中部的鄯州、河州、茅州等地,使吐蕃逼近关中地区,危及唐帝国的安全。武则天长寿二年(693)大将王孝杰击败吐蕃,收复了龟兹、于田、疏勒和碎叶安西四镇(今新疆西部至中亚),复置安西都护府于龟兹,并在庭州(今乌鲁木齐东)设置了北庭都护府。至此,西北边防才得以巩固,一度中断的通向中亚地区的"丝绸之路"也得以

复通。

唐高宗时吐蕃经常侵扰唐朝,并曾击败薛仁贵占领了西域数州,北方各少数民族相继反唐,东突厥亦重新崛起,不断南下侵扰唐朝,劫掠袭击今河北诸县。是时唐朝主要兵力用来对付西线之急,一时无力抵御北部及东北各少数民族的侵扰。武则天时期,北部与东北部边疆亦常常遭到少数民族的侵扰,故朝廷有人主张撤出河套地区。武则天为了解决北部与东北部边地的危机,遂从西线调大将王孝杰前来应急,使幽州再次成为军队的集结地而陷入战乱之中。

2. 东都、幽州、营州

武则天称帝后实行两都制,以洛阳为东都,并改名为神都。武则天常年驻跸神都,政治中心转移于洛阳。政治中心的转移与当时关中地区供给常处窘乏因而引起的经济重心转移有密切关系,加强北方的设防,也是政治中心东移的因素。据史料记载:当时供应东线的军用物资已达幽州,其数目之大,甚是惊人。幽州成为向东北用兵的转输中心要地。幽州不仅是保护河北的安全防线,还有承担东都洛阳安危的重要作用。幽州一旦失守,黄河以北将无险可守,东都洛阳也将暴露于敌。是时突厥各部统一后,继而向西扩展,趁机而起的契丹等部却从东向南而下,一直冲过长城;长驱南下,幽州安危,使武则天十分关心。

唐太宗时期幽州便是军队的集结地,太宗曾誓师于蓟城南,进军辽东,于誓师地修建悯忠寺以祭悼阵亡将士,至武则天时期才修建完,历时50年多年。为了抵御突厥与契丹的南下骚扰,唐朝政府先后三次御敌,每次兵力都达十几万以上,总管府均设于幽州。但因唐军应敌不力,损失极为惨重。契丹据地势高处,倚燕山东麓,经峡谷过滦河,至古北口、密云,直逼幽州。唐军北上迎敌,极易被诱入峡谷绝地。王孝杰在对契丹作战中坠谷身亡。唐朝官兵中亲贵将兵滥杀无辜民众,民心背向,所以唐军抵抗无力。武则天为解决北部边关的危机,令名相狄仁杰为幽州都督,并且启用了张仁愿、宋璟等一批能臣,稳定了东北一线的局面。狄仁杰亲到幽州安定民众,赈济百姓,使局面稍转,据说在昌平还有狄公的祠堂。

四、藩镇割据与安史之乱

唐玄宗时期虽然国势中兴,边地比较安定,但是随着契丹、奚等少数民族势力的发展,北部边患日益加剧,幽州仍然担负着捍卫中原与东都洛阳的重任。唐玄宗时期在边地十镇设置了节度使,而幽州为诸镇之冠,兵力最强,领威武—横海九军,屯守幽州、莫州(今河北雄县南)、沧州等九州之境,以幽州城为治所。节度使不但握有兵权,而且还掌握着行政、司法、财政、人事等大权,俨然是独立王国的君主。幽州节度使在全国十个节度使中统兵最多。

《旧唐书·地理志》载:唐开元年间,共设岭南、安西、北庭、河西、朔方、河东、范阳(即幽州节度使)、平卢、陇右、剑南十大节度使,共辖方镇军 49 万人。最多的范阳节度使,统军 9.1 万人。(参见图 4-3)

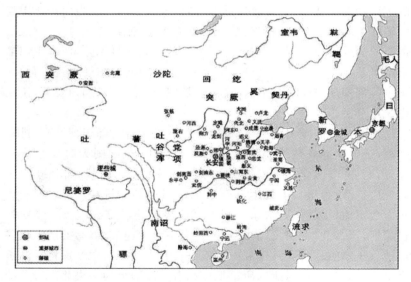

图 4-3 唐代后期藩镇割据图

1. 安禄山与史思明

安禄山(703～757),营州(今辽宁朝阳)人,混血胡人,其父胡人,母突厥人。早年,随其母生活于突厥人中,其后,父兄都任所居部落的军事头目。不久,部落破散,安禄山开始充做商业互市的交易人,因他通晓多种少数民族语言,来往于内地与少数民族地区,不时偷盗贩卖。有两次因盗羊被发现,险些被打死,恰遇范阳节度使张守珪,安禄山大声求救,愿效命疆场与契丹征战。张守珪见其容貌出奇,遂收入军中做了一名士兵。因其熟悉营州一带地形,又易伪装深入,常打胜仗,受到张守珪的信任,不但视为亲兵、而且收为养子,并命他代为到长安向朝廷奏事,时年29岁。

史思明(703～761)原名史窣干,也是复杂的胡族血统人,与安禄山同乡共井,仅年长于安禄山一天。史思明与安禄山一块经商,一次负债逃入奚族,诈称唐使,奚王受骗,命大将琐高等率200多人随其入唐。史思明与安禄山却把琐高等将士当成战利品送到幽州献给官府将其坑杀,取得了范阳节度使张守珪的信任,奉派到长安,受到唐玄宗的重视,赐名"史思明"。

安禄山、史思明先后被提拔为东北前线守边将领,受到朝廷的重用。后来范阳节度使张守珪因过被贬离了幽州,东北前线的军政大权全部落入安禄山手中。安禄山利用掌握多种民族语言的特长,坐镇幽州,扩充军事实力,蓄养战马,可谓兵雄天下。安禄山骗取唐玄宗对他信任的手段,一是肆意在边境挑起战争,二是用残忍阴险的手段诱骗少数民族的大小头目前来赴宴,用毒酒将其害死,然后斩其首级献给唐王,以迎合昏庸腐朽的唐玄宗好大喜功的心理,从而实现他军权与官职迅速晋升的目的。安禄山成为唐朝权倾朝野、握有重兵、一身三任的节度使,即平卢节度使,河东节度使,范阳节度使,并获得东平郡王的爵位,实封千户。是时安禄山位极人臣,除了做皇帝之外,唐朝政府已经没有可以吸引他的奖赏了。

唐玄宗中期后,各地节度使权力极大,他们除手中握有军权和政权外,还掌握着所辖地区的财政大权,造成了唐朝枝强干弱的政治局面。

唐玄宗面对安禄山雄踞一方的局面十分忧虑,极力地想驾驭控制政局。唐玄宗想通过对东、西两大军事集团的相抗衡,使其互相牵制,以实现朝廷从中驾驭的目的。唐玄宗在封赏安禄山的同时,又赐河西节度使哥舒翰为西平郡王的封号,借以平衡局势:哥舒翰统领西北二师,安禄山统领东北三师。实际上安禄山以范阳为中心,不但拥有三师兵力,而且统领大批番将,势力范围远远超过了河西节度使哥舒翰,遍及北部中国广大地区,今天的河北、山西、内蒙古、东北乃至黑龙江以北乌苏里江以东的大片土地都在他控制之下。为了实现自己的野心,安禄山极力地拉拢北部各少数民族的贵族首领。其实,安禄山所辖地区早就形成了反叛唐朝的逆流,尤其在范阳中心地区,实力雄厚,民族首领世袭世职,亦非朝廷所能控制。将帅手中握有重兵,必然构成对朝廷的威胁,造成政治上的不稳定。尽管唐玄宗使用了种种政治笼络的手段,在长安为安禄山修建宅第,令杨贵妃出面认其为义子,准其出入后宫等等,却未能避免安禄山对朝廷的反叛。

2. 始发于幽州的"安史之乱"

唐天宝十四年(755),安禄山与史思明在幽州竖起了"清君侧,讨伐杨国忠"的大旗,发动了叛乱。是年十一月九日清晨,安禄山登上几匹马拉的铁甲车,于蓟城南检阅士兵,统率乌罗、契丹、室韦等部勇士和范阳、平卢、河东各道军队,号称20万大军,越过桑干河,直向唐朝帝都长安进军。安禄山叛军一路南下,所到郡县竟无兵抵抗,仅仅33天便攻打到了洛阳。安禄山夺取东京洛阳后即登基称帝,自称为"雄武皇帝",国号为"大燕",宣布以范阳(幽州城)为"东都"。

安禄山起兵后,唐玄宗立即调安西节度使封常清入朝,令其率军抗击安禄山叛军。封常清奉命入河南迎敌,唐玄宗在群臣呼吁下,把在长安任太仆御的安禄山的儿子安庆宗杀了,并赐其妻荣义郡主自尽。由于官军抵抗无力,节节败退,致使洛阳失守。封常清退入潼关。洛阳失守后,唐玄宗率百官逃出长安,奔向西蜀成都。太子李亨在灵武(今银川市南)即皇帝位,是为唐肃宗,主持讨平安禄山叛军事宜。唐玄宗逃出长安后,随行的将士发生哗变,杀了杨国忠。唐玄宗在被逼迫的形势下杀了杨贵妃,局面才稳定下来。

安禄山叛军占据长安后不思进取,专事声色,日夜纵酒,军纪溃败,很不得人心,不久发生了内讧。肃宗至德二年(757)正月,即安禄山起兵的第三年,安庆绪杀死了自己的父亲安禄山,自立为帝。安庆绪称帝后封史思明为妫川王,仍为范阳节度使。史思明追随安禄山反叛朝廷后一直驻守范阳,控制河北一带。史思明依仗着拥有强兵以及安禄山掠夺运回的珍货,在安禄山死后,拒不听安庆绪调遣。安庆绪畏史思明手中强兵,恐其势力过大,便暗中派人图害。史思明察觉后,便率八万大军向唐王朝投降。

叛军的内讧为唐朝政府赢得了时机,唐肃宗借回纥部兵先后收复了长安和洛阳。史思明遣使请降后,唐肃宗为了安抚史思明,仍然以他为范阳节度使,并且封他为归义王。史思明归顺唐朝受封后立即向唐肃宗请命,恳请允其率所部讨伐安庆绪。是时,唐朝政府中重臣李光弼对史思明之请心怀疑虑,便力劝唐肃宗趁机将史思明剿杀,但因密谋不周而事情泄露,致使史思明再次反叛唐朝。

唐肃宗乾元元年(758)十月,郭子仪率唐军将安庆绪围困于相州(治所为今河南安阳市)。安庆绪腹背受敌,只得求救于史思明。越年三月,史思明应安庆绪之请,发范阳兵十三万前去救援,切断官军援路,焚毁唐军军粮,大败官军。史思明打败唐朝官军后趁势将安庆绪杀死,留其子史朝义留守相州,自己率兵返回范阳,称大燕皇帝,以范阳为燕京,建元顺天。同年八月,史思明率所部再次攻打洛阳,令其子史朝清镇守范阳。

唐肃宗上元二年(761),史思明被其子史朝义杀于陕州(今河南陕县),朝义自立为帝,改元显圣。史思明只当了三年大燕皇帝,最后以毡毯裹尸运回范阳埋葬。史朝义称燕皇帝后,蓟城内又发生了一场叛军的内讧,即史朝义与史朝清两党激战于城内街巷间,长达两个月之久,史朝义获胜。

史朝义击败史朝清后,令大将李怀仙留守燕京,自己挂帅出征,兵败而回,李怀仙拒绝收纳,致使史朝义走投无路,在蓟城外(今昌平一带)自缢。至此,长达八年的"安史之乱"终于平息了。这场"安史之乱",范阳兵15万之众奉命纷纷南下,死伤惨重,黄河流域生灵涂炭,造成全国人口大幅度下降。"安史之乱"之后,唐朝政府无力控制地方。安禄山与史思明的余党在河北一带建立三镇,幽州城为三镇的中心。河北三镇归唐朝政府管辖,实际上并不听从唐朝皇帝的调遣,成为割据一方的地方势力。"安史之乱"后,唐朝北部边地陷割据状况。

五、幽州经济

1. 农业

隋开皇年间,曾引卢沟水开稻田。唐幽州地区的水利利用更加广泛地发展,首先疏通了永济渠河道,带来了更多的经济效益。唐的水利工程比隋先进,而且数量也多。水利设施的发达,直接关系农业经济发展。唐太宗时期,幽州已成为全国主要产粮地之一。此后又在永济渠开了许多支渠,使江淮货物直抵城下。从房山的石经题记的记载中也可以看出,幽州城内经济的发展是十分完善的,城垣高固,是砖城而不是土城,足见此城各方面实力的雄厚。在以后相当长时期内,经济的发展都未能超过。幽州是唐北方军事重镇,驻有大量军队,尤其是边境战争时期必须靠外地运输军粮。平常时期,粮食可自给,这在石刻资料中也可找到佐证,如幽州城的大米行、白米行、粳米行,还有油行、肉行、屠行等,这些直接与粮食生产有关的行业,还有许许多多的供养人捐施刻造石经,而刻经是需要相当的财力的,是要以当地的农业发展作为基础的。从石经资料也可以说明幽州地区农民经济发达的事实。

2. 手工业

幽州还是丝织品重要产地,盛产绫、绢、锦、帛等。绫、绢列全国第五,而且是向朝廷贡献的土产。石刻中也有记载,连生产行业数量、规模及分工都有记述。当时唐官府规定,禁止将绫、绢与少数民族互市。另外冶铁、制盐也得到进一步的发展。

3. 交通、贸易

幽州水陆交通商旅往来,络绎不绝。永济渠开通,大运河沟通南北,两岸得到开发是在唐以后。唐太宗时,命韦挺开凿运河的北水道,是疏导曹操当年征乌桓时开凿的新河故道。当年新河的开凿就是要解决泉州(今天津市武清附近)渠和滦河间的联运。泉州渠上通幽州,东与滦河相交,新河上源为鲍丘水(约当今潮河)。其西口接泉州渠,新河经过路线大体是由今天的宝坻南,过唐山市南,在乐亭附近与滦河相交。唐太宗时,疏通工程未能完成,但幽州是转运要地是显而易见的。

永济渠畅达幽州。沿太行山东麓北来的古道并行多年,过往客商云集幽州,这是一条极为重要的贸易通道,也是联结黄河两岸与长城内外的主道。唐时交市贸易更为活跃。由密云古北口到东北,由南口军都关通向山西到内蒙古草原,贸易点分布于沿途幽州到洛阳,水陆皆可。江淮水路船队纷纷北来。唐高宗后,战争频繁,幽州屯集大批军队,因而大量军需物资纷纷运往幽州,水陆交通应接不暇,又特开海运,增强运输。南由长江口北航,驶入渤海,进军粮城海口到蓟城,今天津附近军粮城刘台遗址,还可看到唐代海运的遗物。幽州在唐代是繁荣的。

幽州城内贸易发达,除粮行、油行外,还有果子行。果子行出售各种果品,桑、枣、栗是当地土产,其中栗最有名。"五方皆有栗,惟有渔阳,范阳栗甜美味香。"此外还生产药材,如人参、麝香、蛇胆等。幽州燕山林木茂盛,这一地区木材资源十分丰富,林木中以山松、杉树为多,均是常绿乔木。杉木高达30米以上,是建筑工程中优质木材。

幽州是唐在北方的一个转输中心,商业贸易发达,许多手工业品投入交换,进一步促进商业繁荣。幽州北市除米行、绢行、冶铁行等外,还有皮行、木行、石行、布行、药行、菜行、杂物行等等进行交易,热闹繁荣。

六、幽州文化

1. 文学艺术

幽州连接边郡,教育文化自隋以来并不落后于中原地区。文人墨客也不少。唐朝时期不少文学家和诗人常游于幽州,如、李白、孟浩然、高适等都到过幽州,并留下了许多关于幽州的诗文,内容大多是出征塞外,保土卫边,民族交往。许多作品都抒发了作者积极的爱国感情,如陈子昂古诗《登幽州台歌》,抚今思昔,悲壮豪烈。贾至《燕歌行》对幽州重镇的形势有出色的描写,如:"国之重镇惟幽都,东威九夷北制胡。五军精卒三十万,百战百胜擒单于,前临滹沱后易水,崇山沃野亘千里。"孟浩然的《蓟门观灯》:"异俗非乡俗,新年改故年。蓟门看火树,疑是烛龙燃。"写当地民俗,如高适的《蓟门行》:"幽州多骑射,结发重横行。一朝事将军,出入有声名。纷纷猎秋草,相向角弓鸣。"诗人李白到幽州时,是安禄山叛变前三年,他感到幽州形势严峻,到渔阳,正值当地新建独乐寺,寺内观音阁为木结构建筑,李白为其书写了"观音之阁"的匾额。至今,游人可以在观音阁一层檐下观赏这一墨宝。独乐寺内有一白塔,是隋仁寿四年所建。

唐时,幽州地区已开始流行民间艺人表演杂技了。文化艺术是在唐时得到发展。

2. 宗教与建筑

魏晋以来,佛教开始盛行于幽州,隋唐时期更为兴盛,道教自魏晋后也得以进一步的传布。根据文献记载,魏晋以来幽州地区出现了不少宗教建筑,如佛像、经幢、佛塔、寺庙,以及道教宫观等,其中有的留存至今,成为珍贵的物质文化遗产。

(1) 潭柘寺

潭柘寺是北京地区留存至今历史最为悠久的佛教寺庙。"先有潭柘寺,后有幽州城"的谚语虽然过于夸张,却反映出潭柘寺历年久远。1981年,中国佛教协会会长赵朴初居士为潭柘寺题写了"气摄太行半,地辟幽州先"的楹联。这副楹联不但道出了潭柘寺悠久的历史和非同一般的特色,而且高度概括了潭柘寺所处的地理位置与地势。

潭柘寺位于北京门头沟地区,周围群山环抱,风景幽雅。因为坐落在西山山腰,山间又有柘树,寺后有龙潭,故名潭柘寺。潭柘寺在晋代名嘉福寺,至今已有1700年的历史,寺龄最长,而且又是北京开山之寺庙,可谓北京"庙中的寿星"。由于历代皇家的资助,千余年来对潭柘寺多次修缮,建筑气势宏伟,殿宇巍峨。坐落在中轴线上的牌楼、山门、天王殿、大雄宝殿、三圣殿、毗卢殿等殿堂建筑多为明清两代所建,大雄宝殿殿脊上的巨型鸱吻是元代的遗物。潭柘寺寺外塔院内有金、元、明、清各代塔群,玲珑多姿,是研究佛教和古建筑的珍贵资料。潭柘寺寺史绵长,寺内古树树龄多在千年以上,寺中清、奇、古、怪四松姿态各异,最令人叫绝。这些古树既是寺内重要的景观,更是潭柘寺历史的见证。

(2) 戒台寺

戒台寺位于北京西郊西山马鞍山山麓。唐武德五年(622)在这里建立了戒坛,元末戒台寺毁于兵乱之中,明宣德九年(1434)重建,更名为方寿寺,后经清代多次修缮扩建,现寺中建筑多为清代所建。戒台寺以全国最大的戒坛而得名。山门、天云殿、大雄宝殿、千佛阁(已拆)等建筑建在同一种轴线上。戒坛前有辽、金塔各一座。在戒台山门前还保留着一座明万历年间铸造的铜焚炉。戒坛殿内有三层青铜色山石雕刻的戒台。台顶是释迦牟尼的坐像,像前十把雕花木椅,是当年传戒时三师主持的座位。优波离殿供的是如来佛十大弟子中优婆离(持律第一)。殿内还有明代的一口铜钟,康熙年与乾隆年匾额各一块。殿外是辽代、金代石碑各一座。寺内共有石碑石幢数十座,最早的是辽代山法幢两座,在塔隍内有辽塔和元塔。"潭柘以泉胜,戒台以松名。"一松一态,巧与造物争。如卧龙松、抱塔松、活动松等。

(3) 石经与云居寺

石经山与云居寺是隋唐时期的佛教圣地,位于今北京市西南75公里的白带山麓,地处房山区南尚乐水头村。云居寺依山而建,坐西面东,五层院落依次坐落在起伏的中轴线上。南北两路有僧房、客舍及宫院,两侧各有一座砖塔。寺北有辽代砖砌舍利塔一座,一般称之为北塔,或罗汉塔,塔高30多米,塔身两层,顶部呈锥形,塔下四角各有唐代方形小石塔一座。另一座塔在寺南。因在寺南,称为南塔,也叫压经塔。建于辽天庆七年(1117),寺在抗日战争中毁于炮火,现在能看到的只是北塔及北塔周围的四座唐塔。石经山在寺的东北部,唐时名涿鹿山,近代改名为白带山。因为山中生长一种莎题草,又叫莎题山。后因藏石经多,又叫做石经山。明末《帝京景物略》记:"藏石经者千年矣,始曰石经山,至今也,安曰小西天云。"石经山有九个藏经山洞,共藏石记版4195块。九个藏经山洞,最大的是雷音洞,洞高一丈多,四壁都是石刻经版,基本为隋、唐时所制。洞中有四根石柱,每根石柱上都雕刻小佛像,达数百个,四根石柱合起来,有1000多个小佛像。从十六国到北朝的二百六七十年期间,曾发生了两次灭佛事件,一是北魏太武帝统治时期,一是北周武帝统治时期。第二次灭佛时,佛教经书全部被毁。北齐的慧思大师始刻石经,秘封于山洞之中。但这件事没有完成便圆寂了,他的弟子静琬继承遗志,选择了石经山刻制石经,就地取材。他发愿刻石经,坚持 30 年不辍,刻成一部分就在山上挖洞藏起来。静琬刻成的大涅槃经,代代传刻。一直到清康熙三十年(1691)。静琬于唐贞观十三年圆寂。主要工程是唐、辽、金时期完成的。除石经山上九个洞藏有石经外,1956 年又在云居寺南塔为旁边的藏经洞穴中发掘出石经版 10082 块,连前合计 15277 块。经版数量之多,工程之大,十分惊人。从石经的各种题记中,可以了解到当时社会的政治、经济、民俗状况,还可校正史书的讹误。因此石经是佛学、历史学以及书法家研究的宝贵资料。北塔上院内,还有许多在房山境内搜集的汉唐以来的著名石刻。1961 年被列为全国重点文物保持单位。洞外有汉白玉石栏杆围护,洞顶巨石为檐,洞前是悬崖峭壁,洞内宽广如殿堂,四壁嵌 146 块隋、唐刻的石经,四根八角形石柱支撑中间,称为千佛柱,洞门额头是静琬的刻经题记。其余八洞,20 世纪 50 年代打开过,为免遭自然破坏,后来又封闭了。

如今这些石经已经成为北京最珍贵的佛教文化遗产。云居寺收藏的石经,全部经版镌刻的佛教经典达千万字以上,云居寺因而成为世界佛教典籍的石书库。石经上汇集了千百年来无数雕刻家和书法家的字迹,字体风格各异,结构严整,蔚然壮观,是书法艺术中的精品,是历史留给人类的稀世珍宝。赵朴初先生称房山石经为"国之重宝",珍藏石经的云居寺为"北京的敦煌",被誉为世界七大石窟之一。1981 年 11 月 27 日在云居寺雷音洞内发现的贮藏千年的"佛舍利"更是世界珍宝。云居寺石经和佛舍利是中华民族的文明与骄傲。

(4)悯忠寺(今法源寺)

《光绪顺天府志》记载:"法源寺,即唐悯忠寺,都城古刹也,在宣武门外西砖儿胡同。唐悯忠寺,贞观十九年,太宗为征辽阵亡将士所造。"唐朝悯忠寺始建于贞观十九年(645),建成于武则天万岁通天元年(696)。"安史之乱"时曾经改称为顺天寺,明代称为崇福寺,清代雍正年间改称法源寺。从山门、天王殿、大雄宝殿、悯忠台,到毗卢殿、观音殿、藏经阁,构成全寺中轴线上的主体建筑群,全长 230 米。悯忠寺曾经遭地震、火灾而倾覆,后经历朝多次修缮。现寺内建筑多为明、清时期所建。悯忠台是法源寺特有的建筑。悯忠台结构别致,外墙以12柱为架,室内以12柱支撑,与故宫御花园万春亭式样相同。法源寺内保存有历代佛像与碑刻,悯忠台北的毗卢殿(亦称净业堂)内供奉着唐三藏玄奘师的顶骨舍利。法源寺堪称繁花之寺,寺内不但古木怪树多,而且四时不谢之花,八节常春之草。法源寺的丁香,更是闻名于京城。

(5)天长观(今白云观)

在唐朝近三百年的统治时期,道教得到了扶植与推崇,而且地位处于儒教与佛教之上,居三教之首。由于道教尊奉的老子姓李,与唐王朝皇室同姓,所以道教在唐朝的社会地位大大提高。唐朝道教最繁荣的时期是唐玄宗时期。唐玄宗李隆基对道教的崇奉超过了他之前的历代帝王。他将道士作为皇族看待,并允许道士直接参政。开元年间,唐玄宗诏令两京以及天下诸州各置玄元皇帝庙一所,而且每年设醮祭祀。因此许多州郡都建有道观,北京地区也不例外。开元二十九年(741),幽州建立了天长观,位于今北京白云观西,是白云观的前身。据《大唐六典》卷四记载,道观在每年正月、七月、十月的十五日以及皇帝诞辰日,都要举行祭祀活动。皇帝的诞辰日称千秋节,又称天长节,所以幽州的道观名天长观。天长观是有记载的北京地区的第一座道观。

第三节 五代时期的北京地区

唐朝末年,地方割据势力互争攻并,中央政权名存实亡。公元907年,唐宣武军节度使朱温逼迫唐哀宗禅让,建立后梁政权,自立为帝。自此,中国历史进入了再度分裂割据的五代十国时期。自后梁之后,后唐、后晋、后汉、后周相继建立政权,历史上称为"五代"。南方的军阀集团亦拥兵自立割据一方,先后建立十个割据政权,历史上称其为"十国"。"五代十国"割据局面的形成,是唐中叶以来藩镇割据势力发展的必然结果。为争夺地盘,各政权之间互相厮杀,互相吞并,斗争异常激烈,给人民带来深重的灾难,也阻碍了社会经济的发展。直到公元960年北宋政权建立,才结束了这一分裂割据的局面。(参见图4-4)

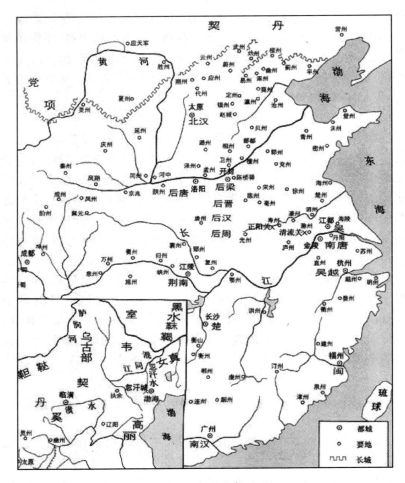

图 4-4 契丹兴起图

后梁政权建立之初,北京地区曾被时任卢龙军节度使的刘仁恭所管辖。是时刘仁恭占据燕地,驻镇幽州城。刘仁恭对幽州的统治是藩镇割据中最为黑暗的时期,他为政不仁,随意残害百姓。据《旧五代史·刘守光传》记载:刘仁恭"盛饰馆宇,潜拟宫掖,聚室女艳妇,穷极侈丽",他还与"道士炼丹药,冀可不死",令燕人用堇土为钱,悉敛聚铜,凿山而藏之,并杀其子以灭口。

刘仁恭政权后被其子刘守光所夺取。刘守光兵夺幽州,囚父杀兄,并于后梁乾化元年(911)八月,自立为帝,国号为"大燕",称大燕皇帝,改元应天,以幽州城为都城。刘守光为避免与安禄山所建的"大燕"政权同名,将自己建立的燕政权称为"中燕"。刘守光对幽州的统治比其父更为残暴,据《新五代史·刘守光传》记载:他制铁笼、铁刷,"人有过者,坐之笼中,外燎以火,或刷剔其皮肤以死",致使燕蓟之民纷纷外逃。刘守光的中燕仅存三年便灭亡了。

后梁、后唐时幽州政区未变,仍以蓟城为治所,直至公元936年石敬瑭割让燕云十六州割给契丹。不到三十年的时间,幽州更换了五六个政权。五代都是短命的王朝,每代皇帝更替非常频繁,政权极不稳定。频繁的战乱,使幽州百姓无法生存,纷纷北逃。

名词解释:

隋幽州　　唐幽州　　悯忠寺　　安史之乱　　石经

思考题:

1. 简述隋朝的幽州的军事重要性。
2. 简述唐代幽州城形制。
3. 为什么说武则天时期的幽州是控制塞外的军事重镇?
4. 简述藩镇割据与安史之乱。
5. 简述幽州的宗教寺庙。

第五章　辽代的陪都南京(燕京)

教学内容： 使学生了解契丹族的发展及辽南京的建立和建制格局，宋与辽争夺南京(燕京)，生活在南京(燕京)的汉族世家显贵，辽的灭亡及昙花一现的燕京府，辽代南京的经济与文化。

教学目的： 通过本章的学习，使学生了解全国政治中心北移的原因，北京政治地位发生的重大变化。

教学重点： 中原政权三次对南京的进攻，辽代南京城的建置。

第一节　契丹族的发展及辽南京的建立

一、契丹族的兴起

辽是北方少数民族契丹族建立的政权。从辽代开始，北京的历史开始进入一个新的历史时期。辽把幽州作为陪都，并且改名为南京，也称燕京。当时北京地区虽然只是辽的陪都，但是它却从此揭开了北京成为政治中心的序幕，标志着全国政治中心开始向北京转移。

"契丹"一词最早见于《魏书》。关于契丹族的起源有这样一个传说：远古时有一个男子骑着白马沿土河(今内蒙古东南部老哈河)而下，又有一个女子坐着青牛驾的车沿潢河(今内蒙古东南部西拉木伦河)而下，相遇于两河交汇的木叶山，在此结为夫妇，这就是契丹族的始祖。他们生了八个儿子，繁衍成为契丹八部落。(参见图 5-1)

契丹是中国北方的一个游牧民族，祖先东胡。起于汉末，盛于隋唐之时。契丹人长期过着以畜牧狩猎的游牧生活，原居住在今天的辽宁西北部西辽河上游西拉木伦河和老哈河之间流域。隋朝时契丹族已发展到十几个部落，约十几万人口，唐朝时得到了进一步的发展。贞观年间，唐太宗李世民曾在契丹居住的地区设置了松漠都督府和十个州，授予其首领都督和刺史的名号。契丹也常常派使臣到

图 5-1 契丹人图

长安通好。去长安途中,必过幽州休整,幽州也就成为各民族交往的中枢。契丹人因与唐朝政府来往频繁,在幽州修设了馆舍。契丹族与中原地区日益交往,社会经济有了很大的发展。由于长期过着逐水草而居的游牧生活,他们穿着由左边开襟的长袍。为了活动轻便,男人把顶部的头发剃掉大部,女人也把额前头发剃掉一些,称之为"髡发"。

公元10世纪初期,契丹部落贵族——耶律阿保机逐渐统一了契丹诸部落,先后征服了突厥、吐谷浑、党项各部,契丹的势力日益强大起来。到了公元916年,耶律阿保机正式在临潢(今内蒙古巴林左旗)称帝,建立了契丹政权,发展成当时我国北方一支强大的势力。契丹政权经过十年的修整,开始举兵南下侵扰中原,幽州城是主要夺取的目标。正当契丹势力不断扩大日益强盛之时,后唐天平节度使河东节度使石敬瑭,为了篡夺后唐的政权自立为帝,不惜向契丹称儿纳土而借助于契丹的势力。其条件是:契丹册封石敬瑭作后晋的皇帝,石敬瑭割让以北京、大同为双中心的幽蓟十六州给契丹(参见图

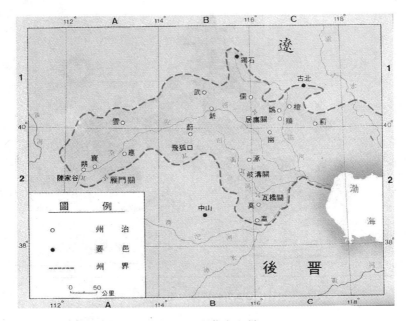

图 5-2 幽蓟十六州

幽蓟 16 州即幽（今北京）、蓟（今天津蓟县）、瀛（今河北河间）、莫（今河北任丘）、涿（今河北涿州）、儒（今北京延庆）、檀（今北京密云）、顺（今北京顺义）、妫（今河北怀来）、新（今河北涿鹿）、武（今河北宣化）、云（今山西大同）、应（今山西应县）、朔（今山西朔县）、寰（今山西朔县东北）、蔚（今河北省蔚县）等州。

5-2），①每年还向契丹进贡丝帛 30 万匹，除贡纳岁币外，石敬瑭还无耻地称契丹主为父皇帝，以父礼奉侍契丹主，自己永远称臣，是儿皇帝。这样优厚的条件强烈地吸引着契丹统治者，对于石敬瑭的卖国计划当然喜出望外。于是立即发出五万契丹骑马入关，支持石敬瑭，灭了后唐。

---

① 石敬瑭割让契丹，当时称幽蓟十六州。契丹人占领后，于幽州建燕京。北宋打算收复被契丹占领的地区，宣和四年（1122）宣布设立燕山府路和云州府路（今山西大同一带）。两路所辖，包括后唐失陷的平州（今河北卢龙）和营州（今河北昌黎），以及契丹所置的景州（今河北景县），宽于石敬瑭割让地域。元朝修《宋史》时把"燕云"与"十六州"联系在一起。后世遂称"燕云十六州"。

石敬瑭终于在契丹的帮助下建立了后晋小朝廷,当上了契丹的儿皇帝,把幽蓟十六州割让经给契丹。十六州既失,整个华北门户敞开,无险可守,至此中原完全暴露在契丹铁蹄之下。

契丹吞并了以大同、北京为中心的幽蓟十六州后,随即改国号为辽,并在幽州城建立陪都,因为这个陪都位于它所统辖的疆域南部,所以又称为南京,亦称燕京。辽升幽州城为陪都外,在其地设置了析津府。

二、辽南京的政区建置

辽朝有五京之说,即辽代的国都在上京临潢府(今内蒙古巴林左旗南)和陪都南京(即今北京)外,还设三个京城:东京辽阳府(今辽宁辽阳市),西京大同府(今山西大同市),中京大定府(今内蒙古赤峰南)。辽代的五京即上京、中京、东京、西京和南京五个京城。在五京之中,数陪都南京城的规模最大。南京虽然为辽代的陪都,但是有辽一代并没有对其进行过大规模的修缮与改建,基本上沿用了唐朝时的幽州城,只不过在城内西南地方修建了一处小小的宫城——即大内,把南京城城墙重新加固修筑了一下而已,城内宫殿除大内外也基本上是沿用前朝的建筑。

据《辽史·地理志》记载,辽代的南京"城方圆三十六里,崇(高)三丈,衡(横)广一丈五尺"。城有八门,四面各两个。东为安东、迎春门,南为开阳、丹凤门,西为显西、清晋门,北为通天、拱辰门。皇城即子城在南京城的西南隅,皇城的西、南墙实为南京城西、南墙的一部分。皇城有四门:宣和门、显西门(设而不开)、丹凤门、子北门。

从南京城和宫殿建筑规模看,不愧为最壮丽的宫殿和城池。南京城中有36个坊,每坊都建有门楼,上面写着坊的名称。不过坊的名称大体上是唐代的旧称。每个坊以十字街分成四个小区,而且每个坊都有门,坊门昼开夜闭。这些坊也就是居民的住宅区。整体上看,南京城好像是一个星罗棋布的棋盘,井然有序。(参见图5-3)

辽代之前,北京地区只不过是中原政权北方的军事重地,而辽代北京地区成为辽朝的陪都,五都之一。至此南北的疆界打开了,草原上的居民越过了长城，辽代的建立客观上加速了各族人民之间的交往及相互融合。

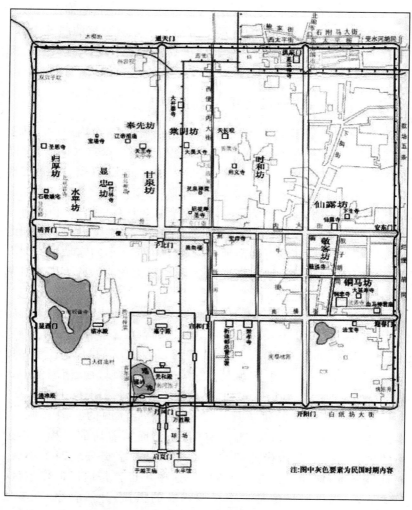

图 5-3　辽南京城图

第二节 宋与辽争夺南京(燕京)

辽取得幽蓟十六州之后,不仅获得了这十六州的土地、人民、财赋收入,更主要的是取得了对中原政权的战略主动地位。燕山等山脉的崇山峻岭不再成为契丹铁骑南下的屏障,而成为其稳固的后方。华北大平原门户顿开,使中原政权几乎无险可守。因此,契丹建国后连年南下,给中原政权造成了极大的威胁,夺回幽蓟十六州成为中原政权的夙愿。后周和北宋时期,曾先后发动了三次攻打燕京的战争,中原政权与辽围绕以燕京为中心的幽蓟十六州展开了激烈的争夺。

一、后周世宗柴荣北伐

辽应历九年(959,后周显德六年)四月,后周世宗决心收复幽蓟十六州。战争开始后,后周军势如破竹,先后攻下或受降益津、瓦桥、淤口三关(今河北霸州、雄县一带)。辽军接连失利,主要原因在于辽穆宗耶律璟不重视,认为这些土地本来就是"汉地",损失了也不足为惜。当周世宗下令进攻燕京时,辽穆宗在大臣萧思温的再三鼓动下,到南京亲自督战,鼓舞士气。正当后周官兵一鼓作气即将攻下南京之时,后周世宗柴荣突发急病,只得鸣金收兵。后周失去了收复幽蓟十六州的极好时机。中原政权第一次攻燕之役至此结束,结果反使辽军尽取拒马河以南之地。

二、宋太宗第一次北伐

北宋建国后始终想收回被后晋石敬瑭割让给辽国的战略要地幽蓟十六州。公元976年(宋开宝九年,辽保宁八年)宋太祖赵匡胤驾崩。其弟赵光义继位后,决意实现其兄长的遗愿,收复幽蓟十六州。公元979年(宋太平兴国四年,辽保宁十一年),宋太宗御驾亲征攻灭北汉之后,乘胜率师攻辽,向辽南京进军。宋太宗率军一直打到南京城下,并以重兵将南京城围困。是时辽景宗耶律贤正在北方游幸狩猎,留守南京城的大将韩德让率军民坚守。在这紧要关头,辽朝耶律休哥等率援军赶到,主动请战,与宋军交战于高粱河(今北京西直门外一带)。辽将耶律休哥与耶律斜珍左右夹击,大败宋军,获得高粱河之战的全胜。宋军仓皇而逃,辽军乘胜追击,收复了被宋占去的州县。至此,北宋第一次北伐失败了。

三、宋太宗第二次北伐

高粱河之战失败后,宋太宗赵光义并未放弃收复幽蓟的愿望,一直积蓄力量,待势而动。982年,辽景宗薨,年幼的辽圣宗耶律隆绪即位,由其母萧太后摄政。北宋群臣以为辽国"主少国疑","孤儿寡母"好欺,便于986年(宋雍熙三年,辽统和四年)三月,再次发动了大规模的伐辽战争,史称"雍熙北伐"。

是时北宋兵分三路,分别以曹彬、田重进和潘美为东、中、西三路主帅,杨业为西路军副帅,配合主将潘美北伐。宋朝三路大军北上挺进,进展迅速。东路军在曹彬率领下,十三日攻下涿州,由于孤军深入,供给线过长,加之耶律休哥派小股精锐不断骚扰,宋军不得已退驻雄州。在宋太宗的督促下,又第二次进军涿州,但耶律休哥层层设伏,宋军虽又攻下涿州,但实力大损,不得已二次退出。由于东路军的惨败,整个战场形势急剧恶化。辽军趁机全面反击,宋军大败。接着西线也溃败,名将杨业战死。辽取得了第三次燕京保卫战的胜利。

北宋经过两次北伐失利,已经无力收复幽蓟十六州。1004年(辽圣宗统和二十二年,宋真宗景德元年)闰九月,辽二十万大军在萧太后和辽圣宗率领下南征,一直打到宋境内的澶州(又称澶渊郡,今河南濮阳附近)。宋真宗在寇准等大臣的恳请下,被迫亲临前线督战,鼓舞官兵士气。辽军与宋军双方势均力敌,互有胜负,最终议和。同年十二月在澶州签订了盟约,史称"澶渊之盟"。"澶渊之盟"约定:宋辽双方以白沟(即拒马河,今涿州南)为界,北宋每年以银十万两,绢二十万匹作为岁币向辽国交纳,双方通使往来。

"澶渊之盟"签订,表明宋辽军事力量势均力敌,任何一方都没有能力实现南北的统一。"澶渊之盟"后,两国互不侵犯的局面达117年之久,此后百余年间宋辽两国基本各安其土,和平相处,在经济、文化方面还保持着彼此的往来,南京更成为宋辽交往的重要中心。

第三节 汉族世家显贵

辽代统治者为了巩固契丹政权,施行了契丹皇帝四时巡视的"捺钵"制度。即契丹皇帝在每年的春、夏、秋、冬四季以到各地狩猎或避暑避寒的名义,召集众臣共讨国家军政大事,这种制度被称作"四时捺钵"。

辽朝皇帝虽然不把南京作为"四时捺钵"的固定地点,但是在辽圣宗时,因常与北宋王朝作战,春、夏基本上多在南京进行(春捺钵——春水;夏捺钵——夏纳凉)。辽朝契丹贵族统治幽蓟地区后,基本上维持了当地的原有的社会状况,采取了"胡汉分治"的方针,即"以国制待契丹,以汉制待汉人"。居住在辽南京的汉族世家显贵,为韩、刘、马、赵等家族,他们都是南京有名的世家豪族,为契丹统治者出谋划策。总的来看,辽王朝许多制度基本沿袭了唐朝的旧制。辽朝契丹贵族对幽蓟地区的统治,客观上促进了民族的融合,使这一地区成为一个多民族共同居住的地区,随着民族间文化的交流,民族之间的差别日益缩小。

一、韩氏家族

韩氏有两大家族,即韩知古、韩德让家族和韩延徽家族。韩知古是蓟州玉田人,为辽太祖所俘,成为辽初的重臣,为辽的建元立国立下了汗马功劳。其子韩匡嗣曾官拜南京留守。匡嗣子德让在辽代更是声名显赫,深受景宗皇后萧绰的宠幸,官至宰相,被赐名为耶律隆运,与萧绰与景宗之子圣宗耶律隆绪同列,列于皇族,他为圣宗朝的兴盛起了重要作用。

韩延徽也是辽初太祖耶律阿保机时代的功臣之一,他积极为阿保机出谋划策,在安置降辽汉人方面做出了突出贡献。他的家族墓地在今八宝山附近韩家山,已发现有其孙韩佚及夫人合葬墓和六世孙韩资道墓。韩佚墓内出土的精美文物为研究南京汉族世家显贵的生活提供了珍贵的实物资料。

二、刘氏家族

刘氏家族在唐代一直在幽州为官,到辽代,刘景官至南京副留守。刘景子慎行,曾为北府宰相,监修国史。刘慎行有6子,达到刘氏鼎盛时期。其中刘三嘏娶圣宗第九女同昌公主,刘四端娶圣宗第十一女仁寿公主。刘六符在辽代政治生活中更是起了重要的作用。他在兴宗朝出使北宋,通过高超的外交艺术及政治斗争经验,借口索要关南十县之地,迫使宋每年加岁币20万,为辽立下了卓越功勋而拜宰相。

三、马氏家族

马氏家族在宋人笔下有记载,却不见载于《辽史》。马直温夫妻合葬墓的发现为寻找马氏家族提供了珍贵的实物史料。马直温生平并不显赫,但他的姻亲却都很有权势。夫人张绾为辽代名相张俭的孙女,马直温的五个女儿又都嫁给皇族耶律氏及刘氏、李氏、张氏等汉家大族,形成了一个错综复杂的关系网。这也是辽南京汉族世家显贵的一个普遍特点。

四、赵氏家族

赵德钧、赵延寿父子曾为五代时的幽州割据势力,任北平王。赵德钧长期镇守幽州,统治较为宽松,在保卫和建设幽州方面颇有建树,在平定内乱,抗击契丹侵扰中也有一定贡献。后讨伐石敬瑭失败,父子二人投降了辽太宗。赵延寿曾为南京留守,并参与辽南下,攻打中原。但是他却企图当中原的皇帝,被辽世宗剥夺了兵权。之后,赵氏家族逐渐衰落。

第四节 辽的灭亡及昙花一现的燕山府

契丹人夺取幽蓟十六州,是南北政治形势的一次重大转折,它不仅使幽州地区的命运发生了重大变化,也使中原的命运发生了巨大的变化。中原地区不断地遭到北方游牧民族的侵扰,幽州的地位也随之发生了根本性的改变,由中原政权北方的门户,变成了契丹人南下进攻中原地区的前哨阵地。为争夺幽燕地区,中原政权发动了几次大战。

当辽宋暂罢干戈,缔结盟约之时,在东北松花江流域的女真族日渐强盛起来。契丹贵族对女真族的压榨和奴役迫使女真族公开与辽为敌,起兵抗辽。女真族在首领阿骨打的率领下接连获胜,于公元1115年正式建立了金国。

北宋统治者见状,认为有机可乘,并想趁金攻打辽王朝之机夺取幽蓟十六州。于是宋徽宗派遣使者赵良嗣(原名马植)走海道赴金,与女真人建立的金朝商议共同灭辽事宜。此后,金、宋使臣频繁接触,至1120年(宣和二年),双方商定:金取辽中京大定府,宋取辽南京析津府,辽亡后,宋将原给辽之岁币转纳于金国,金同意将幽蓟十六州之地归宋朝。因双方使臣由渤海往来洽谈,故称这一盟约为"海上之盟"。

宋、金结盟后,1122年(宣和四年)灭辽战役打响,金军势如破竹,很快攻下了辽的中京,但宋军却行动迟缓,刚与辽军接触,一战即败,始终未能攻克辽的陪都南京。金军突破居庸关,直捣南京城,占领了幽蓟地区,迫使辽皇室与官员北逃。是时,宋向金提出要求按盟约规定以长城为界,收取幽蓟十六州,但金拒绝交还。宋、金双方经过反复交涉达成协议,结果是北宋以每年增加一百万缗代租费的代价赎回了一座残破不堪的南京城和涿、易、檀、顺、景、蓟六州。

金军攻克南京城后,不但掠夺城内大量财货和贵重之物,驱赶南京城家产达150万贯的富人3万多户携财产北去,而且还破坏了南京城整个防御设施,造成南京城到处是"民庶寺院一扫而空","城市丘墟狐狸穴处"的荒凉景象。

公元1123年(宋宣和五年),宋王朝从女真人手中接管辽的陪都南京城后,便把它设为燕山府。郡为广阳,以王安中知燕山府。北宋王朝虽收复了燕京及六州,却得不到斗粟尺帛的收入,而且还需设防、供应戍军的军粮,不到一年,就使宋王朝财政拮据,不堪重负。

宋王朝经营燕山府还不到两年的时间,公元1125年(金天会三年,宋宣和七年)金军又卷土重来,不但燕山府重新落入金军之手,金大军还直捣北宋的京城汴梁。这时宋徽宗如惊弓之鸟，急忙传位给他的儿子赵桓，即宋钦宗。当时北宋的局势并没有到不堪一击的地步，但腐朽的北宋统治者在大敌当前极力迫害主张抗金的文武大员，采取了一味投降妥协的做法。公元1126年，宋的都城汴梁被金军攻破，宋徽宗与宋钦宗及皇室宗亲、文武官员3000余人都成了金的阶下之囚，做了俘虏。北宋灭亡，幽蓟地区成为金朝管辖的巩固区域。

第五节　辽南京的经济和文化

辽统治的大部分区域和上京、中京、东京三道为游牧地区，农耕为主的只有西京、南京二道所属地区，以南京地区经济最为发达，为辽政权提供了大量的财富。据王泽墓志载：辽南京"兵戎冠天下之雄，与赋当域中之半"。[①]

一、手工业

南京的手工业以瓷器生产最为兴盛，门头沟区龙泉务村辽代瓷窑址的发掘为此提供了实物资料。该窑址位于龙泉务村北，三面环山，临永定河，周围蕴藏着丰富的煤炭及瓷土资源，为窑场的创建提供了便利条件。窑址总面积达27000多平方米，已发掘了1000余平方米，发现窑炉13座、作坊2处及火坑、炉灶、建筑遗迹等，出土各类器物8000余件。白瓷以盘、碟、碗、钵为主，其次有罐、壶、盂、盒、洗、炉、枕等生活用品，狮、猴、羊、狗、埙、铃、围棋子、象棋子、砚等文玩。三彩器有碗、炉、碟、佛像、莲座及砖、瓦当、吻兽等建筑构件，其中三彩菩萨像堪称珍品，造型优美，工艺精致，更为珍贵的是其内沿刻有"寿昌五"三字，寿昌是辽道宗的年号，寿昌五年是公元1099年。龙泉务瓷窑址，据专家考证应属辽代官窑，它的发掘为研究辽金时期的北方瓷窑及陶瓷手工业的发展提供了大量实物资料，充分反映了辽南京手工业的繁荣。(参见图5-4,5-5)

[①]　向南编：《辽代石刻文编》，第260页，河北教育出版社，1995年。

第五章 辽代的陪都南京（燕京）

图 5-4　窑炉

此炉为马蹄形/倒焰式窑，由火膛、窑床、烟道、烟囱等组成。

图 5-5　官窑：三彩菩萨像

二、文化

1. 文学艺术

由于辽代文献资料的匮乏,很难勾勒出辽南京文化完整的轮廓,但从为数不多的史料中仍可看出辽南京文化的繁荣。辽和各代一样,对儒学很重视,在南京设有太学,所属州、县又设有州学、县学。统和十三年(995),因为南京太学生人数很多,圣宗下令赐给太学有水田的农庄一处,以此资助办学经费。辽代的科举制度也是自南京而始的,起初取士人数不多,到圣宗朝数量大增,很多读书人由此进入统治阶层。如上文所提到的刘氏家族的刘三嘏、刘四端、刘六符等人都是进士出身。

南京的文人学士中,成就较突出的有耶律俨、王鼎、行均等人。耶律俨原姓李,因父被赐姓而从姓耶律。他是南京析津府人,进士出身,官至知枢密院事,兼修国史。天祚帝时,他修成了太祖以下诸帝实录70卷,元代修《辽史》时多参照此书。耶律俨堪称辽代史学第一人。

王鼎为涿州人,也出身进士,任翰林学士,当时的公牍文书,很多出自其手,南京地区的很多碑刻也为他所撰写,奠定他在辽代文坛地位的是《焚椒录》一书。

《龙龛手镜》是南京僧人行均编写的一部汉字字典,是古代文字学方面的一部重要著作。行均字姓于,广济。

2. 佛教的兴盛

辽是中国北部地区少数民族契丹族建立的耶律王朝。契丹族原无佛教信仰,最初崇奉的是萨满教。随着契丹贵族逐鹿中原,接受了汉文化后才开始信仰佛教。会同元年(938,后晋天福三年)辽太宗从石敬瑭手中得幽蓟十六州后,改幽州为燕京,佛教进一步受到契丹贵族的重视,南京亦成为整个辽代佛教发展的主要基地。据《契丹国志》记载:南京"僧居佛寺,冠于北方",在北京的历史上达到了崇佛的高峰。翻开《辽史》,随处可见皇帝敬佛的记载,特别是景宗、圣宗、兴宗、道宗各朝,诸帝崇奉佛教的风气日盛一日。王室贵族常以巨额布施大做佛事。由于朝廷的大力提倡,民间佛事活动更加发展。

南京佛教的兴盛,首先表现在寺庙众多,佛塔林立。据宋人洪皓

《松漠记闻》记载,南京大的寺院有36所。城内著名的寺院有悯忠寺(今法源寺)、天王寺(今天宁寺)、竹林寺、昊天寺、归义寺、仙露寺等,虽经数百年的兵燹战乱,有的寺庙仍保留下来,其中悯忠寺与天王寺今仍有迹可寻。辽南京城外的著名寺院有台山清水院(今大觉寺)和慧聚寺(今戒台寺)、法兴寺、红螺寺等。目前,遍布城郊有20余座辽代单塔和塔林,如天宁寺塔、云居寺北塔等,巍然矗立,十分壮观。有的塔虽然倒塌,其地宫中出土有精美的文物。辽塔充分体出了辽代的建筑水平和社会生活习俗。在这些寺庙内聚集着很多高僧,从事各种经藏的搜集、翻译和校勘工作。辽代所刻的《契丹经》是今天所能见到的最早的大藏经刻本,并东传高丽、日本,在国外也有较大的影响。(参见图5-6,5-7)

图5-6 戒台寺法钧大师舍利塔

　　法钧大师是南京著名的僧侣,所度信徒号称五百万,他的活动受到朝廷的支持,道宗皇帝特授其为"崇禄大夫守司空"。

图 5-7 北郑村塔基出土石卧佛

北郑村辽塔建于重熙二十年(1051),1976年倒塌后对地宫进行了清理,这件石卧佛藏于地宫中一石函内,为释迦牟尼像。

名词解释:

南京的建制　　四时纳钵　　澶渊之盟　　昙花一现的燕山府

思考题:

1. 简述契丹族的发展及南京的建立的经过。
2. 简述辽代陪都的文化内涵及意义。
3. 简述宋与辽争夺南京的过程。
4. 简述辽的灭亡及昙花一现的燕京府的经过。
5. 简述辽代南京中的经济与文化。

第六章 北方的政治中心金中都

教学内容：使学生了解女真族的兴起及辽、宋、金对南京的争夺；金中都建立的意义以及建制格局；金中都的经济与文化。

教学目的：通过本章的学习，使学生了解海陵王迁都的意义以及北方政治中心——金中都的形成。

教学重点：金中都的地位和作用。

公元1153年（金贞元元年），海陵王完颜亮将金朝都城从女真故地——上京（今黑龙江阿城）迁往燕京（今北京），改称中都，至今已850多年。完颜亮迁都燕京，揭开了北京历史的新篇章。此后，元、明、清三朝相继建都于此。可以说，从1153年开始，北京就已成为北部中国进而成为全中国的政治、文化中心。因此，建都中都不仅在金代，而且在中国历史发展长河中都具有重要意义。

第一节 辽、宋、金争夺南京

女真族是生活在我国东北的古老民族，肃慎、靺鞨等都与女真族有着渊源关系。辽代，接近辽的女真部落被称为熟女真，而离辽较远，保留较多本族习俗和制度的女真部落被称为生女真。辽代统治者对女真族一贯采取歧视、压迫政策，并从经济上进行掠夺。辽在临近女真族的宁江州（今吉林扶余东南）等地设置榷场，乘交易之机对女真族巧取豪夺，称为"打女真"。辽代皇帝酷爱打猎，尤其是猎取天鹅，需要女真地方出产的一种猛禽海东青。因此，辽皇帝尤其是辽末代皇帝天祚帝经常派出佩带银牌的使者——所谓"银牌天使"，到女真族居住的地区强取豪夺海东青。这些"银牌天使"不但肆意索取海东青，勒索他们的财物，欺压女真人，而且还要求女真族各部落贡献美女以供其享乐。辽"银牌天使"的所作所为激起了女真人民强烈的反抗情绪。

辽天庆四年（1114），女真部落首领完颜阿骨打率领女真人民奋起反抗，首先攻下了今哈尔滨与长春之间的宁江州，接着又在出河店（今黑龙江肇源西南）大败辽军。于公元1115年夏历正月元旦称帝，国号大金，年号为"收国"。金政权建立后，立即对辽展开了全面的进攻，同时积极与宋结盟，并且签订了共同灭辽的"海上之盟"。金宋双方约定：金军攻取辽中京，宋军攻取辽南京，彼此兵不得过关。灭辽后，宋得幽蓟十六州州之地，将原来给辽的岁币改送与金。

宋、金的"海上之盟"只是金朝政权基于夹攻辽的短暂同盟，一旦亡辽，宋、金直接接界，战争也就不可避免。金天会三年（1125）十一月，金兵分东西两路攻宋，东路军完颜宗望在白河大败郭药师的常胜军，郭药师扣押了宋知燕山府蔡靖及转运使吕颐浩等向宗望投降，这样，燕山府为金所有。金军占领燕山府后，便长驱南下，渡黄河直逼北宋都城汴梁（今河南开封市）。靖康元年（1126），金军攻破北宋东京汴梁，宋徽宗、宋钦宗父子连同后宫嫔妃、宗室、文武百官3000余人，被押解北上，北宋灭亡。金军灭北宋后，对东京汴梁洗劫一空，并且将北宋朝廷的礼器、法物、书籍、舆服等财物，乃至工匠艺人等全部掠走。

北宋灭亡，宋大将宗泽等拥立宋徽宗之子康王赵构于1127年在南京应天府（今河南商丘市）即帝位，后迁都临安，是为南宋，偏安江南。金朝灭辽和北宋后，疆域空前拓展。

第二节　金中都的建立

金是女真族在我国北方建立的强大政权，统治范围东北至今日本海、鄂霍次克海、外兴安岭，西北到今蒙古国，西边以河套、陕西横山、甘肃东部与西夏相连，南部至秦岭、淮河与南宋接壤。

金太祖完颜阿骨打嫡长孙海陵王完颜亮（1122～1161），于皇统九年（1149）将其兄金熙宗完颜合剌杀死，自立为帝。贞元元年（1153）迁都燕京，初名圣都，后改成中都。大定二年（1162）金世宗下诏降其为海陵郡王，谥号"炀"，亦称海陵王。

一、海陵王迁都

金于1125年攻占燕山府后,改名为南京,并把原设在平州(今河北卢龙)的南京中书枢密院移到这里。设在南京的枢密院、行尚书省,都委任当地汉人担任长官,世家大族刘彦宗、韩企先等先后担任宰相。金在占领华北地区的最初10年,仍以松花江畔的上京会宁府为首都。

是时,南宋朝廷已将抗金将领岳飞杀害,这表明南宋政权完全丧失了抗金的能力。金在华北的统治已转入稳定状态,而迁都燕京便成为应时之举。

海陵王迁都燕京是由多种原因促成的。主观上是为了便于对北部中国的统治,加强中央集权,划一封建制度,进而统一江南,即为了实现"混一天下,然后可为正统"。另一方面是海陵王为了摆脱女真贵族保守势力的包围与束缚,以便进一步推进女真族的汉化和封建制度的改革。另外,完颜亮通过政变上台后,为防止反对势力在上京重新纠合起来。他出于政治上的远大抱负,励精图治,不顾女真旧贵族按答海等人反对,决意迁都。加之,金上京会宁府偏于东北一隅,"供馈困于转输,使命苦于驿顿"。

关于海陵王迁都事还有一个插曲:一日宴会间,海陵王问右丞相梁汉臣:"朕栽莲二百本而俱死,何也?"梁汉臣答曰:"自古江南为橘,江北为枳,非种者不能,盖地势然也。上都地寒,惟燕京地暖,可栽莲。"于是海陵王诏曰:"依卿所请,择日而迁。"这说明海陵王完颜亮迁都也考虑到地理条件、气候状况以及经济原因。上京僻处一隅,不利于对全国的统治及与中原地区的经济交流,而燕京则四通八达,物产丰富。另外,仰慕汉民族的文化,也促使海陵王迁都。

天德三年(1151)四月,海陵王完颜亮正式下诏迁都燕京,随即派张浩、苏保衡等营建都城。在工程基本完毕的情况下,当年正式迁都,定名中都。次年,将上京的宫殿、贵族府第毁弃。中都城在辽南京城的基础上向东、西、南三面扩展,并参照了北宋都城汴京的规划建筑,动用了120万人,至贞元元年(1153)才告完工。

海陵王迁都燕京是一个明智的有深远历史影响的壮举，这不仅在金朝的发展史上是一重大的改革措施，在北京历史上也是一个重大的转折。完颜亮迁都北京地区，对整个中华民族多元一体化格局的形成起了重要的促进作用，当然也是北京历史上新纪元、新局面的开始。

金中都的确立，同时也改变了此前历朝都城多在关中和黄河流域的历史。金迁都中都，以后历朝以此为都城的主要原因，在于地理位置优于关洛地区，即所谓"洛不如关，关不如蓟……守天下必从蓟"（刘侗、于奕正《帝京景物略·叙》）。可见海陵王从上京迁往中都，确是明智的选择。

二、行政区划及机构设置

金中都大兴府在金代隶属于中都路，所管辖的区域较辽南京析津府大为缩小，只辖有大兴、宛平、漷阴、安次、永清、宝坻、香河、昌平、武清、良乡10县。中都城区东、西部分别由大兴县、宛平县管辖。中都路还辖有其他13州39县。中都大兴府的最高行政长官为大兴府尹，管理大兴府的政务并兼任中都路兵马总管府事，品级为正三品，另设同知、少尹各一人，协助府尹。其下设有处理各种事务的推官、知事、都孔目官等官吏若干人。金朝廷在中都地区另设立有与大兴府平行的若干专门机构，如开发中心法机构中都路按察司、警察机构中都警巡院、经济管理机构中都转运司等。

三、金中都的城市建设

如果说辽南京时期是古代的北京向都城的过渡，金中都时期它已成为中国北部的政治中心，从城市的职能上来看，已完全具有都城的建置。

海陵王曾遣画工至原宋都城东京（参见图6-1）绘其"宫室制度，至于阔狭修短，曲画其数"。

1. 规制

金中都城位于今北京城区的西南部，呈长方形、由外城、皇城、宫城三部分组成。金中都城周五千三百二十八丈，城门十三座。南面

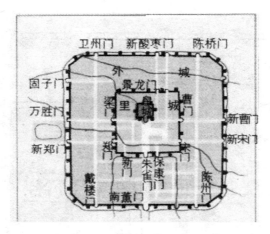

图 6-1　北宋东京城

居中为丰宜门，右为景风，左为端礼；东为阳春、宣耀、施仁；西为丽泽、灏华、彰义，北濒金口河，有通玄、会城、崇智、光泰诸门。宫城在城中而稍偏西南，从丰宜门至通玄门的南北线上，南为宣阳门，北有拱辰门，东、西分别为宣华门、玉华门，前部为官衙，北部为宫殿。正殿为大安殿，北为仁政殿，东北为东宫，共有殿三十六座。此外还有众多的楼阁和园池名胜。当时人记载金中都"宫阙壮丽"，"工巧无遗力，所谓穷奢极侈者"。城的东北有琼华岛（即今北京北海公园），建有离宫，以供皇帝游幸。（参见图6-2）

2. 城墙

金中都是在辽南京的基础上，将东、西、南三面墙各向外扩展三里而成。现有三处夯土城墙分别为万泉寺南城墙遗址（参见图6-3）、高楼村西城墙遗址和凤凰西南角城墙遗址，诉说着当年中都城的辉煌与壮观。北城墙沿袭辽南京城的北城墙，长 4900 米，东城墙在今陶然亭南北一线，长 4510 米，南城墙在今右安门外凉水河以北一线，长 4750 米，西城墙在今丰台区高楼村南北一线，长 4530 米。城墙周长共 186900 米，全部为夯土版筑而成。

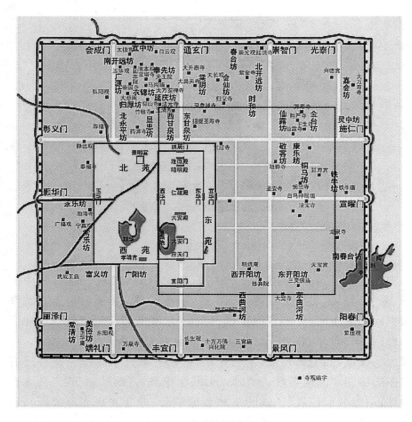

图 6-2 金中都城复原图

3. 水关

水关（参见图 6-4）是古代城墙下供河水进出的水道建筑。1990 年在丰台区右安门外玉林小区凉水河以北的一处建筑施工中，发现金中都南城墙水关遗址。这处遗址的发现为我们了解金中都的城市建设提供了宝贵的实证。水关遗址地层堆积共 6 层。第 3 层又分 A、B 两层，A 层出土有清代青花瓷片，B 层为明、清时代地层。第 4 层堆积年代为元代晚期；第 5 层为金代晚期，出土有金代陶瓷遗物；第 6 层出土有金代铜镜及少量瓷片，为金代河流冲积沙石层。水关出土有铜、陶、瓷、石等器物，但完整者极少。水关遗址现存为水关

图 6-3 元代城墙

建筑基础底部。

水关残留部分由过水涵洞底部、涵洞两厢石壁、进出水口摆手及水关之上夯土城墙四部分组成,全长 47.4 米。两厢石壁间距 7.7 米,残高最高处 1 米。水关建筑年代当在金中都修建之时,即金天德三年(1151)至贞元元年(1153),据出土遗物推断,应毁于元代中晚期。

金中都水关的发现可以基本复原历史上金中都城内一条重要水系的发源、流向和位置,证实了金中都的修建,基本上是仿照宋汴京的官式作法。水关遗址是古代都城给排水系统的重要遗存,对于北京历史地理的研究具有重要意义。

图 6-4 水关遗址

4. 皇城、宫城

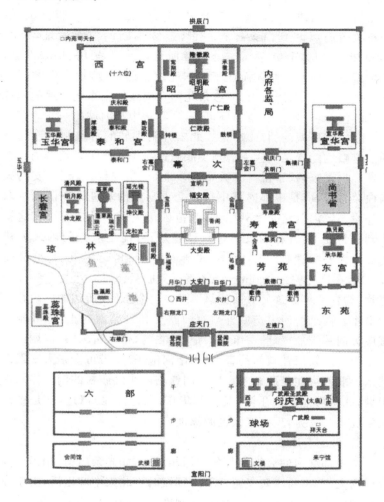

图 6-5 金中都

金中都(参见图 6-5)的内城,依辽皇城旧址扩建。内城位于城中心而略偏西南。位于今广安门以南,呈长方形。《大金国志》载:"内城四周凡九里三十步。"经勘测约为 600 米,基本相符。中都内城东墙,在今南线阁街稍东的南北直线上,北城墙近白菜籽村北的东西延长线上,其东隅为老君地。南墙在鸭子桥以南的东西直线上,西墙在白云观铁道西大土堆南至小红庙村的南北直线上。根据调查,鸭子桥关帝庙以北到白菜籽村一带,连续不断的建筑遗址,长度近1500米。又据《金史》大定二十八年所记仁政殿是辽的旧殿推想,金内城就是辽的旧子城。而辽子城东北角有燕角楼,现在广安门大街路南的南线阁街,清末尚称"燕角儿",今南线阁稍东老君地的地势较高,或者就是子城东北角的燕角楼,当即是中都内城的东北角。

金中都皇城内的宫殿,是按北宋开封都城的宫室制度设计修建的。宫殿均配置在从应天门到拱辰门这条中轴线上。宫城内有九重宫殿。据调查,鸭子桥村北关帝庙以北,土堆连绵,直到广安门大街南白菜籽村,应是中都内城中轴线九重宫殿的基址。在白纸坊西街城外段与滨河西路交叉处以外,是范围最大的一处遗址。在这里采集到兽头瓦当,各种勾纹砖,唐、辽瓷片,可能是应天门内最大建筑物——大安殿遗址。往北约300米处,在椿树馆附近,基址最高达4.6米,在这里曾采集到磨光黑色筒瓦、板瓦、绿釉、瓦当及各种唐辽瓷片、钩瓷片等。这处大的建筑遗址,推测是辽代所建的仁政殿。金代沿用。白纸坊西大街城外与滨河路交叉处路南的土丘,可能是宫城应天门一带的遗址。《事林广记》卷二的《帝京宫阙图》宫城正中为应天门。广安门铁道西的青年湖(南河泡子)一带可能是大安殿西的池水。北面可能是蓬莱阁。广安门铁路西小红庙村的南北仍有许多苇塘,此处可能是同乐园(又称西华坛,或鱼藻池)遗址,这是中都城风景优美的宫苑,现为宣武区游泳池。

5. 街道和城坊

金中都城内的大街都与各城门相对应,如光泰门街(相当于今宣武门内大街)南希海陵王营建金中都城时。北宋中叶以后,由于商业经济的发展,诸大城市的封闭坊里制度已经崩溃。北宋末年的东京,商业活动已打破旧"市"制的约束,夜市通宵达旦,十分繁荣。旧的坊制打破,易之以开放式的坊巷,市坊杂处。金中都城既然仿照北宋东京制度营建,自然不再保持旧的坊里制度。考古勘察发现,金中都城的中心部位,其布局仍保持旧辽南京时的坊制格局,这是因为营建中都时对旧居民区不曾重建的缘故。但是在金中都城的西、南、东三面扩建部分,则完全为开放式的坊巷制。经钻探发现,金中都城西南部东西方向街道,大多是平行的等距离的胡同。另外,仍保留在今北京宣武区的故金中都城东部,即宣武门外大街及其以东的一些南北方向的胡同,如椿树胡同、陕西巷等,也是金中都街道的遗迹。这些平行的胡同都是以城市的主干道为轴线,排列两旁。《金史·海陵王纪》载:"贞元元年五月乙卯,以京城隙地赐朝官及卫士。七月戊子朔,原赐朝官京城隙地,征钱有差。"这是海陵王刚至中都数月之事。可见,中都城营建后,虽然宫室已就,城垣已立,但新圈进城内的空地还未利用,故分赐给大小职官和护卫军士。新建的住宅、商铺当即在城西、南、东三面发现的平行胡同中。金中都的城市布局,混合着坊巷和坊两种新老格局,这是在当时中国南北城市中普遍存在的现象,反映着中国古代城市由封建社会中期向后期的过渡。

金中都虽不复存在封闭式的坊制,但在城市布局上仍以坊相称,只是这时的坊不再是四周有坊墙,中有十字街通四面坊门的坊,而是一段段的街道,故又称坊巷。金中都城内计有62坊,比辽南京时多26坊,这是由于城郭扩展后,居民区也相应扩大了的缘故,其坊名如下:西开阳坊、东开阳坊、南开远坊、北开远坊、清平坊、美俗坊、广源坊、广乐坊、西曲河坊、东曲河坊、宜中坊、南永平坊、北永平坊、北揖楼坊、南揖楼坊、西县西坊、棠阴坊、蓟宾坊、永乐坊、西甘泉坊、东甘泉坊、衣锦坊、延庆坊、广阳坊、显忠坊、归厚坊、常宁坊、常清坊、西孝慈坊、东孝慈坊、玉田坊、定功坊、辛市坊、会仙坊、时和坊、奉先坊、富义坊、来远坊、通乐坊、亲仁坊、招商坊、余庆坊、郁邻坊、通和坊、咸宁坊、东县西坊、石幢前坊、铜马坊、南蓟宁坊、北蓟宁坊、啄木坊、康乐坊、齐礼坊、为美坊、南卢龙坊、北卢龙坊、安仁坊、铁牛坊、敬客坊、南春台坊、北春台坊、仙露坊。

与唐幽州城和辽南京坊名比较,可知仙露坊、显忠坊、蓟(罽)宾坊、开阳坊、铜马坊、棠阴坊、玉田坊、卢龙坊、时和坊、齐礼坊均为唐、辽时旧坊名。金中都的坊里面貌虽已改观,但这些旧坊的方位当无变化。略述如下:

会仙坊,在今西便门大街东、皈依寺北,与棠阴坊、时和坊相接。奉先坊,在今白云观南、天宁寺北,金代时是中都通玄门(正北门)内西侧。

东甘泉坊、西甘泉坊,在今天宁寺以南,北接延庆坊。

宜中坊,在今宣武区小马厂一带,在元代长春宫(今白云观西100米)以西一里。

北开远坊,在今宣武区善果寺以东。

北春台坊,在今西城区南闹市口以西,金中都东北隅。

南春台坊,在今陶然亭北、窑台以西处,西北与东开阳坊相接。

广阳坊,在今右安门外以西之菜户营一带,金中都丰宜门(正南门)内。

富义坊,在今右安门外孟家桥之西,东邻广阳坊。

金中都城内坊与市虽然已无严格界限,但主要商业区仍在城北。这是因为各地商货自水路入中都,都要先运至中都城东的通州,然后由通州沿闸河入中都。闸河正由中都城北通过,所以百货卸放的码头即在城北,这里原有的商业,繁荣更倍于往日。

第三节 金中都的经济和文化

金中都只存在了短短六七十年。在这半个多世纪中,经济得到了很快的发展,尤其是在金世宗近30年的统治中,被后世称为"小尧舜"时期。其后的金章宗等帝时期经济进一步发展,金后期,蒙古族兴起于北方,不断南下,中都经济遭到破坏。

一、农业

金在统一北半部中国后,为巩固自己的统治,从女真腹地迁来大批女真猛安、谋克户,中都地区同样安置了很多。为了他们的生存,必须给他们提供土地。除了开辟荒地外,只能侵占原来的汉族农民的农田。而猛安、谋克户原来多以游牧、渔猎为生,不习惯农业生产。这样他们有的虽占有大量田地却不事耕种,另一些猛安、谋克户则学会了耕作,并逐渐与原居民通婚,渐趋融合,农业生产也得到了发展。世宗朝时,很重视农田水利的建设。大定十年(1170)修建了从卢沟河直达通州的运河,这条运河虽不利于漕运,却有利于农田灌溉。前代所修建的水利设施也得到了修复利用。因此,中都城的周围有大片的水田种植水稻。章宗时,还在中都地区推行了分区耕种,精耕细作的区种法。

二、漕运

中都成为都城,必须有充足的粮食物资供应皇室贵族、官僚集团及驻军,而中都地区的农业生产不能满足所需,必须从外地运进粮食。从陆路运输,要耗费大量的人力、物力。金世宗时开始考虑修建运河来运送粮食。工程的路线是自金口(今石景山北)将卢沟河水引至中都北护城河,再东至通州北面的潞河。由于修整、利用了过去开凿的运河,工程仅用50天即完工。但由于此河落差太大,泥沙淤积,难以行船,大定二十七年,这条河即废弃不用。

金章宗时为解决漕运问题,改从玉泉山附近的瓮山泊引水,南达中都城北高粱河,再凿通高粱河至城北护城河,沿旧运河达通州。新运河开凿成后,由于水量太小,通州至中都的粮船需十馀日才能抵达。但是金代毕竟开启了后代运粮食到北京的先河。(参见图6-6)

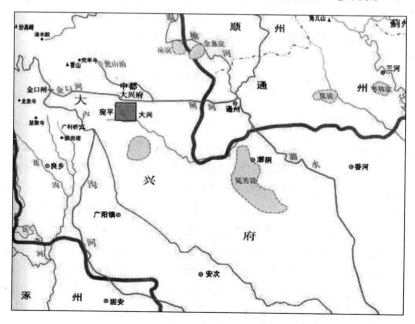

图 6-6　元代漕运图

三、手工业

中都手工业以制瓷、酿酒、采矿为主。龙泉务瓷窑作为官窑在辽代极为兴盛,金代继续使用。海陵王时,由于伐宋需要大量军粮,不可能将大量粮食用于酿酒,因而颁布了禁酒令。世宗时,中都设置都典使司,实行榷酒制度。只能由政府酒务机构和政府特许的酒户卖酒,严禁私人酿酒。到章宗时,由于农业生产的发展,粮食除满足食用外,已大大有馀。酒类专卖制度由榷酒改为榷曲,即政府酒务机构向百姓出售酿酒用的酒曲,由百姓自行酿酒。这样,政府的财政收入也大大增加。章宗承安元年(1196),中都的酒税收入达到40馀万贯。

中都的采矿业以采煤为主,金代诗人赵秉文有一首"谪居三适"之三《夜卧炕暖》诗述说煤的使用:

京师苦寒多,桂玉不易求;斗粟换束薪,掉臂不肯酬。
日橐五升米,未有旦夕忧;近山富黑黪,百金不难谋。
地炕规玲珑,火穴通深幽;长舒两脚睡,暖律初回邹。
门前三尺雪,鼻息方齁齁;田家烧榾柮,湿烟炫泪流。
浑家身上衣,炙背晓未休;谁能献此术,助汝当衾裯。

四、商业

金朝在中都设置中都都商税务司、都转运司、都曲使司、流泉务(官办质当铺)等,专掌贸易质典征榷之事。中都商货阜盛,商税是金朝大宗财政收入。金世宗大定年间,中都税使司岁获164440余贯;章宗承安元年(1196),升至214579贯。金代,盐、钱、酒、醋皆为官府专卖。金朝宗室贵族为牟取重利,纷酿私酒发卖,造成官酒滞销。地方官吏惧亏课夺俸,乃将税额强行摊派给中都酒户赔纳。酒户不堪其苛剥,纷纷逃亡。金世宗大定二十七年(1187)实行官收曲课,听民酿造的政策,才使政府曲课(酿酒税)收入稳定下来。中都曲课,金世宗之世,岁课钱361500贯,章宗承安元年,岁课钱405133贯,数额皆超过商税收入。《金史·刘焕传》载:刘焕调任中都市令。"枢密使仆散忽土家有傜结工,牟利于市,不肯从市籍役,焕系之。忽土召焕,焕不往,暴工罪而笞之。"所谓"傜结工,牟利于市",实即主人仆散忽土牟利于市。金帝以有妨体统而禁诸亲王货卖京师,但对一般官僚并不严禁。《金史·胥持国传》载:权臣胥持国死后,章宗问平章政事张万公,胥持国人品究竟如何。张万公答曰:"持国素行不纯谨,如货酒平乐楼一事,可知矣。"章宗竟不以为然,曰:"此亦非好利。如马琪位参政,私鬻省酿,乃为好利也。"在章宗看来,官属经商营利不为好利,只有贪卖公物才为好利。

金与宋朝、西夏、高丽皆有使节往来。每年三国都遣使者至金中都贺正旦、生辰,其中西夏使者特许在驻馆处贸易。《金史·章宗纪》载:"明昌二年(1191)正月癸丑,谕有司,夏国使可令馆内贸易一日。尚书省言,故事,许贸易三日,从之。"这种贸易活动又丰富了金中都的社会经济内容。

金中都的建成成为当时世界上最繁华的商业大都市。金世宗完颜雍将皇族贵戚全部迁到中都,大批贵族官僚阶层的进入中都,使得中都商业迅速发展。史籍记载:完颜雍注重减轻赋税,缓和民族矛盾,休养生息,使农业得到发展,商业繁荣,市场兴盛。这段时期史书称之为"小尧舜"。

辽南京与金中都沿袭唐代幽州制度,有坊有市,名称有的沿用唐幽州旧名。城北有市,"陆海百货,聚于其中"(《契丹国志》卷二二《四京本末》)。《三朝北盟会编·宣和乙巳奉使金国行程录》载:"城北有三市,陆海百货萃于其中。"金朝初年,燕京扩建之前,仍是如此。金中都的规制保留或具有辽南京、宋汴京的某些特点。金中都的坊与市已不像辽南京那样截然分开。街巷在城市布局及交通、商业活动中已占有重要地位。在北城、南城都有规模较大的综合市场,而且还有专业市场,如马市、蒸饼市、柴市以及穷人出卖劳动力的穷汉市等。中都设有市令司,为管理市场的专门机构,负责调节物价,检查度量衡的准确度以及评估货物价格等。还设有都转运使司及所属的都商税务司的流泉务等机构,专掌贸易、征收商税等。金世宗时,中都年税收入达160多万贯,是政府财政的重要收入。

五、风景胜迹

金中都的繁华和高度的商业化,刺激了帝王贵族赏心乐事对风景区的需要。当时北京水域众多,在金中都存在的短短 63 年中(金贞元年建中都至金贞祐三年被蒙古攻陷),为今天的北京留下大量名胜古迹。今天尚存的北海、香山、钓鱼台、玉泉山、陶然亭、玉渊潭等,都是当年金朝皇帝的离宫别苑。我们今天所津津乐道的燕京八景太液秋风、琼岛春阴、西山晴雪、卢沟晓月、玉泉趵突等,也是从金朝开始。近年北京昌平区开发的旅游区铁壁银山,其中的法华禅寺塔林也是金朝的故物。1990 年,右安门外玉林小区在施工时发现了金中都城墙水关遗址,引起了轰动,今天已辟为博物馆,人们可以凭吊金中都城垣唯一的遗存。

1. 卢沟桥

卢沟桥位于北京西南郊的永定河上,始建于金代大定二十九年(1189),章宗明昌三年(1192)建成。桥长 266.5 米,11 个拱券洞门悠然卧于波澜之上,每个桥墩前的分水尖,像把利剑伸向兴风作浪的孽蛟,迫使它驯服地从洞门流过。此即卢沟桥上著名的"斩龙剑"(或称斩凌剑)。桥东西两端有四根高 4.65 米的华表亭亭玉立。桥上两侧共有 281 根 1.4 米高的望柱。两柱之间由刻着花纹的栏板相连。每个望柱顶端都有一个大狮子,大狮身上雕着许多姿态各异的小狮。由于雕刻艺术高超,小狮不易被发现。经考古工作队勘察,桥上的石狮(包括桥东端代替抱鼓石的两个大狮,华表莲座上 4 个坐狮,281 根望柱顶端的大狮及 198 个大狮身上的小狮)总数为 485 个。如今卢沟桥宛如一带长虹,横跨两岸,桥东端有碑亭,石碑正面有乾隆书"卢沟晓月"四字,背面为乾隆书卢沟桥诗。它成为北京城的名胜风景区之一。

2. 金章宗李妃避暑台遗址

据元《析津志》载:"葆台在南城之南,去城三十里,故老相传,明昌时李妃避暑之台,无碑志。有寺甚壮丽,乃故京药师院之支院。"明昌(1190~1196)为金章宗完颜璟年号,李妃即金章宗元妃李师儿。20 世纪 70 年代考古工作者发掘大葆台汉墓时,曾发现一处金代遗址,经考证,应为章宗避暑之台。遗址呈长方形,南北长约百米,东西宽约70米。遗址中出土大量建筑构件,有筒瓦、板瓦、邸吻等,还有瓷器、铁器及宋金铜钱等,尤其是一件象棋盘。

六、文化

中都作为女真族创建的王朝的首都虽然只存在了60余年,却是当时北中国的文化中心,在保存和延续中华文化传统上起了重要作用。生活在中都的女真人也被先进的汉文化所吸引,自觉或不自觉地加以汲取,最终不但达成了文化上的共识,而且自身也为汉族所同化。因此,中都的文化主要仍是传统的汉族文化,或者说是夹杂着契丹族、女真族文化、习俗的汉文化。

金朝主管教育的机构是国子监,官员为祭酒及司业等,负责管理全国的学校。设在中都的中央学校有国子学及太学,两学招收的学生多为官僚贵族子弟。他们学习的课程为汉族传统教育中的经书和史书,受的是忠君报国思想的教育。金朝统治者为了培养本民族的人才,又在中都设立了女真国子学及女真太学,专门招收女真贵族子弟,但所学的仍是译为女真文字的儒学经书及史书,所学内容与国子学及太学并无二样。除了这四所中央学校外,中都还设有大兴府府学及大兴府女真府学,不但招收贵族子弟,也招收一般平民子弟。另外还有民间创办的私学进行启蒙教育。

金朝的科举考试,分为乡试、府试、会试及殿试四级。各县举行的考试称为乡试,乡试合格,次年即可参加府试(中都为大兴府试)。府试合格者为举人,可参加尚书省所举办的中央会试。会试在中都举行,有人数限制。会试第一名为状元,其余均为进士。殿试即皇帝亲自对录取的进士进行的考试。科举制度为金朝统治者提供了源源不断的人才,也促使了女真族的封建化和汉化。

金中都作为金王朝的首都,聚集了大批文人学士。中都的几位皇帝文化素养也颇高,他们的笔下留下了一些关于中都的诗篇,如金章宗有《建春宫》一诗:

> 五云金碧拱朝霞,楼阁峥嵘帝子家。
> 三十六宫帘卷尽,东风无处不扬花。

还有《聚骨扇》词：

  几股湘江龙骨瘦，巧样翻腾，叠作湘波皱。金缕小钿花草斗，翠绦更结同心扣。 金殿日常承宴久，招来暂喜清风透。急听传宣须急奏，轻轻褪入香罗袖。

金代皇帝所留下的诗词充分反映了女真皇帝对汉文化的谙熟，乃至能融会贯通于诗词之中。金代大诗人赵秉文曾长期生活在中都，留下了大量关于中都的诗篇，如《同乐园二首》：

  春妇空苑不成妍，柳影毵毵水底天。过节清明游客少，晚风吹动钓鱼船。
  石作垣墙竹映门，水回山复几桃源。毛飘水面知鹅栅，角出墙头认鹿园。

这些诗篇在中都城遗迹几无可寻的今天，成为我们了解中都城的宝贵资料。

山西繁峙县岩山寺，保留着一幅绘于金代的壁画，作者为中都宫廷画师王逵，画面虽是佛教故事，但是上面的大量宫殿、楼阁、台榭却使我们看到了800年前中都宫城的辉煌壮观。该壁画的精湛技艺也反映了金代绘画的艺术成就。

金代的书法也达到了很高的艺术成就。现藏于北京辽金城垣博物馆的金代吕徵墓表，题目"吕君墓表"四个篆字由著名中都书法家蔡珪书写，正文则由另一著名书法家任询撰文并书丹。金代的书法作品传世不多，这件墓表是件不可多得的艺术精品。

七、宗教

建立金朝的女真人在建国之前就已经有了佛教的信仰。金代崇佛，大修佛寺佛塔。大圣安寺、大觉寺、大永安寺、庆寿寺等佛寺都是金朝时期修建的，当时佛寺大部分兼作金朝皇帝的行宫。著名的万松老人塔就是保存下来的一座佛塔。塔八角九级，密檐式砖塔，叠涩砌法，总高15.9米，位于西四砖塔胡同南侧。此塔即为后人纪念他而修建的墓塔，故名万松老人塔。万松老人塔是北京城区内仅存的金代砖塔。

金代道教也很受重视,大道教、太一道、全真道等道教新道派亦随之兴起和发展。著名的道教宫观白云观,金章宗时改建为太极宫,历任提点都得到金朝统治者的宠遇。金章宗还亲题了"太极宫"的匾额,并多次亲到太极宫游历。

八、金陵及其他金代墓葬

金太祖、太宗死后都葬于上京近郊,熙宗时,将太祖、太宗陵墓命名为睿陵、恭陵。还将开国前的十位祖辈追尊为帝,定了陵号。

海陵王完颜亮迁都中都后,决定仿照历代王朝的制度,在都城附近营建皇陵。经过一番考察,他决定将皇陵建在中都西南大房山中的云峰山下(参见图6-7)。贞元三年(1155)三月开始动工兴建,完颜亮几次到陵地督促工程的进展,五月即派人到上京迁陵。十一月,皇陵初步建成,将太祖、太宗葬入陵地,陵号依旧。同时,完颜亮又将他父亲完颜宗幹的灵柩迁来,追尊为德宗。之后,金十位祖辈的灵柩也迁葬于此。

图6-7 房山云峰山

据《大金集礼》记载,金陵以云峰山为中心,方圆约计60平方公里。共分为三个部分:帝陵、妃陵及诸王兆域。帝陵共有17座,除太祖、太宗、完颜亮之父外,还有10位祖辈的陵墓及迁都汴京前的各帝陵。金建国后,皇帝各陵同时有皇后合葬。

名词解释:

完颜亮迁都　　金中都的建制　　海上之盟　　卢沟桥

思考题:

1. 简述辽、宋、金争夺南京的经过。
2. 简述海陵王迁都的意义及影响。
3. 简述金中都的城市建设及规模。
4. 简述金中都的经济和文化。

第七章 元朝的帝都元大都

教学内容：使学生了解蒙古族的兴起和统一的封建王朝元朝的建立，以及对元大都城址的选定与营建。了解忽必烈迁都的原因。

教学目的：通过本章的学习，使学生了解北京地区成为多民族国家的政治中心与文化中心的因素与历史原因。

教学重点：元大都的历史地位和作用。

第一节 元朝的大都

在12世纪末至13世纪初，中国北方又一个游牧民族蒙古族崛起并逐渐强盛。蒙古族在唐朝时被称为"蒙兀室韦"，原活动于今黑龙江省的额尔古纳河一带，8世纪时开始西迁，游牧于斡难河（今鄂嫩河）和怯绿连河（今克鲁伦河）之间（今蒙古国乌克巴托以东地区）。公元1206年，生于蒙古贵族世家的铁木真得到众多蒙古贵族拥戴，统一了蒙古各部，在斡难河畔举行全蒙古贵族的议事大会，被推举为大可汗，号"成吉思汗"（意为海洋般的大汗，参见图7-1），建立了大蒙古国。成吉思汗戎马一生，为民族的融合、元朝的大一统奠定了基础。

图7-1 成吉思汗

一、成吉思汗攻占金中都

从公元1205年起,成吉思汗先后迫使西夏、吐蕃、畏兀儿(元明两代对回鹘的称呼,即今维吾尔)臣服于蒙古帝国。公元1216年,蒙古军队又灭掉西辽政权(1124~1216)。公元1210年,成吉思汗挥师南下,发动了对金的战争。从1211至1214年,成吉思汗三次攻入居庸关,对金中都及金朝的统治构成了极大的威胁。金大安三年(1211),成吉思汗第一次进攻,出乎金军意料,乌沙堡未防备,遂被蒙古军攻占。八月,蒙古军向野狐岭(今张家口西北狼窝沟)进发,率军10万驻防于柔远(今张北)的完颜承裕(胡沙)不敢抵抗,退至宣化(今张家口南),并连夜南逃,次日为蒙古军于会和堡(今张家口西)追及,金军全军溃败。九月,蒙古军攻占宣德(今宣化)、永兴府(今涿鹿),直逼居庸关,金守将完颜福寿不战而逃,蒙古军遂入关,围金中都(今北京)城。金中都城设有四个子城,作为中都城防的四面防御体系,各子城内有楼橹沟堑,并有地道与内城相通,易守难攻。一部分蒙古骑兵虽然进入城中,但损伤惨重,掳掠后就退兵。

第二次进攻,金至宁元年(蒙古成吉思汗八年,1213)七月,成吉思汗攻占宣德、德兴、怀来(今河北怀来东),进至古北口,金兵退保居庸关。成吉思汗出紫荆关(今河北易县西),拔涿、易(今易县)二州,迂回北上,大败金军,再次攻占居庸关。八月,在蒙古军兵临城下之际,金廷发生政变,金帝卫绍王完颜永济被杀。九月,金宣宗完颜珣即位。金贞祐二年(1214),成吉思汗久攻中都不下,准备撤军,各王率诸路大军,云集中都城北。成吉思汗留下部分军队围困中都,自率主力肃清河北、河东及山东诸城邑。金宣宗惧怕而请和,献公主、彩绣三千件、御马三千匹及金银等。成吉思汗收取礼品退兵,同时迁山东与河北数十万青壮人口北返。这时中都城由于连年战乱,已炊断粮绝,中都城已残破不堪。同年五月,金宣宗惧怕蒙古军队卷土重来,不顾百官的反对,决定迁都北宋旧都东京汴梁,仅留太子和一部分官吏驻守中都。宣宗认为迁都的举措是为了金国的安全,事实证明这是一大错误,金朝失去了北方屏障,加速了灭亡。

1215年年初,暂时退回草原的成吉思汗认为攻取中都的条件已经成熟,遂发动了第三次进攻,三月,包围了中都,断中都外援。五月,蒙古军队四面围攻,坚守中都的主帅完颜承晖见败局已定,服毒自杀,留守的其他金朝官员遂开门迎降。蒙军攻陷中都城后,到处烧杀,豪华的宫阙毁成瓦砾,寺庙民宅成为残垣断壁,雄伟的金中都城顿时变成一片废墟,四郊荒芜,满目凄凉。蒙古军攻占中都城后,废除金中都之名,仍用燕京之旧称,并设立了燕京路总管府,管辖地方事务。此后燕京成为蒙古帝国控制华北和南征南宋的重要的军事重镇。自此,燕京地区在蒙古政权统治50多年后发生了较大的变化。也就是在耶律楚材、赛典赤等较开明的官吏治理之下,使燕京的社会秩序得到改善,经济也逐渐得以恢复,为元朝定都燕京打下一定的基础。

成吉思汗去世后,长子窝阔台继为大汗。公元1230年,窝阔台亲率大军南下灭金,兵分两路,直抵汴京城下,金哀宗逃奔归德(今河南商丘),又奔逃蔡州(今河南汝南县)。蒙军大将速不台遣使约南宋王朝出兵,共同灭金,许诺成功后,给宋朝河南地区。南宋王朝命宋将孟珙率兵2万,携军粮30万石,与蒙军会师蔡州。公元1234年,攻陷蔡州,金哀宗自杀,大金国灭亡。公元1235年,蒙古帝国定都哈剌和林(今哈拉和林,蒙古国乌兰巴托西南)。

二、忽必烈迁都大都城

公元1260年,忽必烈即帝位。(参见图7-2)忽必烈是成吉思汗之孙,拖雷第四子,其正妻唆鲁禾帖尼的第二子。

蒙古帝国灭金之后,蒙古大军随即发动了对南宋王朝的进攻。公元1253年,蒙古军队在忽必烈的率领下攻占了云南大理,对南宋形成了战略包围。就在蒙古大军南下与南宋激烈交战的期间,蒙古帝国内部争夺皇权的斗争也十分激烈。公元

图7-2 忽必烈

1260年蒙哥汗去世,忽必烈在东部诸王的推戴下,击败了留守在哈剌和林的弟弟阿里不哥,取得了胜利,并于开平(今内蒙古多伦附近)即帝位,建元中统。忽必烈获胜的主要原因是他推行汉法、重用汉族儒士、军将。忽必烈称帝后,于至元元年(1264)下诏将燕京改称中都,府名仍为大兴,"燕京"之名从此废用。至元八年,忽必烈正式定国号"大元"。《国朝文类》载:"元也者,大也。大不足以尽之,而谓之元者,大之至也。"忽必烈为了能够驾驭大漠南北,统治中原和遥控江南,以及适应蒙古社会日益封建化的需要,遂于至元九年改中都为大都,并诏令定国都于此。至元十一年,元朝正式从开平迁都大都城,而将上都开平改为避暑行都。

至元十三年,蒙古军又攻占了南宋都城临安。至元十六年,蒙军打到南海边崖山,南宋大臣陆秀夫身背小皇帝投海而死。元灭南宋后,完成了统一中国的大业。

元朝的建立标志着中国结束了自五代以来长期分裂割据的局面,建立了强大的多民族的统一国家,成为中国疆域最辽阔的朝代。元朝还是中国历史上最重要的民族大融合时期。这一时期,汉民族外迁,边疆地区各民族内移中原与江南,中华各民族相互融合,共同发展。元大都遂成为统一的多民族的封建中央集权国家的都城。作为全国的政治、文化中心,元朝政府对元大都城从城市建设、行政管理、水陆交通、政令传递等各个方面进行了全面营建,为今天北京城的确立与发展奠定了基础。

第二节 元大都的营建

一、元大都城址的选定

对于幅员辽阔的蒙元帝国统治者来说,上都开平对其在中原地区的统治是十分不利的。上都开平地处偏远的长城之外,而且交通极不方便,政令难以迅速下达。上都开平的军事地位也远不如中都燕京重要,故忽必烈于至元元年(1264)诏改燕京为中都。

早在忽必烈即汗位以前,其心腹霸突鲁就奏曰:"幽燕之地,龙蟠虎踞,形势雄伟,南控江淮,北连朔漠。且天子必居中以受四方朝觐。大王果欲经营天下,驻跸之所,非燕不可。"忽必烈即汗位之后,谋士汉人郝经亦以"燕都东控辽碣,西连三晋,背负关岭,瞰临河朔,南面以莅天下"为由,劝忽必烈定都于燕京之地。《续资治通鉴》载:"景定四年春正月,蒙古刘秉中请定都于燕,蒙古主从之。"忽必烈将国都由开平迁至大都城是由多种因素促成的。

元大都新城选址在金中都旧城的东北,以金代琼华岛离宫为中心。

蒙元帝国大都另辟新址,之所以不在金中都旧址上修建新都,主要原因是金中都由于年连战争,城池残破不堪,且其规模狭促,与蒙元帝国无敌天下的国势不相称,同时也没有改造营建的价值。更重要的原因是,旧金中都城"土泉疏恶",城西的西湖(今广安门外莲花池)水源已难以为继,满足不了新都用水的供给和城市发展的需要,故决定放弃旧燕京城而以其东北的依傍水源充足的高梁河水系的旧金太宁宫为中心,建筑新都,亦名中都,原金中都城则称南城、旧城。另据《马可·波罗游记》记载:"汗八里城(突厥语称金中都为汗八里)在契丹省的一条大河之上,自古以来就以雄伟庄严而驰名遐迩。城名的含意是'帝都'(即燕京)。不过,皇帝陛下(忽必烈)根据星占学家的卜算,认为该城将来要发生叛乱。所以,他决定在江(指原金中都城北的闸河)的对岸另建新都。"蒙古贵族一般都迷信星占术,这或许也是忽必烈决定不在金中都旧城基础上修葺改建而另觅新址营建新都的又一主要原因。

选择元新都城址并进行整体规划的是太保刘秉忠,具体负责施工的是张柔、张弘略父子及行工部尚书段天佑等人。《元史·世祖纪》载:"至元三年十二月丁亥,诏安肃公张柔、行工部尚书段天佑等同行工部事,修筑宫城。"又命"凿金口,导卢沟水以漕西山木石",供应新都修建宫室之需。至元四年正月戊午(三十日,公历2月26日),成立提点宫城所,为主持修建新都宫室的机构,正式开始修建新都城。第二年十月宫城建成,至元九年改中都为大都。至元十一年正月,宫阙告成;至元十三年,城内主要工程竣工,新城落成。至元二十二年,元朝政府颁布了旧城居民迁居新城的办法。此后皇亲、贵族、衙署、商铺等相继迁入元大都。元大都历经十几年的建造,至此告一段落。至元三十年通惠河工程完成,使元大都与大运河相连接,整个元大都的营建才算最后完成。

元大都的设计恪守《周礼·考工记》左祖右社、面朝后市的原则。宫殿、城门之名多取自《易经》。城市规划以今鼓楼处为基点,设"中心之台",划定南北轴线。全城分为大城、皇城、宫城三重城。大城即外城,呈南北略长的矩形,城墙全部用夯土筑成。皇城在土城内南部中央地区,建在垂直于"中心之台"的南北轴线上。宫城在皇城内南部偏东,周围约4公里。元大都是北京正式成为全国首都的开始。至元十六年忽必烈灭宋,完成南北统一,元大都成为统一的多民族国家的政治中心,从此完成了历史上北京由军事重镇、局部地区的政治中心向全国政治中心的过渡。这一过渡,分汉唐幽州蓟城、辽陪都南京、金中都到元大都这样几个阶段,历时长达1400余年。

二、元大都的设计者——刘秉忠

元大都城营建的总设计师刘秉忠(参见图7-3),初名侃,字仲晦,"刘秉忠"乃是其出家后,于至元元年还俗时元朝皇帝所赐之名。刘秉忠先世为宗州(今辽宁绥中西南)人,世为辽官。曾祖父在金朝时期为邢州(今河北邢台)节度副使,祖泽遂定居邢州。蒙古王朝灭金后占领了邢州,并在邢州设立了都元帅府,其父刘润为帅府都统。刘秉忠17岁时出任邢台节度府令史,人称赞他"干敏修洁,虽老吏咸服其能",他自己却叹息说:"吾家累世衣冠,乃汩没为刀笔吏乎!丈夫不遇于世,当隐居以求志耳。"公元1238年

图7-3 刘秉忠

春，时年28岁的刘秉忠毅然辞去吏职，先入全真道，后又皈依佛门，法名子聪，号藏春散人。

公元1242年，禅宗高僧海云（印简）奉忽必烈之召赴漠北，携刘秉忠同行。忽必烈向海云禅师"问佛法大意"，秉忠侍侧，应对称旨，"论天下事如指诸掌"，显示出博学多能，很得忽必烈的赏识。海云禅师南还，刘秉忠被忽必烈留在身边，商议军国大事，成为忽必烈最早的汉人谋士。他的学生，首任左丞、枢密副使的张文谦说他"顾问之际，遂辟用人之路"。

公元1260年，忽必烈即位后，他参与国家典章制度的设计草定。至元元年，忽必烈命其还俗，复刘氏姓，赐名秉忠，授光禄大夫、太保、参领中书省事、同知枢密院事。刘秉忠曾经建议忽必烈取《易经》"大哉乾元"之意，将蒙古帝国更名为"大元"，忽必烈采纳了他的建议，这就是元王朝命名的由来。

蒙古帝国的上都开平，就是由刘秉忠选址、设计和主持修建的。开平城建成后，忽必烈"又命秉忠筑中都城"。元大都的整个建造都是在刘秉忠"经画指授"下进行的。赵秉温奉忽必烈之命参与了新城的选址与设计。具体负责领导修造工程是汉族官吏张柔、张弘略父子和行工部尚书段桢、蒙古人野速不花、西域人也黑迭儿等。工部尚书段桢自始至终参与了元大都城的修建工作，后来又长期担任元大都的留守，负责元大都内城墙、宫殿、官署、河道的维护与增设。

至元九年，忽必烈根据刘秉忠的建议，命名新都为大都。至元十一年正月，大都宫阙建成。大都建筑宏伟壮丽，"在当时世界上可以说首屈一指"。忽必烈在元大都正殿接受诸王与百官的朝贺。元大都的修建为今天北京城的发展奠定了基础。刘秉忠不愧为世界建筑史上最伟大的设计师之一，他不但为元王朝建立了一系列的政治制度，而且以《周礼·考工纪》为指导思想、规划修建了元大都。

元大都城址在金中都城的东北，以金代太液池琼华岛为中心，濒临高粱河水系。都城的平面设计，皆以汉人统治者建都思想为主导，新建之都的都城街巷规划极有规律，大街宽24步，小街宽12步。除了大街和小街之外，还有384火巷、29街通，颇为壮观。元大都城墙周长28公里多，宫殿巍峨，寺庙雄伟，园囿美丽，街道宽敞，规模宏大,规划整齐。元大都的修建,前后历时20年。刘秉忠在元大都宫阙竣工的当年(至元十一年,1274)病故,享年58岁,其墓在今河北省邢台县城西贾村村西。

三、元大都的规制

元大都城的兴建是首先从建筑宫室开始的,皇宫即在旧金太宁宫遗址。元大都皇城和宫城以及宫殿的修造比大都城的修造要早,在至元三年就开始了。元大都都城的修造在至元四年正月丁未日(十九)破土动工,至元十三年元大都城建成,至元二十年大都城内的修建基本完成,加上元大都内水利工程的修造,一直到至元三十年才全部完工。(参见图7-4)

1. 城垣、城门

元大都的修造经过了周密的设计,充分利用了地理条件,规划整齐,布局严整。据《元史·地理志》记载:"城方六十里,门十一座。"元大都城平面为南北长的长方形形状,新中国成立后经实际勘察,北城墙长6730米、东城墙长7590米、西城墙长7600米、南城墙长6680米,周长28600米。四周辟门十一座。正南三门,分别为文明门(今东单南)、丽正门(今天安门南)、顺城门(今西单南);北面二门,健德门(今德胜门小关)、安贞门(今安定门小关);东面三门为光熙门(今和平里东)、崇仁门(今东直门)、齐化门(今朝阳门);西面的三门为平则门(今阜成门)、和义门(今西直门)、肃清门(今学院路西端)。

南城墙在今东西长安街稍南。这原来是双塔庆寿寺所在地,寺内有海云、可庵两师塔。建城时元世祖忽必烈诏令"远三十步环而筑之"。城墙随之向南略弯曲。北面城墙在今德胜门外祁家豁子一带,向东、西两侧延伸。现在北郊仍保留有"□"形土丘遗迹,俗称"土城"。东西两面城墙的南段与明、清北京城墙的东西城墙是一致的。

通过对肃清门、光熙门两座城门基址的钻探,发现城门地基夯筑得很坚固。城门建筑曾被火焚毁。原来可能是"过梁式"木构门洞,城的四角还设有角楼,今建国门外南侧的古观象台,就是元大

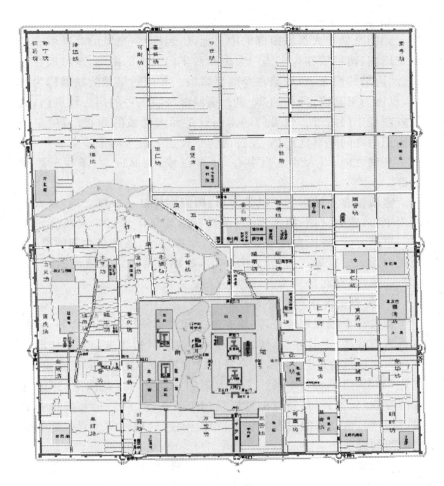

图 7-4 元大都城图

都东南角楼的旧址。城墙外部等距离地建"马面",其外还有护城河环绕。

为了加强防御,至正十九年(1359),元顺帝下诏:"京师十一门皆筑瓮城,造吊桥。"1969 年在拆除西直门箭楼时发现了元大都和义门瓮城城门的遗址。城门洞内青灰皮上的题记,证明该城门建于 1358 年。

2. 皇城、宫城

元朝皇城在大都城南部的中央地区，经勘察，皇城的北城墙在今地安门南，南城墙在今东华门大街和西华门大街的南侧，东城墙在今南、北河沿的西侧，西城墙在今西皇城根。元朝的皇城的城墙称为萧墙，也称为阑马墙，周长约20里。皇城南城墙正中的门为棂星门，其位置在今午门附近。棂星门的南面就是元大都城的丽正门，棂星门与丽正门之间是宫廷广场，左右两侧是长达七百步的千步廊。

皇城之内，以太液池为中心，建有宫城、隆福宫、兴圣宫三组建筑群。

宫城偏在皇城东部。呈长方形，周围砌砖墙。皇城之内，以太液池为中心，建有宫城、隆福宫、兴圣宫三组建筑群。宫城偏在皇城东部。呈长方形，周围砌砖墙。琼华岛，辽称瑶屿，是燕京北郊的离宫，金代称为大宁宫琼花岛，元称万岁山，改称万寿山。太液池西岸，靠南是隆福宫，靠北是兴圣宫，组成宫苑区。

3. 大都城内布局与街道

元大都全城规划整齐，井然有序。元大都城中心设中心阁。"阁之西为齐政楼，更鼓谯楼，楼之北乃钟楼也。"(《析津志》)齐政楼即是现在鼓楼的前身。经钻探，在今景山以北发现一段南北向道路遗迹，宽达28米，应是当时中轴线上的大道的一部分。由此向南，穿过宫城的厚载门、崇天门，经过皇城棂星门至丽正门，应是元大都的中轴线，恰与明、清北京的中轴线吻合，相沿未变，这就否定了元大都中轴线偏西的说法。

元大都城内的街道纵横竖直，相互交错，相对的城门之间必有相互贯通的宽广平直的大道。全城共有南北干道和东西干道各九条。见于记载的干道有长街、千步廊街、丁字街(王府井大街)、十字街、钟楼街、半边街、棋盘街。除了中心干道宽达28米外，其他干道宽约25米。意大利旅行家马可·波罗对大都的街道颇为赞赏，他在《马可·波罗游记》中云："大都城，街道甚直，此端可见彼端，盖其布置，使此门可由街道望见彼门也。……全城规划有如棋盘，其美善之极，未可言宣。"

元大都城内主要街道是南北向，小街和胡同则是东西向，城内居民的住宅分布在胡同的南北两侧，都是坐北朝南的建造，房屋具有冬暖夏凉的功效。元大都建成后，"贵戚、功臣悉受分地以为地宅"（主要在西城），原则上规定"以地八亩为一分（份）"，城内居民区划分为五十坊。元代沿袭前代旧制实行夜禁，以钟声为号，"一更三点，钟声绝，禁人行。五更三点，钟声动，听（允许）人行。"钟楼和鼓楼不但设在大都的中心，而且是全城的制高点，故全城四方都能够听见钟声和鼓声。

在今天的北京城有些胡同和街道中，仍然可以寻觅到元代的旧迹。如东城区的东四一条到东四十二条平行排列的胡同，就是典型的元代胡同的例子。

4. 元大都城的供水系统

元大都城有两条水道：一条是由高粱河、海子、通惠河构成的漕运系统，另一条是由金水河、太液池构成的宫苑用水系统。元大都城内一般居民用水主要是井水。

元大都城排水系统相当完整。1970年曾在今西四地下勘察到元代南北主干大街的排水渠，排水渠是用青条石砌筑的明渠。渠宽1米，深1.65米。在通过平则门大街路口处（今阜内大街），顶部覆盖石条。渠内石壁还留有"致和元年（1328）五月，石匠刘三"凿刻的字迹。在元大都城东城墙中段和西城墙北段的夯土墙基下，还勘察到两处石砌排水涵洞。石砌排水涵洞是在夯筑土城前预先构筑的。涵洞底部和两壁均用石板垒砌，顶部用砖起券。洞身宽2.5米、长约20米，石壁高1.22米。涵洞内外侧各用青石铺砌出入水口，并在涵洞中心部位装置着一排栅棍。整个涵洞的做法与《营造法式》的记载相吻合。

第三节　元大都的政治

元代的大都城，经历了蒙古帝国时期的燕京、元初的中都（陪都）、全国统一之后的大都三个阶段。

一、行政建制

蒙古帝国时期的燕京，是一个行省、政府任命行省官员与特派的断事官一同掌管政务,并由蒙古宗王(如忽必烈)总掌其政,行政体制十分混杂。

元世祖忽必烈迁都燕京改称元大都后,元朝中央统治机构都设在帝都。与此同时,地方行政机构亦进一步完善,主要分为路、府、州、县四级行政建制(参见图7-5)。县之下又有坊里(在城里)、乡镇(在农村)等基层组织。元朝在元大都设大都路,直隶于中书省。元大都路的行政区划是在金中都路的基础上加以调整形成的。大都路的首府设在元大都城内,大都留守司是大都路最高权力机构。大都路所辖区域有院二、县六、州十,州领县十六。总计人户147590户,人口401350人。

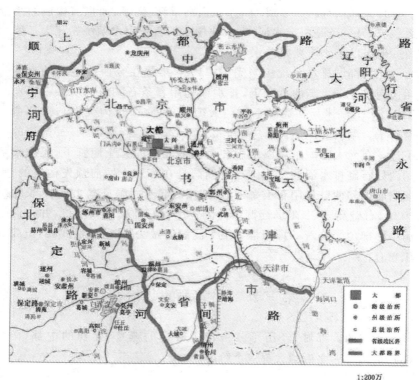

图7-5 大都路

中央政府的军政统治机构,主要由中书省、枢密院和御史台构成。中书省领六部,掌全国政务,枢密院掌兵,御史台掌督察。另设宣政院,主持全国佛教事务及吐蕃地区军、民之政。设大宗正府,治理诸王、驸马、蒙古、色目人的刑名等公事,时而兼管汉人刑狱。地方最高行政机构是行省。在距离省治较偏远的地区,分道设宣慰司,就便处理军民事务。元政府在许多机构中都设立达鲁花赤(监临官、总裁者)一职,由蒙古人或色目人担任,以此保障蒙古贵族对全国行政、军事系统实行严密监控和最后裁决的权力。

二、行省制度

元朝行省制度是在秦朝以来多民族统一国家发展壮大过程中,中央与地方权力结构不断调整完善的产物。元世祖忽必烈时推行行省制度,即在中央设置中书省,并在各地分置行中书省,作为中书省的派出机构,掌管辖内军政要务。中书省总理全国政务。在地方设行中书省,行省设丞相一人,掌管全省军政大事。元朝在全国共设岭北、辽阳、河南、陕西、四川、甘肃、云南、江浙、江西、湖广等10个行省,大都、河北与山东西部由中书省直接管辖。元朝行省制的确立,不但在政治上巩固了国家统一,而且使中央集权在行政体制方面得到保证,同时也是中国行政制度的一大变革,对后世政治制度产生了深远的影响。自此,元朝的(行)省制度为以后历代政府所推行,并逐步发展完善。元代的行省制度虽然与唐宋以来汉族社会日益强化的中央集权观念确实有很大的抵触,但它作为元代社会发展的产物,还是起到了加强中央集权、巩固统治的目的,并对后世的政治制度尤其是地方行政区划产生了极大的影响。

三、军事制度

元朝的军队编制大体分为中央宿卫军和地方镇戍军两类。宿卫军又包括怯薛和侍卫亲军两大体系。怯薛是起源于蒙古部落的一种特殊军事制度,和侍卫军一起构成京师的宿卫军。地方的镇戍军来源非常广泛,如果按照种族和征发地不同进行分类,大致可分为蒙古军、探马赤军、汉军和新附军。他们分驻全国各地,共同构成了元代的军事体系。《元史》总结说:"元制,宿卫诸军在内,而镇戍诸军在外,内外相维,以制轻重之势。"宿卫制度是中国专制主义中央集权发展必需的一种军事手段,政府欲有效地控制地方,建立并维持一个强大的中央集权,强有力的武力是不可缺的。对北方的游牧民族蒙古族来说,成吉思汗时设立的怯薛这种私属于君主个人的宿卫,在军事和正式上仍扮演着重要的角色。

第四节 元大都的社会经济

国家的统一,政治的稳定,给元大都地区经济的发展提供了客观的条件与有利的环境。在大一统的条件下,农业生产逐步得以恢复,手工业生产则有了空前的发展。城市经济在商业日趋兴盛的形势下,也达到了空前的繁荣程度,元大都逐步成为享誉海内外著名的国际大都会。

一、农业

蒙元统治者入主中原后对农业生产十分关注。元世祖忽必烈还在大都设立了专门鼓励农业生产、推广农业生产技术的大司农,作为负责农业生产的专门机构。由于元朝政府对农业生产的重视,当时出现了一批关于农业方面的著作,如当时著名农学家王祯的《农书》就是一部重要的农业科学著作。王祯的《农书》上承《齐民要术》,在总结前人生产经验的基础上增补了大量实地考察的个案。《农书》为三十七卷(现存三十六卷),全书约有13万字,有300多幅插图,分为《农桑通诀》、《百谷谱》、《农器图谱》三大部分。这部《农书》是元朝第一部兼论南北,力图从全国范围内对农业作系统性介绍,并把南北农业技术以及农具的异同和功能进行分析比较的农业科学著作。

元大都地区自然条件比较好,水深土良且厚,物产硕丰。麦、黍、豆和水稻是大都的主要粮食作物。随着通惠河的修治,大都的稻田更有所发展。元大都城内居民对蔬菜的需求,不但促使大都郊区园艺业随之发展起来,果木经营也比较发达。

二、手工业生产

早在蒙古帝国统治燕京时期就设置了手工业生产司局，以管辖燕京地区工匠们各种手工业品的生产。元世祖忽必烈迁都燕京，改称元大都之后，在帝都设置的手工业司局数量猛增，汇聚在大都的南北工匠亦随之增多。元朝官营手工业生产体系之庞大，生产品种之繁多，工匠技艺之高超，皆冠绝一时。元大都地区成为元朝北方最大的手工业生产中心。

当时元大都地区的手工业生产种类很多，主要有矿冶业、纺织业、建筑业、兵器制造业、制瓷业、琉璃制品等等。元大都地区的采矿业以煤矿最为发达，煤炭是元大都城内居民主要的燃料，城中专门设置煤市。另外，通过对元大都居住遗址的考古发掘，已知元大都的居民用煤炉和火炕取暖的现象已经十分普遍。元代来华的意大利旅行家马可·波罗和阿拉伯伊本·拔图塔等人对中国人用煤之事感到十分惊讶，说明当时世界上用煤取暖和作为燃料还不够普遍。

1. 冶炼技术

当时元大都地区的冶锻技术也很发达。如元代中期，元英宗为在西寿安山建造佛寺（今卧佛寺），就曾下令："冶铜五十万斤，作寿安山寺佛像。"冶铸规模之宏大可见一斑。另外，现存于通州区文物保管所内的元代铁狮子，铸造技艺十分高超。

2. 纺织业

大都地区的纺织业也有了较大发展。重要表现之一就是当时工匠们生产的纺织品种类繁多，数量巨大。如银褐绢、五色绒、真紫梅花罗、雅青暗花素紵丝等多个品种。私营手工业中的纺织业也很发达。已经出现了专业的机户（又称机工），他们的纺织生产已经和农耕脱离，而不是农业经济的补充形式。这种生产，完全是通过市场的交易来获取利润的。

3. 建筑业

大都的建筑业很发达，这可以从元大都城的建筑规模，以及现存的元代建造遗迹反映出来。一座宏伟壮观的大都城拔地而起，仅仅用了不到20年的时间,其建筑能力之强,可展示出元代高超的建造工艺与建筑水平。元大都城从皇宫苑囿至官僚衙团,从诸王府邸到名宅园林,从仓廪库房到街道坊巷,从寺院道观,到清真寺和基督教堂等等,建造形式多样,无一不备。

三、商业贸易

元大都城不仅是全国的商业中心,而且当时就是举世闻名的国际商业大都会。在元大都,商市遍布于主要的交通要道两旁和居民密集之处。有买卖食品的米市和面市,有专卖日常用品的家具市、柴炭市等等。全国各地的名优产品,皆汇集于此。以居民日常所用的瓷器为例,在元大都出土的器皿中,就有景德镇的影青瓷笔山、磁州窑的龙凤大罐、钧窑的连座瓶、龙泉窑的敕瓷器等。这些瓷器制作精美,艺术水平高超,代表了当时我国瓷器制造业的发展水平。这些来自全国各地的瓷器也说明元大都商业贸易的发达。

元大都城又是国际商品荟萃之地。杭州儒学教授李洧孙《大都赋》有生动的描述:"东隅浮巨海而贡筐,西旅越葱岭而献赟,南陬逾炎荒而奉珍,朔部历沙漠而勤事。"许多外国商贾往来于大都与世界各大都会之间,"盖凡外国商贩来其处贸易者,辄留所带金银宝石于其国,而携归其地所产调味香料、丝、绸、缎、金衣等物。"马可·波罗就是随同其叔父到元大都来经商贸易的,从而留下了传世之作《马可·波罗游记》。

四、交通

辽、金统治时期就关心改善南京、中都的水陆交通。元朝又从江淮地区开凿了一条运河,与旧漕渠在今山东与河北交界的临清相接,从而使江南及中原各地的物资都可以通过水路运送到元大都城。同时又从元大都城西北开凿了一条新运河通惠河,直达城东通州,与旧漕渠相接,使江南来的商船,可以直接驶入城里的海子之中。通惠河的开通使元大都的交通运输更加便利。

由于元大都是全国的政治中心、商业中心,全国各地的物资纷纷运到元大都,从江南运往大都的物资数量极为巨大。为了提高渠运的能力，元朝政府又从江南开辟了另一条海路运输线，即从今苏州一带的平江路刘家港起航，沿海岸线北行。抵直沽（今天津）之后，再沿河道抵达元大都。元朝时期船工们经过多年的海运实践，开辟了一条便捷的航运路线，"自浙西至师，不过旬日而已"。大大地提高了海运的运输能力，遂成为元大都连接江南地区的一条重要经济命脉。（参见图7-6）

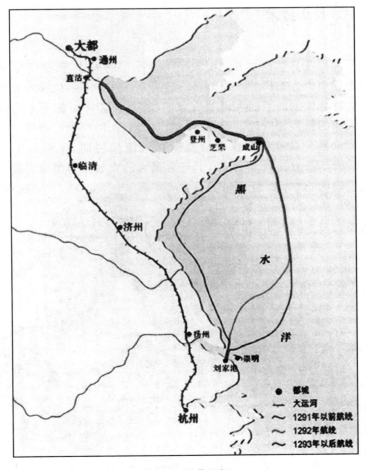

图7-6 元代运河

第五节　大都的文化

元大都不仅是全国的政治中心、商业中心,同时也是全国的文化中心。元朝时期许多重要的科技项目都是在这里制定和实施的,大批优秀的科学家和工匠汇聚在这里,为科技项目研制,各展所长。

一、科学技术

1. 天文历法

元大都在科学技术方面汇聚了不少杰出的人才,天文学家郭守敬就是其中极为杰出的代表。郭守敬自13世纪60年代起一直生活在元大都。他吸取了前人观测天象的经验,并且将留传下来的各种观测天象的仪器加以改进与创新,制作出简仪、仰仪和圭表等一批新的天文仪器。这批天文仪器一直保存到清朝初期,康熙五十四年(1715)毁于西方传教士之手。郭守敬最大的贡献是研制出当时世界上最精确的历法《授时历》。《授时历》以365.2425天为一年,与地球绕太阳一周的实际时间只有26秒之差,准确程度与现行公历同,但比公历的使用要早300年左右。《授时历》自元一直延续使用了364年,并先后传入朝鲜与日本。

郭守敬,字若思,金正大八年(1231)出生于顺德邢台(今河北省邢台),卒于元仁宗延二年(1316),享年86岁。郭守敬是刘秉忠的学生。他不但是元代著名的天文学家和水利专家,也是13世纪世界上杰出的科学家。(参见图7-7)

图 7-7　郭守敬像

至元十三年,元世祖忽必烈命令制订新历法,派王恂主持这项工作,郭守敬辅助。当时由张文谦等主持成立了新的制历机构太史局,太史局由王恂负责,在学术上则王恂主推算,郭主制仪和观测。太史局后改称太史院,王恂任太史令,郭守敬为同知太史院事,建立天文台。当时,有大学者集贤学士杨恭懿等人来参与。经过四年努力,终于在至元十七年编出新历,经忽必烈定名为《授时历》。

《授时历》是中国古代一部很精良的历法。王恂、郭守敬等人曾研究分析汉代以来的40多家历法,吸取各历之长,力主制历应"明历之理"(王恂)和"历之本在于测验,而测验之器莫先仪表"(郭守敬),采取理论与实践相结合的科学态度,取得许多重要成就。

郭守敬为修历而设计和监制的新仪器有:简仪(参见图7-8)、高表、候极仪、浑天象、玲珑仪、仰仪、立运仪、证理仪、景符、窥几、日月食仪以及星晷定时仪等12种(史书记载称13种,有的研究者认为末一种或为星晷与定时仪两种)。

图7-8 郭守敬设计简仪

在元大都,郭守敬通过三年半约二百次的晷影测量,定出至元十四年到十七年的冬至时刻。他又结合历史上的可靠资料加以归算,得出一回归年的长度为365.2425日,与现今世界上通用的公历值一样。

中国古历自西汉刘歆作《三统历》以来,一直利用上元积年和日法进行计算。唐、宋时期曹士等试作改变,但终未能从根本上废除旧法。郭守敬《授时历》完全废除了上元积年,采用了至元十七年的冬至时刻作为计算的出发点,以至元十八年(1281)为"元",即开始之年。所用的数据,个位数以下一律以100为进位单位,即用百进位式的小数制,取消日法的分数表达式。此外值得一提的是,至元十三年,郭守敬领导进行的一次大规模恒星位置测量,精确度比宋代提高近一倍,记录的恒星数目也从1464颗增到2500颗,做出了领先于世界的成就。

郭守敬晚年致力于河工水利事业,并兼任都水监。至元二十八至三十年,他提出修建并主持完成了自元大都到通州的运河(即白浮渠和通惠河)工程。至元三十一年,郭守敬升任昭文馆大学士兼知太史院事。他主持河工工程期间还设计制成造了大型的精良计时器——七宝灯漏。

2. 医学

在元朝,中医药学有很大发展,具有一整套不同于西方体系的医学。其特点是:把有关人体经络与自然界看做一整体,并用阴阳五行相生相克的理论付诸实践。元代,医药学在继承传统的基础上出现了兼收并蓄、互通有无的局面,大大丰富了医药学。

元朝在元大都设太医院,太医院官员"掌医事,制奉御药物,领各属医职"。元大都的太医院汇集了全国各地的名医,如山西绛州的中医世家许国桢、河北真定名医窦行冲等。在太医院之下,设置医学提举司,专门负责对全国的中医师进行考核,对各种医学著作进行校勘。

元大都还设有回回药物院,"掌回回药事"。回回药物院官员"掌受各路乡贡、诸番进献珍贵药品,修造汤煎"。著名的"回回药方"也是元朝时期从伊斯兰国家传来的。《回回药方》(简称《药方》,作者不详)是中国大型综合性回回医药学典籍,原有36卷,残本现存于北京国家图书馆。元朝的《回回药方》是一部包括内科、外科、妇科、儿科、骨伤和皮肤病等科,内容丰富,具有中西合璧特色的医学典籍,价值与中医古籍《外台秘要》相当。

蒙医药学也有所发展,尤其是在跌伤治疗方面。

3. 水利

元代注重开发北京地区的水资源以发展漕运,并取得了空前的辉煌成就。元世祖忽必烈之所以把大都城址选在金中都都城的东北,其主要原因是有可用水资源。

元大都城址是以金代北宫位置为中心,这里有高粱河汇聚的宽阔的水域,早已形成一个环境优美的皇家林苑,虽遭破坏,但略加修整即可恢复,加之便于取西山泉水和地表水,有利于开通较通畅的联系全国的航运水网。同时新城址有较好的防洪和排涝的条件,因为它处在永定河和潮白河冲积扇的脊部。而金中都却处在受浑河(永定河)洪水泛滥的威胁区域之内。这些都是在北京城市发展长期实践经验积累的基础上总结出来的。元大都城址的选择具有很高的科学水平,后人给予高度评价。

元朝政府对大都的水利资源和漕运问题十分重视,为了配合大都城的修建,先后修建金口河(由今京西永定河,经城南,通向今温榆河),疏通坝河,开发通惠河等重要工程。

金水河是专供宫苑用水的水系,又称"御沟"。它的源头是玉泉山的泉水,元朝开辟了专用的渠道,经"高粱河、西河,俱跨河跳槽"。元政府为了保护这条引水渠的水质,还特别颁布了具有法律效力的规定。据《都水监纪事》记载:"金水入大内,敢有浴者、浣衣者、弃土石瓴其中、驱牛马往饮者,皆执而笞之。"并规定:"濯手有禁",即在水渠里洗手都在被禁之列。不仅如此,元政府还下令禁止在玉泉山"樵采渔弋",以涵养水源。上述规定属我国古代的水资源保护法。至元四年正月浚太液池,引玉泉,通金水。此时,元大都刚建成,金水河就已贯通。其水从和义门南水门引入城中,注入太液池,然后经过宫城过周桥,东入通惠河。

元朝通惠河的开凿进一步促进了大都经济的繁荣。在元世祖忽必烈统治时期,江南丰富的物资千里迢迢从水路运往大都东南的通州。如何把通州积贮的物资运到元大都城,是个很大的问题。至元二十九年秋,郭守敬在深入实地考察的基础上创造性地引昌平白浮泉水，沿途汇集西山大小水流，以扩大运河水资源。经瓮山泊，自西水门入城，流至积水潭。其下游接漕运系统，出万宁桥（今后门桥）沿皇城东端外南下，出丽正门东水芙穿城，东至通州，全长约164里，至元三十年竣工。是时忽必烈过积水潭，见舳舻蔽水，盛况空前，遂定名为通惠河。积水潭是漕运终点码头，因水面宽阔，故亦称"海子"。20世纪70年代初考古工作者曾对遗址进行发掘，发现其岸边砌三层青条石，其下为柏木机，石与石之间浇铸"银锭"榫。如今"海子"已经成为北京著名的什刹海风景区，不论酷暑寒冬，长年游人络绎不绝。

  元朝通惠河的凿通，一举完成两大创举。一是上游引白浮水的规划，是北京史上首次进行的"跨流域调水"，现在京密引水渠自昌平以下，仍然基本沿着郭守敬当时所开渠道的流向。二是下游因元大都高出通州约20米，于是在大都与通州之间设24道水闸，以解决两地之间的落差。

  坝河原为一条旧河道，元朝建大都时沿河建有许多仓储。因河上筑有7座大坝，故亦称"阜通七坝"。坝河与通惠河同为元大都至通州的重要漕运航道，在通惠河开通之前，坝河担负着元大都重要的漕运任务。至元十六年，在工部郎中郭守敬的主持下，对坝河进行了大规模治理。元朝时期坝河始终承担着繁忙的漕运任务，年运量高达百万担。

二、教育

1. 学校

  元朝中央设有最高学府国子学。早在元太宗窝阔台五年（1233），蒙古帝国统治者便在燕京创建了国子学，用以培养贵族子弟。元世祖忽必烈迁都燕京，兴建元大都后，于至元六年下诏，在大都设立最高学府国子学，亦称国子监。国子学的校址在元大都城东部的居贤坊内，此后，又修建了孔庙，作为四时祭孔之处。国子学学生最初只有100名，多时达400名。蒙古人和色目人占学生人数的一半以上，凡宿卫大臣子孙、卫士世家子弟以及七品以上朝官子孙都可成为正式学生，不分种族。除此之外，元朝还在大都设立了专门教授蒙古文的蒙古国子学和教授波斯文的回回国子学。

元朝时期北京地区还设有大都路学,即京师地方官学,亦称"京学"。学习内容与国子学略同。

2. 科举取士

早在窝阔台统治蒙古帝国时期,蒙古统治者就曾开科取士。"太宗始取中原,中书令耶律楚材请用儒术选士。从之。"但是终元世祖忽必烈之世,科举制度始终没有实行。主要原因是在元世祖忽必烈建元之前,蒙古帝国对中原统治已长达半个世纪之久,凡纳土归降者,均命其为当地长官并授予官职,故元朝开国之初没有推行科举制。元仁宗即位后主张以儒治国,重新提出"求贤取士,何法为上",遂于皇庆二年(1313)颁布诏书,确定实行科举考试。自此,元大都始成为全国科举考试的中心。

元朝的科举考试,每三年举行一次,分为乡试(行省考试)、会试(礼部考试)、御试(殿试)三级,会试在元大都举行。

元朝政府规定,考试生源分两部分:蒙古人、色目人为一部分,汉人和南人为另一部分。蒙古人和色目人比汉人和南人的人数少得多,但录取的名额却一样。这种欠公允的做法,对于鼓励少数民族学习中国传统文化,加强各民族之间的文化交流,促进民族融合,起到了一定的积极作用。

3.《大元一统志》

《大元一统志》是元代官修各地方志的总志。元至元二十二年,集贤大学士行秘书监事扎马剌丁奏请编纂大元一统志,元世祖忽必烈遂命他与少监虞应龙等人搜集材料编纂此志。至元三十一年,书成。但此后又陆续得到《云南图志》、《甘肃图志》、《辽阳图志》,因而又重新编修,由孛兰盼、岳铉等人编纂,于元大德七年(1303)完成。前后历时17年。此书按元朝各路、州、县,分别记述各地区有关的史地,内分建置沿革、坊郭乡镇、里至、山川、土产、风俗形势、古迹、官迹、人物、仙释等门类。此书所引用的材料,江南诸省大多取材于宋《舆地纪胜》及宋、元时所修各地方志;北方诸省则大半取材于唐《元和郡县志》及宋《太平寰宇记》和宋、元时所修方志;边远地区的内容则是采自元朝新编《云南图志》、《甘肃图志》和《辽阳图志》等书。《大元一统志》中保存了大量宋、金、元时所修方志书中的珍贵史料,具有较高的史料价值。此书对于元朝各地的社会经济状况、阶级状况,以及地理、地质、考古等记载,也都有重要的史料价值。

三、艺术

1. 杂剧艺术

杂剧艺术形成于金末蒙古帝国统治燕京时期,成熟并开始兴盛起来是在蒙古帝国改元之后,到了元成宗铁穆耳在位年间(1295~1308),杂剧的创作和演出进入鼎盛时期。

元大都城汇聚了一批杰出的杂剧作家,代表人物有关汉卿、王实甫、马致远等。关汉卿是元大都人,他的作品大多以社会现实为背景,生动地反映了生活在社会最底层的平民百姓的生活,塑造了一批活灵活现的人物形象,如《窦娥冤》、《望江亭》、《拜月亭》、《西蜀梦》等。其中《窦娥冤》中的窦娥成为家喻户晓的人物。

马致远和王实甫也是元大都人。元人夏庭芝撰著的《青楼集》,记述了元代140多位著名的杂剧戏曲演员的活动事迹。这些演员或是"名重京师",或是"京师唱社中之巨擘"。《青楼集》成书于至正十五至二十六年(1355~1366),其时距元亡不远。该书记述了元代杂剧演出兴起与繁荣昌盛的演进历程。在元大都城,由于拥有一批杰出的剧作家和优秀杂剧表演艺术家,创造出了灿烂的元杂剧艺术。

元杂剧作者被称为"才人",剧团称为"书会"。杂剧编成后,往往先刊印并公开发行,而当时的元大都就是刊印杂剧剧本的中心。这为元朝杂剧得以流传的创造了条件。

2. 诗文散曲

元大都诗文、散曲的创作也十分繁盛,代表了当时北方乃至全国的最高水准。早在蒙古帝国时期,大文豪元好问就曾多次前来燕京,与这里的文人学士相互切磋。著名的政治家耶律楚材亦有许多诗文传世,作品收入《湛然居士文集》,其诗文多以描述燕京风物与生活著称。蒙古帝国统治时期,燕京文坛上的学者还有赵著、吕鲲、郝经、王鹗等人。

元朝时期大都成为全国文化中心,汇集了众多文人学士。如北方的名士徐世隆、阎复、杨果、孟攀鳞、李谦、姚燧、刘肃、王恽等,南方名士赵孟頫、欧阳玄、虞集、袁楠、邓文原等,均在元大都留下了许多传世的诗文佳作。这些诗文佳作有的描述大都的风俗人情,有的描述山川形胜,还有的是畅叙友情,抒发志趣,风格各异,各展所长。

3. 书法与绘画

元代是我国绘画史上繁盛的时期,元大都城汇集了全国最杰出的书画大师的泰半,多达二百余人,大都书画艺术界人才济济,名家辈出。在绘画方面,既有从南方北上的著名画家赵孟頫等人,也有大都本地的画家高克恭和师何澄等。

元大都书画界中最著名者当首推赵孟頫。赵孟頫的书法无论是真楷行草,还是篆隶各体,皆冠绝一时。与赵孟頫齐名的大都书法家是鲜于枢,其行草书尤为著称。另一位与赵孟頫齐名的大书法家则是从江南北上大都的邓文原,其书法风格与赵孟頫甚为接近。当时元大都元朝皇帝的国书以及名人的碑额多半出自于赵孟頫的手笔。其他有倪瓒、西域人康里巎巎等。

第六节 元大都的宗教

元朝统治者在宗教问题上采取的是承认现状与兼收并蓄的政策,对各种宗教都尊重与提倡,即采取"一视同仁,皆为我用"的方针。元世祖忽必烈说:"诸国所崇奉之大预言人四,曰耶稣基督、曰摩诃末、曰摩西、曰释迦牟尼瞿檀,彼皆礼之,而求天佑。"意思是:有人敬耶稣,有人拜佛,其他的人敬穆罕默德,我不晓得哪位最大,我便都敬他们,求他们庇佑我。元朝统治者对佛教、道教、伊斯兰教、基督教以及其他宗教信仰都宽容对待,允许各教自由发展。元朝政府这一政策为各教的发展提供了契机。

元朝政府一方面对各种宗教都尊重与提倡,另一方面对各种宗教也加强了管理,并在中央设置了一整套管理宗教的机构。如设宣政院掌管全国的佛教,设崇福院掌管全国的基督教,设回回掌教哈的司掌管全国的伊斯兰教事务,设置集贤院掌管"玄门道教、阴阳祭祀、占卜祭遁之事"(《元史·百官一》)。地方各级行政机构也设有相应的管理宗教的机构。元王朝虽然对各种宗教一视同仁,但尤尊崇佛教,并以藏传佛教为国教,建立了帝师制度,从而使元朝政府在西藏确立了政教合一的政治体制。

一、佛教

由于蒙、藏的特殊关系,元朝统治者对藏传佛教尤为尊崇。元世祖忽必烈始以藏传佛教为国教,以藏传佛教萨迦派五世教祖八思巴为国师,并赐玉印,使之成为全国佛教的首领,并将藏传佛教的领袖由国师提为帝师,建立起元代特有的帝师制度,藏传佛教及其领袖具有崇高的社会地位。元代历朝都以喇嘛为帝师,每逢新帝即位之前都要先就帝师受戒。元朝政府为了加强对佛教的管理,还在中央政府设置总制院,以掌管全国佛教和藏族地区事务。至元二十五年,总制院改为宣政院,进一步扩大了藏传佛教领袖的管理职权,从而加强了对西藏的管理。

八思巴(Phags-pa,1239～1280):元朝第一代帝师、学者,吐蕃萨斯迦人。本名罗古罗思监藏,八思巴(又译八合思巴、发思巴,意为"圣者")是尊称。八思巴生于款(hkhon)氏贵族之家,从伯父萨斯迦·班弥怛·功嘉监藏习佛典,精通五明。元世祖忽必烈封八思巴为国师,赐玉印,让他统领天下佛教。八思巴著有《彰所知论》等多种著作。所制八思巴字(即蒙古文字),以描写语音准确见长。

北京地区藏式佛寺始建于元代,元朝帝师八思巴之弟尼泊尔僧人阿尼哥在至元九年主持修建了大圣寿万安寺(参见图7-10)。据《元史·世祖本纪》记载:寺内"佛像及窗壁皆金饰之,凡费金五百四十两有奇,水银二百四十斤",并在寺内修建了藏式白塔一座,以壮观瞻。当时所建白塔,即今北京阜成门内现存的妙应寺内的藏式白塔。

阿尼哥所修建的白塔是一座比较典型的藏式喇嘛塔。白塔高50.9米,通体为砖石结构,底座面积1422米。由塔基、覆钵、相轮、塔刹四部分组成。最下面是须弥座,又称塔基,塔基共分三层,最上层雕有24个凸起的莲花瓣,围成一个莲花座,莲花座上是白塔的主体建筑——塔身。

塔身平面呈圆形,上大下小,宛如一个倒置的钵盂,由此又得名覆钵式塔。塔身上面又是一个小型的须弥座,再往上是层层向内收

图 7-10　白塔寺内白塔

缩、上旋的十三层相轮。相轮顶部是一个直径 9.7 米的华盖,又称天盘。华盖之上高约 5 米,重达 4 吨的铜制鎏金宝顶直插云霄。整座白塔建筑雄伟,结构新奇,元人赞其"制度之巧,古今罕有"。此塔不仅是北京地区保存完好的元代藏式喇嘛塔,而且是我国现存最大的元代藏式喇嘛塔,同时也是北京地区佛教建筑史上的开山之作。

除藏传佛教外,汉传佛教在元大都也有很大的发展。从元大都地区的汉传佛教来看,仍以临济、云门、曹洞等禅宗诸派为主流,此外天台宗、华严宗、法相宗和律宗等派别亦交替兴衰,各沿其绪,一脉相承。各教派的代表寺庙也多为辽、金遗留下来的古刹,大多集中于辽、金旧城。

元大都由元朝帝王主持兴建的巨刹多达十余座,除了藏传佛教寺庙大圣寿万安寺和大天寿万宁寺外,最著名的是至元七年世祖忽必烈首建的大护国仁王寺。该寺位于元大都西北高粱河畔,寺内除殿宇 170 多间外,还拥有其他房舍多达 2000 余间。元大都皇家庙宇林立,如大普庆寺、大承天护圣寺、大崇恩福元寺、大承华普庆寺、大天源延圣寺、大觉海寺、大寿元忠国寺、大永福寺、大昭孝寺等。既造佛刹,必塑、铸佛像供奉。元英宗

图 7-11　元代铸造的卧佛

至治元年(1321)所造的寿安山寺,开山凿石工程浩大,寺内供奉的佛像的建造工程更大。所铸佛像之巨大,创下一个空前的记录。当年的寿安山寺,即今北京西山卧佛寺;所铸卧佛铜像,即今卧佛寺里的卧佛(参见图 7-11)。

二、道教

蒙元统治者为了争取中原汉族官吏与士人的支持,自成吉思汗始就推行崇道的政策,故道教各派在元朝时期亦得到相应的发展,地位仅次于佛教。元朝时期是北京道教发生重大变化的时期,不仅道教派别繁衍增多,而且跨越了民族的界限,呈现出多元发展的新特色。

首先是全真道在元初得到了发展。全真道在元朝得以广泛的传

布,与著名道士丘处机是密切相关的。

丘处机(1148~1227),字通密,道号长春子,世称长春真人。登州栖霞县(今山东)滨都里人。19岁时入道,执弟子礼于王重阳,随师修道,成为王重阳七大得意的弟子即北七真之一。金兴定四年(蒙古成吉思汗十五年,1220),为解民于倒悬,他欣然接受成吉思汗的邀请,率领18位高徒从山东启程北行。成吉思汗问以长生术,丘处机以全真道的清净无为、敬天爱民、戒杀回答。成吉思汗很满意,尊称丘处机为"丘神仙",命他掌管天下的出家人。临行前成吉思汗还赐丘处机"金虎符"、玺书(等于封王封侯),诏免道院及道众一切赋税差役。元太祖十九年(1224),返归燕京,赐居于太极宫,元太祖二十二年诏改太极宫为长春宫(以丘处机道号为道观名)。自此,燕京的长春宫为道家第一丛林,并成为全真道的中心。元朝时期全真道进入了极盛阶段,在北京地区得到了较为广泛的传播。

白云观(参见图7-12):道教全真道派十方大丛林制宫观之一,位于北京。始建于唐,名天长观。金世宗时大加扩建,更名十方大天长观,是当时北方道教的最大丛林,并藏有《大金玄都宝藏》。金末毁于火灾,后重建为太极宫。及丘处机羽化,弟子尹志平等在长春宫东侧购建下院,即今白云观,并于观中构筑处顺堂,安厝丘处机灵柩。丘处机被奉为全真龙门派祖师,白云观以此称龙门派祖庭。今观宇建筑为清康熙四十五年(1706)时重修,有彩绘牌楼、山门、灵官殿、玉皇殿、老律堂、丘祖殿和三清四御殿等。复兴门至西单,曾有一条街,名丘祖胡同。1957年成立的中国道教协会会址就设在白云观。

另外,以江南江西龙虎山为中心的正一道,在元朝统治时期也得到相应的发展,而且与道教全真道同为道教的两大派别。

道教正一派即"天师道",亦称"正一道",主要奉持《正一经》,崇拜鬼神,画符念咒,驱鬼降妖,祈福迎祥,地理风水等,在江南地区的影响很大,自宋以后为道教符箓各派的总称。

元朝统治者入主中原后,对道教正一派十分尊崇,而且还多方笼络。《元史·释老传》记载:"世祖于至元十三年平定江南。即遣使召见天师张宗演(正一派第三十六代天师,1244~1292),至则命廷臣郊劳,侍以客礼"。"特赐玉芙蓉冠,组金无缝服,赐号为'演道灵应冲

图7-12 白云观

和真人',命其领江南诸路道教,仍赐银印。"天师张宗演于次年辞元帝南下回江西龙虎山后,特命其弟子张留孙一人留居京城,备元帝召问。

张留孙,字师汉,信州贵溪(今属江西)人,元代龙虎山上清宫正一道士,后被元世祖忽必烈敕封为玄教的宗师,于元代延祐六年(1319)在元大都创建了东岳庙。

北京东岳庙,作为道教张天师正一派在华北地区的第一大庙宇,自始建之初,其香火就十分鼎盛,且经年不衰,素以神像多、楹联多、碑刻多而著称。元熊梦祥《析津志》记载东岳庙盛况:"每岁自三月起,烧香者不绝。至三月烧香酬福者,日盛一日。廿八日,齐化门内外居民,咸以水流道以迎御香。香自东华门降,遣官函香迎入庙庭,道众乡老甚盛。……都城北,数日,诸般小买卖,花朵小儿戏剧之物,比次填道。妇人女子牵挽孩童,以为赛愿之荣。道傍盲瞽老弱列坐,诸般楫丐不一。沿街又有摊地凳槃卖香纸者,不以数计。显官与怯薛官人,行香甚众,车马填街,最为盛都。"由此可见,东岳庙在北京,以及华北地区的地位与声望仅次于北京白云观。东岳庙不仅是元代

帝王敕建的显赫一方的道教宫观,其建筑艺术在全国庙宇中也是名列前茅的。(参见图7-13)

图 7-13　东岳庙

元朝时期由于历代统治者对道教的推崇与扶植,为北京道教各个道派团体的形成与发展奠定了基础。这一时期也是北京道教日趋成熟与发展的时期,随着道教的合流归并,道教的全真派与正一派在元代的中后期正式形成,并且成为中国道教两大主要派别。

三、基督教

基督教初传中国是在唐朝贞观年间,时称景教。基督教再次传入中国是在元朝。基督教聂斯托利派(景教)以及天主教和东正教(景教、东正教、天主教是基督教不同的派别),元朝统称为"十字教",蒙语为"也里可温"(Erkeun)。也里可温,是元朝对基督教各派的一种称呼。《元史》中也曾有"阿勒可温"和"耶里可温"等异译。其实"也里可温"一词是由阿拉伯语的"阿罗诃"转写而来,其意为"福分人"、"有缘人"、"奉福之人",后专指"信奉上帝的人"。元朝称基督教徒为"也里可温"或"迭屑"(波斯语达娑,意思是敬畏神的人)。基督教各派在元朝时期首次传入北京地区。

元朝政府为景教的发展提供了许多优惠的条件。如：至元十九年,元世祖忽必烈曾颁布也里可温僧例给粮,即景教的神职人员可食官禄的诏书。至元二十六年,元朝政府在元大都设崇福司,专门管理也里可温的有关事宜。崇福司官吏的官品,上自二品,下至八品。二品司使年俸禄为82贯6钱6分6厘(1贯为1两银)钱,8石米。元延祐二年(1315)崇福司改为崇福院。

元大都景教徒很多,当时已是景教的一个大主教区。拉班·扫马一手兴建的房山景教十字寺,是北京地区最古老的基督教教堂,也是一座有遗迹可考的元代基督教教堂,寺内现存的两通汉白玉石碑,记载了十字寺建立的经过。

俄罗斯东正教主教和都主教与元朝政府的关系十分密切,他们当时已经成为元大都的常客。如[苏]约·阿·克雷维列夫《宗教史》说:"在那里,他们受到隆重的迎接,往往与东道主互赠礼品。"元朝的疆域十分辽阔,被征服的俄罗斯国土当时属元朝版图的一部分。东正教虽然在元大都得以传播,但是影响不大,更不能与景教和天主教相比。

元朝建立后约20年,罗马天主教会中的方济各会就已派人到元朝来传教。方济各会是天主教十三世纪创立的一个僧侣组织,以"托钵"(求乞)为生,所以也称"托钵修会"。方济各会由意大利人方济各创立,并得到罗马教皇英诺森三世的支持,从而也成为罗马天主教对外传教的得力工具。1289年,罗马教皇尼古拉四世便命令方济各会修士、意大利人约翰·蒙特·科维诺任教廷使节前来中国。1294年,约翰·蒙特·科维诺到达大都,元朝政府给予友好接待,元成宗接见,并允许他在中国自由传教,在大都开设天主教堂。1300年(元大德四年),在元大都城内建造了第一座天主教教堂,1305年,他在元大都又建造了第二座天主教教堂,可容纳200人。据说皇帝、嫔妃不用出宫,即可听到教堂的唱诗声。天主教在元大都扩大了影响。在门头沟区修建的天主教堂桑峪教堂,目前还在使用。(参见图7-14)

基督教第二次在中国与北京地区的传入并没有能取得长足的发展,随着元朝的灭亡再次销声匿迹了。

图 7-14　后桑峪天主教堂

四、伊斯兰教

元代是伊斯兰教在中国内地广泛传播和全面发展的重要时期。

元朝政府在官方文书中把信仰伊斯兰教的穆斯林称为"回回"。"回回"这一信仰伊斯兰教少数民族的诞生,成为伊斯兰教在中国得以更广泛的传播与发展的基础,同时也标志着穆斯林和伊斯兰教这一外来的宗教已经开始中国化。元朝政府在元大都设立了专门管理全国伊斯兰教事物的回回掌教哈的司。这一机构不仅管领伊斯兰教的教务,而且还要依伊斯兰教教法对其教徒行使司法权。"哈的"是伊斯兰教法执行官的意思,为阿拉伯语的音译,元朝有些官方文件有时也译为"回回大师"。元世祖忽必烈更为重用信仰伊斯兰教的色目人,遂使伊斯兰教在元大都有了进一步的发展,而且影响也越来越广泛。曾任燕京断事官、宣抚使的赛典赤赡思丁,曾任宰相的阿合马等大臣都是伊斯兰教徒。今牛街清真寺还存有元代两方伊斯兰教徒的墓碑。

　　元大都回回很多，相传大都城内有清真寺 30 余座。遗憾的是有关元大都城内清真寺的情况，却不见官方的记载。元至正六年（1356），驰名中外的著名古清真寺东四清真寺建成，成为北京穆斯林的又一活动中心。（参见图 7-15）

图 7-15　清真寺

名词解释：

忽必烈　　刘秉忠　　元大都的规制　　丘处机
八思巴　　行省制度

思考题：

1. 简述辽、宋、金争夺南京的经过。
2. 简述忽必烈建元大都的意义及影响。
3. 简述元大都的城市建设及规模。
4. 简述大都的宗教文化。
5. 简述大都的经济文化。

第八章　明代的北京城

教学内容：使学生了解永乐皇帝迁都北京的原因、经过和意义。明代北京城的城市格局；北京城政治、经济、文化的内涵以及对外交流的意义；明长城的特点以及十三陵；明王朝崩溃的原因。

教学目的：通过本章的学习，使学生了解明代北京城的政治、经济和文化的繁盛景象。

教学重点：明代北京城的城市建制以及北京的政治、经济和文化内容。

第一节　永乐皇帝迁都北京

元至正二十八年(1368)朱元璋称帝，建都南京，号洪武。同年，遣师北伐，攻陷大都，将大都改为北平。

北平当时虽不是明朝的帝都，但在政治上、军事上都占有极其重要地位。朱元璋第四子朱棣被封燕王，镇守北平，即着手对北京城的营建。北京城从永乐五年(1407)开始营建，到永乐十八年(1420)基本竣工，前后达15年之久。永乐十九年(1421)明成祖朱棣正式迁都北京。北京城经过明王朝历时二百几十多年的营建，奠定了今日北京城的基础。

一、明王朝建立

由于元朝实行了严重的不平等民族政策，将全国各族人民分为四等：一等是蒙古人，包括原来蒙古各部的人；二等是色目人，包括西夏、回回、西域以至留居中国的一部分欧洲人；三等是汉人，包括契丹、女真和原来金统治下的汉人；四等是南人，指南宋统治下的汉人和西南各民族人民。这一民族歧视和压迫的政策不但造成各民族的隔阂，而且激起被压迫人民的反抗。顺帝至正十一年(1351)，终于爆发了刘福通领导的红巾军大起义。正当红巾军同元军主力进行艰苦斗争之时，朱元璋的势力在江南逐步崛起。

朱元璋(1328～1398)，是濠州钟离(今安徽凤阳)人，出生于贫苦农民家庭。至正十二年(1352)参加濠州郭子兴领导的红巾军，郭子兴病死后，他带领其众南渡长江，于至正十六年攻占集庆路(今江苏南京)，改名为应天府。其后采纳徽州儒士朱升"高筑墙，广积粮，缓称王"的建议，着力经营以应天为中心的江南根据地，势力不断发展壮大。他采取先南后北、先易后难的策略，先着手消灭江南地区的陈友谅、张士诚与方国珍，然后派徐达、常遇春率军北伐，直捣元大都。

至正二十八年正月，在北伐大军挺进山东的捷报声中，朱元璋称帝，是为明太祖，定都应天(旋改称南京，后又改为京师)。是年八月，北伐之明军攻克元大都，元顺帝北逃，元朝覆亡，大都路改称为北平府。接着，明太祖一面继续对付元朝的残余势力，一面扫除各地的割据武装。至洪武二十年，明军平定辽东，迫降元将纳哈出，从而确立了明朝的统治。

明朝开国之初，各种社会矛盾仍然十分尖锐，社会秩序动荡不安。为了朱明王朝的长治久安，明太祖及其后继者采取了一系列重大措施，强化君主专制的中央集权统治。

明初的政权机构基本仿自元朝，中央设中书省，置左、右丞相，分割了君主的一大部分权力；地方设行中书省，作为中书省的分出机构，统揽一省的民政、军政和财政，削弱了中央对地方的控制。明太祖按照"权不专于一司"、"事皆朝廷总之"的原则，进行了大刀阔斧的改革。洪武九年废行中书省，设立承宣布政使司(简称布政司)，作为朝廷的派出机构，主管一省的民政和财政；另设提刑按察使司(简称按察司)和都指挥使司(简称都司)，分管一省的监察司法和军事。三司互不统辖，分属中央相关部门。布政司之下的行政机构，由原先的路、府、州、县四级归并为府(直隶州)、县(府属州)二级。在边疆一些少数民族聚居的地区不设布政司及府、县的行政机构，则由都司、卫所兼理民政，实行军政与民政合一的统治。稍后，又进行中央机构的改革。

洪武十三年以"谋危社稷"罪名诛杀左丞相胡惟庸，罢除丞相，废中书省，以吏、户、礼、兵、刑、工六部为最高一级行政机构分理全国政务,六部长官尚书均直接对皇帝负责。秦汉以来实行了1600多年的丞相制度被废除。同年,又将御史台改为都察院,负责纠劾百官,下设十三道监察御史,纠察内外官员。都察院与大理寺、刑部共同理刑,合称三法司。此外,还按六部建制,设立六科给事中,负责稽查各部,驳正章疏违误。为了加强对臣民的监视,明太祖还设立特务机构锦衣卫。明成祖朱棣迁燕京后,又设立东厂,明孝宗朱祐樘再设西厂,合称为"厂卫"。大都督府也于洪武十三年分为中、左、右、前、后五军都督府,分管京师内外卫所和各地的都司,与兵部互相配合,又彼此牵制。经过改革,行政、监察司法、军事三大系统的机构互相独立,彼此钳制,最后均听命于皇帝,形成了空前发展、高度集权的专制系统。

废除丞相后,因百务丛集,明太祖曾仿照宋制,挑选几名文人充当殿阁大学士,以备顾问。明成祖时,使阁臣并预机务,逐渐形成内阁制度。明宣宗朱瞻基更授予阁臣"票拟"(代皇帝草拟对各种章奏的处理意见)之权,同时又授予宦官机构司礼监"批朱"(代皇帝审批阁臣的票拟)之权,使之互相制约。皇帝通过内阁与司礼监两套机构来行使专制权力,指挥整个官僚机器的运转,明朝君主专制的中央集权制度进一步强化。

二、明太祖分封众子孙为藩王

明太祖朱元璋为了明王朝家天下的长治久安,在废除丞相和中书省削弱地方官吏的权力,加强中央集权的同时,又实行了分封制。朱元璋为了确保边塞安全,便将他的儿孙们分封到边塞要地为藩王,掌重权,以达到"夹辅王室"的目的。这些受封的藩王不但拥有很高的政治地位和军事指挥大权,他们的"冕服、车旗、邸第,下天子一等,公侯大臣伏而拜谒,无敢钧礼","护卫甲士少者三千人,多者至万九千人"(《明史·诸王传》序),而且还可以指挥驻扎当地的镇守兵。朱元璋亲定的《祖训录》规定,藩王有起兵"清君侧"之权,即:"如朝无正臣,内有奸恶,则亲王训兵侍命,天子密诏,诸王统领众兵讨平之"。(《皇明祖训·法律篇》)朱元璋以为,如此朱姓江山就会稳如磐石,但事情的发展往往出乎预料。随着对北方旧元势力用兵的增强,一些藩王的实力逐渐强大起来。在明初藩王中,以镇守大宁(在今内蒙古宁城)的宁王、镇守太原的晋王及镇守北平的燕王势力最为雄厚。

三、建文帝实行削藩政策

君权与藩权的冲突一直是历代王朝的命题。明太祖与以往朝开国皇帝一样,为了树立君主的绝对权威和皇室的利益而大封儿孙为藩王,来抗衡朝中重臣权力的膨胀,并在短期内将权力集中于君主一人的手中。朱元璋在开国之初,虽然借血缘关系的分封制在一定程度上保证了中央政府防务上的安全,但是时间一长,极易形成地方权力膨胀,造成枝强干弱的流弊,最终威胁到中央政权,不可避免地要加剧统治集团内部争夺皇权的斗争。洪武三十一年闰五月初十日,明太祖朱元璋逝世后,由于太子朱标先于朱元璋之前病故,皇太孙朱允炆即帝位,以建文为年号。

朱允炆在当皇太孙时就已感到手握重兵的诸王"以叔父之尊,多不逊",即位后便采纳了亲信大臣齐泰、黄子澄等人的削藩之策,铲除地方势力,以达改变外强内弱的不利局面,巩固中央的权力。建文帝朱允炆决定先削周、齐、湘、代、岷诸王,然后再向实力最为雄厚的燕王朱棣开刀。由于周王为燕王的同母弟,削周王等于"剪燕手足"(《明史纪事本末·削夺诸藩》),故建文帝先派李景隆带兵突至河南,将其废为庶人,并押到南京。建文帝又将岷王、齐王、代王都废为庶人,湘王朱柏见状,自焚而死。为稳妥削夺燕王朱棣的王权,建文帝一方面诏令工部侍郎张昺为北平左布政使,谢贵为都指挥使,到北平城内监视燕王朱棣动静,并暗中布防城内;另一方面调燕王府的护卫精锐屯驻开平,以削夺燕王朱棣的兵力。建文帝朱允炆即位后的一系列削藩举措,使燕王朱棣深感不安。燕王朱棣素来胸怀大志,眼看自己即将被削夺,决意举兵反抗,便与谋士姚广孝(道衍和尚)一起策划,"练兵后苑中"、"日夜铸军器"(《明史·姚广孝传》),寻机起兵。

四、靖难之役

建文元年(1399)七月燕王,朱棣杀朝廷所置地方大吏,援引明太祖朱元璋的《祖训录》,以"清君侧"为号,打出诛讨齐泰、黄子澄等奸臣的旗号,自称其师为"靖难之师",在北平起兵反抗,挥师南下,直指南京。明朝称这场统治集团内部争夺皇权的战争史称"靖难战争"或"靖难之役"。

燕王朱棣起兵后,以迅雷不及掩耳之势,抢先攻占了北平附近的一些军事据点,控制了全城,遂以北平为中心开始了争夺帝位的战争。是年八月,建文帝命老将耿炳文为大将军,率30万大军北伐。燕王朱棣用奇谋,在滹沱河北岸,一举将耿炳文击败。建文帝见状,便以年轻的李景隆为大将军对抗燕王朱棣。李景隆见燕王朱棣智勇善战,不敢贸然进攻北平,便带领50万大军进驻河间,另派吴高率辽东军进围永平(今河北卢龙)。燕王朱棣令世子朱高炽坚守北平,自己率兵赴援永平,引诱李景隆进攻北平。朱棣解永平之围后,便北攻大宁,挟持宁王朱权,收编了宁王的8万护卫兵,一举击溃了建文帝的大将李景隆。第二年四月李景隆调集60万大军,与燕军再战于白沟河(今河北定兴一带),同样遭到惨败。九月,建文帝以盛庸代李景隆为大将军,诏盛庸屯德州,副将军屯定州(今河北定州),都督徐凯屯沧州,互为犄角,以困北平。十月,朱棣"阳下令征辽东"(《明史纪事本末·燕王起兵》),至天津突然挥师南下,偷袭沧州,生擒徐凯。燕王统兵南下,从瓜州渡过长江攻占了南京应天府城,是时宫中火起,建文帝不知所终。燕王朱棣于建文四年(1402)六月十三日进入南京,六月十七日诣奉天殿登基,即皇帝位,改元永乐。历时四年的"靖难之役"以燕王朱棣的胜利而告终。朱棣"靖难之役"的成功,为明朝京师的北迁提供了契机。

五、明成祖迁都北京

燕王朱棣登基称帝后,为了巩固自己的统治地位,也采取了削藩的政策,将握有重兵的诸王兵权摘除。明成祖朱棣深感北平之重要,地形之固,关隘之险,人才之聚,经济之富,且又为自己经营多年的根基。经与谋臣计议,遂决心将京师迁至北平,并于永乐元年(1403)诏改北平为北京,称为"行在"。改北平府为顺天府。此后,明朝政府多次向北京地区移民,并组织人力疏通南北漕运河道,采伐名贵木料、巨石和督办金砖等,为营建北京城做好充分准备后,于永乐四年开始大规模营建北京城,永乐十九年正月初一正式迁都北京,诏令改北京为京师,以南京为陪都。

明成祖迁都北京,以北京为最高统帅的驻地这一重大举措,不但对巩固边防以及维护全国的统一都具有积极的意义,在经济上有力地促进了北方地区的发展,使北京不仅在当时逐渐成为明朝的政治中心、军事中心,而且逐渐成为中国的文化中心。同时,也为今日北京的昌盛发展,成为世界著名的文化古都奠定了坚实的基础。

第二节 北京城的建造

公元1368年(洪武元年)九月十二日,朱元璋的大军攻占元大都后,元顺帝北逃,元朝灭亡。明朝为了彻底消灭元朝的"王气",将大都的城垣与大多数宫殿拆毁,只有原来的元皇宫和太液池西侧的隆福宫等宫殿,因改为燕王朱棣的燕王府而完好地保存下来。

明朝的北京城依然采用了元大都的格局,参仿了明初帝都南京城的规制,规模更为壮丽辉煌。明朝北京城的中心是在元大都城的基址中心向东移动了150米,它汇集了我国历代王朝都城建筑的精华,集中体现了封建时代"普天之下,惟我独尊"的皇权统治威严。北京城的总体布局,凸现了"君权神授"、"象天立宫"的思想,但仍然遵循着《周礼·考工记》建造都城的前朝后市、左祖右社的传统形式。

明朝的北京城分为宫城(又称紫禁城,今故宫)、皇城、内城和外城,呈"品"字形(参见图8-1)。紫禁城是北京城的核心,处在皇城、内城、外城的层层拱卫之中,以"天、地、

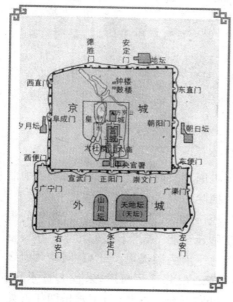

图8-1 明北京城

日、月"四坛相环绕。贯穿全城南北的中轴线是北京城整座城市布局的"脊梁"。北京城宫殿与主要建筑均建置在长达16里的中轴线上，并以府、寺、观、坛、庙以及四合院相映衬。中轴线两侧建筑呈左、右对称，均匀排列。北京城内棋盘式的街道、鳞次栉比的四合院民居、幽静深邃的坛庙寺观，都集中体现了明朝北京城总体设计思想和建筑工艺的精粹。

一、皇宫紫禁城的修建

明北京宫城为皇宫所在，是在元大都大内的基础上稍向南移而新建的。以太空北极星座之意建造，北极星座高居中天，众星拱之，而称为紫宫，故宫城得紫禁城之名（参见图8-2）。紫禁城的城墙用重达50斤的城砖砌成，城外开凿有护城河，俗称筒子河。紫禁城呈长方形，周长6里多。《明史·地理志》"顺天府"条记载："宫城周六里一十六步。"孙承泽《春明梦馀录》云："紫禁城内墙南北各二百三十六丈二尺，东西各三百二丈九尺五寸"，合计一千七十八丈三尺，亦比《明史·地理志》所记稍广。紫禁城有四门：南为午门，是紫禁城的正门，北为玄武门（清朝改为神武门），东为东华门，西为西华门。紫禁城各城门都建有高大的城门楼，而且在城墙的四角分别建有一座造型别致的金碧辉煌的角楼（参见图8-3）。角楼三重檐，九梁十八柱，七十二脊，高27.5米，结构异常精巧，而且绮丽壮观。

午门是紫禁城的正门，城门不但形体宏伟，城上建有双檐城楼，而且两侧城台向前伸展出去，在午门前形成了一个倒置的"凹"字形广场。两翼向前伸出，称为两观。门上有楼，俗称五凤楼。午门两侧各有一门，即左掖门和右掖门。午门前有钟鼓、旗杆。在明朝，举凡重大活动都在午门前的广场举行，如颁布历书，大规模的出征，军队凯旋而归，献俘虏等都要在此举行仪式。

午门内有一条穿越紫禁城的金水河，金水河的桥是金水桥，也就是元朝的周桥。紫禁城内皇极门（初称奉天门，清朝改为太和门）是前三大殿的正门。皇极殿（原称奉天殿，清朝改为太和殿）、中极殿（华盖殿，清朝改为中和殿）、建极殿（谨身殿，清朝改为保和殿）是紫禁城内的主体建筑。

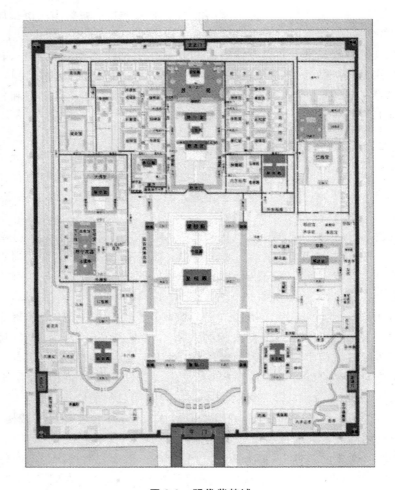

图 8-2 明代紫禁城

午门和皇极门之间,东西庑廊上各辟一门,东曰会极门,西曰归极门。皇极门又有东西角门,皆面南。皇极门内,其北居中即外朝正殿皇极殿。奉天殿之北为华盖殿,华盖殿之北为谨身殿。明世宗嘉靖四十一年(1562)重修被火焚毁的三大殿后,改奉天殿曰皇极殿,华盖殿曰中极殿,谨身殿曰建极殿。奉天门在嘉靖三十七年(1558)改称大朝门,四十一年改称皇极门。东西角门分别改称宏政门、宣治

图 8-3 故宫角楼

门。奉天门外之左右顺门分别改称会极门、归极门。奉天(皇极)殿左右庑廊各建一楼,东曰文楼,西曰武楼。嘉靖四十一年改文楼为文昭楼,武楼为武成楼。奉天殿两旁各有门,东曰中左门,西曰中右门。出中左门或中右门,北即华盖(中极)殿。明北京外朝三殿同故元大都外朝区一样,也是封闭的宫殿区,四周有庑廊环绕。外朝最北之建极殿后有三门,中曰云台门(又称平台门),东曰后左门,西曰后右门,明帝常在此召见大臣。出云台门,其北正对内廷正南门乾清门、云台门与乾清门之间亦为一广场,左右各辟一门,东曰景运门,西曰隆宗门,分通大内东西两路宫殿。

入乾清门,其北为内廷正殿乾清宫。乾清宫有东西暖阁,皆在东西斜廊之后,东曰弘德殿,西曰肃雝殿。万历十一年(1583)改弘德殿为昭仁殿,肃雝殿为弘德殿。乾清宫东西庑廊各辟一门,东曰日精门,西曰月华门。日精门之北有端凝殿,月华门之北有懋勤殿,东西相向。东西庑廊上还辟两小门,东曰龙光,西曰凤彩。乾清宫后还有两座建筑,东曰思政轩,西曰养德斋。乾清宫正北为交泰殿,渗金圆顶,与外朝中极殿相似。交泰殿之北即为内廷最北的宫殿坤宁宫,系皇后居所。

坤宁宫东有贞德斋、清暇居,西有养正轩,北庑廊有游艺斋,皆为崇祯时命名。乾清宫后,左右庑廊各辟一门,东曰景和,西曰龙德(《春明梦馀录》为隆福),正与交泰殿东西相对。景和门北有永祥门,龙德门北有增瑞门,东西相对,万历时命名。再北,则东有基化门,西有端则门。自端则门或基化门旁出而北,即为大内御苑——琼苑之西、东门。内廷三殿亦为一封闭区,有庑廊环绕。坤宁宫后即内廷正北门,曰广运门,嘉靖十四年改称坤宁门。坤宁门外为琼苑。琼苑内,奇花异卉,春花秋月,风景绮丽。正北有钦安殿,供奉玄天上帝之所,前有天一之门。苑内还有万春亭、千秋亭、对育轩、清望阁、金香亭、玉翠亭、乐志斋、曲流馆、四神祠、观花殿。有假山曰堆秀,上建凉亭曰御景亭。东西各有鱼池,上建亭,东曰浮碧亭,西曰澄瑞亭。琼苑南垣东西各有一门,东曰琼苑东门,西曰琼苑西门。琼苑北门原称坤宁门,嘉靖十四年改为顺贞门,其外即宫城北门玄武门。

以上即明北京皇宫中路建筑。外朝三殿和内廷三殿皆坐落在自北京外城永定门,北经内城正阳门、皇城大明门、承天门、端门、宫城午门和奉天(皇极)门、乾清门、坤宁门、玄武门、北安门、地安门,再北至钟鼓楼的全城中轴线上,从而更加凸现出明朝皇帝"天下至尊"的皇权地位。

明北京宫城自永乐十八年(1420)建成后屡遭火灾,成为北京城建史上颇为引人注目的问题。《明史·五行志》对北京宫城发生火灾有多次记录。从记载中可见:承天门、乾清宫门、大明门内千步廊、仁寿宫、慈宁宫及西苑无逸殿、昭和殿、万寿宫、大光明殿等建筑都曾发生过火灾。其实,明代北京大内中也有一定防火的措施,最主要的就是金水河。金水河北自玄武门(宫城北门)之西地沟进入紫禁城,西流南转,复东流经仁智殿前、武英殿前、归极门北、皇极门前、会极门北、文华殿西,复北流东转,自慈庆殿徽音门外,东流经东华门里古今通集库南,从地沟流出紫禁城,汇于护城河。《明宫史》称,大内金水河"非故为曲折,以耗物料,盖恐有意外火灾,则此水赖焉。天启四年(1624)六科廊灾,天启六年武英殿西油漆作灾,皆得此水之济"。

尽管如此,由于缺少灭火工具,一旦高十余丈的宫殿起火,肩挑手提的一桶桶河水,无异于杯水车薪,根本无济于事。这可能就是明北京宫城屡遭火灾的主要原因。

二、皇城的修建

明朝北京皇城、宫殿、坛庙的修建,是与宫城城垣的修建同时进行的。皇城在紫禁城的外围,内城的中央。据孙承泽《春明梦馀录》记载:皇城外围墙为三千二百二十五丈九尺四寸(约十八华里),有六门。南为大明门(清初改称大清门),是皇城的正门。其东北角为长安左门,西北角为长安右门;东为东安门,西为西安门;北为北安门,俗称厚载门。皇城于民国初年拆毁,但从遗留下来的东西皇城根、西安门和东安门等地名可以看出,皇城的北城墙在今北京地安门东西一线,南城墙在今天安门广场南部之东西一线,东城墙在今东皇城根之南北一线,西城墙在今西皇城根之南北一线。清代相沿不改。皇城还包括太庙、社稷坛、西苑、万岁山。(参见图8-4)

明朝按照中国帝王都城"左祖右社"传统的建制,修建了太庙与社稷坛。

太庙(今劳动人民文化宫),是皇家的祖庙(清代沿用),位于承天门(今天安门)的东侧。太庙建于明永乐十八年,为黄琉璃筒瓦歇山顶,嘉靖十五年建九庙,分祀历代祖先。二十年四月雷火焚毁。二十四年又在原址重建,恢复合祀。戟门为太庙大殿前的正门。戟门为五间,明、次间是三座实踏大门,两侧各有旁门一座。因门内外列戟120支,故得名。门前绕以五座汉白玉石桥,其外为广场,其内为主要建筑,祭典和供奉远祖神主即在此。社稷坛位于承天门的西侧,与太庙东西对称,是帝王祭祀社稷、祈祷丰年的场所。社稷坛建于明永乐十九年(1421),其位置是依周礼《考工记》"左祖右社"的规定,置于皇宫之右(今中山公园)。祖与社都是封建政权的象征。社稷是"太社"和"太稷"的合称,社是土地神,稷是五谷神,两者是农业社会最重要的根基。历代皇帝都把"社稷"看作为国家的象征,并自认为受命于天,每年春、秋仲月上戊日清晨来此祭祀,凡遇出征、打仗、班师、献俘、旱涝灾害等,也要到此祈祷,举行仪式。坛方形,汉白玉石筑成。

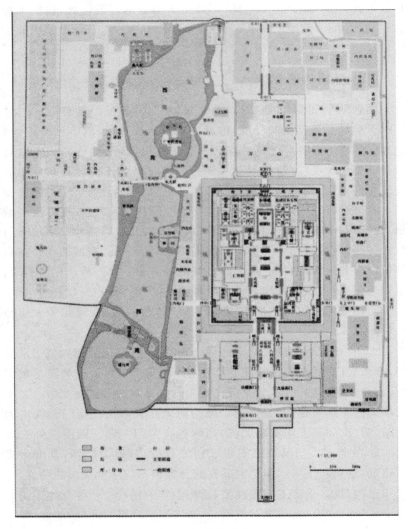

图 8-4　明代北京

上层每面长 16 米，中层 16.8 米，下层 17.8 米。上层台面铺五色土，台中央为黄色、东为青色、西为白色、南为红色、北为黑色。五色土由全国各地进贡而来，其以示"普天之下，莫非王土"，同时还象征土、木、火、金、水五行。坛台中央原有一方形石柱和木柱，象征着土地神和五谷神的"社主"和"稷主"。石柱名"社主石"，又称"江山石"，还有以示"江山永固"的含义。

西苑：西苑即元朝的太液池，早在金代就在此修建了离宫——大宁宫。元代建都，更把太液池归到宫城范围之内，以太液池为中心，修建了大内皇宫和隆福、兴圣两宫。明代开挖南海，使太液池又有了三海（北海、中海、南海）之称，并进行了大规模的修建，成为一座美丽的皇家园林。明成祖永乐十四年曾在此建西宫。明代，故元万岁山又称琼华岛，山上广寒殿、仁智殿、介福殿、延和殿与金露、瀛洲、玉虹、方壶四亭等建筑一仍元朝之旧。明宣宗宣德八年（1433），琼华岛重加修葺。杨士奇《赐游西苑诗序》云："宣德八年四月，上以在廷文臣日勤职事，不遑暇逸，特敕公侯伯师傅六卿文学侍从游观西苑，……自西安门入，循太液池之东而南，观新作之圆殿，改作之清暑殿。……降而登万岁山，至广寒殿，而仁智、介福、延和三殿及瀛洲、方壶、玉虹、金露之亭咸得遍游。"圆殿即故元大都瀛洲仪天殿旧址，明代改建承光殿，又称圆殿。实际上，这次修葺的不只是承光殿、清暑殿。明宣宗《御制广寒殿记》云："比登兹山（万岁山），顾视殿宇，岁久而陁，遂命工修葺。"广寒殿及琼华岛万岁山上诸殿也均重修。明万历中，广寒殿因年久失修坍塌，此后不再修复。承光殿建在崇台之上，四周围以瓮城，又称圆城，东西各辟一门。每年元夕，明帝常在此观灯。承光殿东面旧为水域，明代时用土填平，直与大内相接。承光殿西面，元代旧有木吊桥与太液池西岸相通，明仍其旧。韩雍《赐游西苑记》云："天顺三年（1459）四月，赐公卿大臣以次游西苑……北行至圆殿（承光殿），观灯之所也。历阶而登，殿之基与睥睨平。古松数株，其高参天。其西以舟作浮桥，横亘池面，北则万岁山琼岛在焉。"明孝宗弘治二年（1489）改建石桥，东西有两华表，东曰玉蝀，西曰金鳌，故此桥称金鳌玉蝀桥，又称御河桥、金海桥。（北海桥西下坡处，建有分别写着"金鳌"、"玉蝀"的牌楼，为方便交通，1954年移往陶然亭公园。）承光殿北至琼华岛万岁山，元代已有石桥，明代加以改建，其南北有两华表，南曰积翠，北曰堆云，故此桥称积翠堆云桥。

三、内外城的修建

明朝初期,为防备元朝残余势力的南侵,将北城垣向南推移五里,另建新的北城垣。新北城垣西段从新开道街北端起穿越旧日的积水潭最狭窄的地方,转向西南到安民厂西北角止,成一斜角,把积水潭西端的一部分隔在了城外。北城墙东西长1890丈,高3.55丈,宽5丈,形成了明朝北京城的北界。

嘉靖三十二年(1553),朝廷又增筑外城。外城又称外罗城,原计划外城要包围内城的四周,但因当时财力不足,只修建了环抱城南近郊地区,即包括内城东南角和西南角的外城,全长28里。

明朝北京城共有城门20座,即"里九外七皇城四"。城内严格对称的坛庙寺观,棋盘式街道,命名各异的胡同,鳞次栉比的四合院,显示北京城的壮观。

永乐十七年,将北京南城垣向南扩展2里以后,所辟三门沿用故元大都城门旧称。内城在皇城之外,城周长约22公里,城墙高约12米。共有九门,分别为:南曰丽正(正南门)、文明(南东门)、顺承(南西门),东曰齐化(东南门)、东直(东北门)、西曰平则(西南门)、西直(西北门),北曰安定(北东门)、德胜(北西门)。南面三门位置虽已南移,但名称不改。东直门、西直门即故元大都崇仁门、和义门,位置未移,但改其名。

明英宗正统四年(1439),北京内城九门城楼改建完毕,又改丽正曰正阳、顺承曰宣武、文明曰崇文、齐化曰朝阳、平则曰阜成。从此,北京城九门名称即为正阳、崇文、宣武、安定、德胜、东直、西直、朝阳、阜成。沿袭至今。

嘉靖三十二年,北京外城廓修建以后,计辟七门,其中南面三门,东西各一门,在东北、西北与内城相接之转角处又各辟一门。《明史·地理志》顺天府条载:"正南曰永定,南之左(东)曰左安,南之右(西)曰右安;东曰广渠,东之北曰东便;西曰广宁,西之北曰西便。"其中永定门仍位于北京城中轴线上,与内城正阳门南北相对,广宁门则和广渠门东西相对,东便门、西便门分别在内外城结合部之转角处,面北。今其址皆在。(参见图8-1)

四、坊巷和市

1. 坊巷

明洪武元年徐达将北城垣南移,缩其城之北五里,城区不到原来的三分之二。据《日下旧闻考》卷三十八《京城总纪》记载,明北京城原划分为二十三坊,城东部属大兴县：

五云坊、保大坊、南薰坊、澄清坊、皇华坊、贤良坊、明时坊、仁寿坊、思诚坊、明照坊、蓬莱坊、湛露坊、昭回坊、靖恭坊、金台坊、灵椿坊、教忠(坊)、居贤坊、寅宾坊、崇教坊,以上二十坊属大兴县。

西部属宛平县：万宝坊、时雍坊、阜财坊、金城坊、咸宜坊、安富坊、鸣玉坊、太平坊、丰储坊、发祥坊、日中坊、西城坊、(积庆坊),以上十三坊属宛平县。

这些坊名和区划大多沿袭故元大都旧名。

明成祖改建北京,将南城垣向外推展二里,城区经调整后计有二十八坊。嘉靖年间筑北京外城,内城重新划分为二十九坊,外城划分为七坊。由此,明北京内外城计有三十六坊。明朝在各坊按居民多少设置若干铺,每铺立铺头,有火夫三五人,隶属总甲,专掌地方捕盗等事。如南薰坊有八铺,澄清坊有九铺,日中坊有二十二铺等,每铺负责若干条胡同。

明北京内城街道基本沿袭故元大都格局,各坊均为开放式街道,排列有序。明北京城与故元大都城一样,由于皇城位于城市南部正中,东西交通极为不便,需要从城市南部或北部绕行。明外城交通与内城相比要好些,自正阳门至永定门,宣武门至右安门,崇文门至左安门皆有南北直道,这些南北干道之间穿插着东西向的横街,所以外城东西方向交通比内城便利。明外城西半部自今北京宣武区虎坊桥以西,原属故金中都城的东部,街道布局大致经纬分明,排列规整。外城东半部因系在城郊自然发展起来的居民点,大多事先未经规划,所以街道不够规整,特别是正阳门外东部原有许多河道,居民往往夹河而居,河枯成为陆地后,便形成一条条曲曲弯弯的斜街。

2. 市

明代商品经济非常发达,自永乐迁都北平后,首先建立了一些必要的商业设施。如先后在皇城四门(大明门、东安门、西安门、北安门)以及钟鼓楼、东四牌楼、西四牌楼、朝阳门、宣武门、阜成门、安定门、西直门附近修建了数千间平房,一部分招外地平民居住,另一部分则用来"招商货居"。这些招商货居的平房,后来实际成为街道商业的铺面。加之,明京城水路交通的便利,为全国各地商人到京城贸易经商创造了条件。明王士性《广志绎》云:"京师百姓鲜工商胥吏之业……一切工商胥吏肥润职业,悉付外省客民。"由此可知外省人在明北京社会经济中的地位。明北京城和元大都一样,也是天下商货汇聚之地。另外从意大利传教士利玛窦的《札记》也可以看出,明北京城是贸易中心。《札记》云:"从水路进北京城或出北京城都要经过运河,运河是为运送货物的船只进入北京而建造的。他们说有上万条船从事这种商业,它们全都来自江西、浙江、南京、湖广和山东五省。"明京城的商业实际上是在全国商业经济的培育下发展起来的。

明京城经济发展起来以后,朝廷又在外城建廊房,今北京正阳门外廊房胡同即其遗迹。万历年间,宛平县有廊房801间半,其中店房16间半,招商居货。据明沈榜《宛署杂记》记载,万历十年(1582),"宛平、大兴二县原编一百三十二行"。其中本多利厚的如典当行、布行、杂粮行等计100行,本小利微如网编行、杂菜行、豆腐行、裁缝行等计32行。其他还有众多肩挑手提的卖饼、卖菜等商贩。发展的商业经济不但促成众多商业铺行的形成,而且也使明京城的内外城产生了繁华的集市和专业市场。

明北京内城的商业市场多属日期、地点固定的集市。据《帝京景物略》记载:北京内城著名的商业区有大明门前之朝前市、东华门外灯市、城隍庙市、土地庙市。城隍庙市,出售古今图书、商周铜器、秦汉铜镜、唐宋书画和珠宝、象牙、美玉、绫锦,还有来自海外的各种商品。在这里贸易的不但有来自全国南北的豪商巨贾,还有外国商人。

明京城人口增长很快,嘉靖、万历时期已接近百万人口。贵族、官吏、士人居内城,外城成为一般商人、手工业者的聚居之地。在商业经济刺激下,明京城的外城最接近运河码头的崇文门、正阳门外地区,很快发展成为巨大的商业区。当年明朝外城市场与内城的城隍庙市、灯市、内市不同,贸易的对象不是挥金如土的达官显贵,而是一般百姓。当时在正阳门外桥上有穷汉市,是贫苦市民交易的晚市。同行业商人聚集在一起经商,外城形成大量专业市场,如猪市(今北京珠市口)、揽杆市、骡马市、煤市、柴市、米市、蒜市等等。由市场形成的街道胡同,留传至今的甚多,如虎坊桥至菜市口的骡马市大街,前门大街西侧的煤市街,西单北的缸瓦市,美术馆后面的猪市大街,东单北的米市大街,骡马市大街西端的米市胡同等。明北京繁荣的外城区为清代北京社会经济的发展奠定了基础。

五、天、地、日、月坛

祭祀天、地、日、月是中国历史上由来已久的习俗。据史书记载,早在周代,祭祀天、地、日、月已经成为一种制度。秦始皇曾在威山(山东荣成成山角)祭日,在莱山(今山东莱州市)祭月。西汉成帝年间,在当时的都城长安城南郊曾修建"天地之祖"以祭天地,修建"东君祀"以祭日。魏晋南北朝时有春分东郊朝日,祭祖天地神,至今遗名尚存。明朝修建大型专用建筑祭祖、天、地、日、月。祭祖、天、地、日、月是我国古代国家的盛大典礼,是帝王统治生涯中的一件大事,历代皇帝都极为重视。

明朝北京城不但在皇城修建了太庙和社稷坛,而且还在京城四方修建了互为对称天坛、山川坛、地坛、日坛和月坛,以祭祀天、地、日、月等神。在各坛中,以天坛最为壮观。

1. 天坛

是我国现存规模最大,结构最完整的一座古代皇家祭天建筑,它位于京城外城之内永定门的东则(今永定门内大街路东),始建于明永乐四年,十八年竣工,历时十四年,占地 273 公顷。天坛初名天地坛,是祭祀天地的场所。嘉靖九年(1530)在北郊修建了地坛后,这里改名为天坛,实行天、地分祭。每年冬至,皇帝要到天坛来祭天,孟春时皇帝到天坛来祈谷,夏至时皇帝到天坛来祭雨。清朝入关后,沿用了这一礼制。

2. 山川坛

位于天坛之西,隔街与天坛遥遥相望(今永定门内大街路西先农坛)。山川坛建于永乐十八年,是明朝帝王祭祀太岁、山川(河)、风、云、雷、雨等神祇的场所。

3. 地坛

嘉靖九年建,位于京城宫城之外的北郊,即安定门外的东侧(今安外大街路东),以合于中国传统"祭天于南郊,祭地于北郊"的规制。因祭坛拜台周围设计有方形泽渠,原名为方泽坛,嘉靖十三年改名为地坛。地坛是明清两代皇帝祭祖皇地祇神即地神的地方,是我国现今保存最完整的祭地建筑。

4. 日坛和月坛

均为明嘉靖九年所建。日坛位于北京内城之外的东郊,又叫朝日坛,是明清两朝皇帝在每年"春分"之日祭太阳神的地方。月坛又叫夕月坛,位于北京内城之外的西郊,是明清两朝皇帝于每年秋分之日祭祖夜明之神即月神和天上诸星宿神的地方。

第三节 北京城伟大的建造工程

明长城是中国也是世界上修建时间最长、工程量最大的一项古代防御工程。如此浩大的工程不仅在中国,在全世界也是绝无仅有的。北京八达岭长城是明长城的的精华,最具代表性。明长城在1987年被联合国教科文组织列入世界文化遗产名录。

明十三陵是明代又一伟大的建造工程,它的建造充分体现了中国古代劳动人民的聪明才智和建筑工程的水平。明十三陵作为明清皇家陵寝的扩展项目,2003年被联合国教科文组织列入世界遗产名录。

一、明长城

明朝是我国长城修筑史上最后一个朝代,也是长城防御工程技术发展的最高阶段,在建筑技术和防御设备方面都有了许多改进和发展,长城结构更加庞大、复杂、坚固、适用。明代长城从山海关到嘉峪关,绵延6700公里。① 为了便于防守,明朝在东起鸭绿江,西抵嘉

---

① 2009年4月18日,国家文物局和国家测绘局发布,经实地勘察,今明长城实际长度为8851.8公里。

峪关,绵亘上万里的长城沿线,先后设置了辽东、宣府、大同、延绥、宁夏、甘肃、蓟州、太原和固原九个军事重镇,分地守御,合称九边。北京地区的长城分属于蓟镇和宣府镇所辖。宣府镇设于永乐七年,总兵官驻宣化,防线东自居庸关北的四海冶(今延庆县四海)。西至大同东北平远堡。辖有东、西、北、中四路,53 城关,防线全长 510 公里。蓟镇设于嘉靖二十七年,总兵官先驻蓟州(今天津市蓟县),移驻三屯营(今河北省迁西县三屯营),防线东起山海关,西端原至居庸关西南的镇边城(今河北省怀来县东南),后来改止于慕田峪,逶迤于燕山的崇山峻岭之间,实际长度近 900 公里,拱卫着京师,是明万里长城九镇中最重要的一镇。嘉靖年间,为了加强京师与明帝陵的防务。又自蓟州划出昌平和真保二镇。昌镇总兵官驻昌平,辖区东起慕田峪,西南至紫荆关(今河北省易县西北),长约 230 公里,为长城防御体系的内长城。真保镇总兵官驻保定,辖区北起紫荆关(今河北省易县西),南至固关(在今山西省平定县与河北省井陉县交界处),全长 390 公里。

  万里长城到了明朝已经构成了一个从中央通过各级行政、军事机构,联系最基层军事单位,直至每个守城戍卒的完整防御体系。长城总的布局,绵延万里好似一条线,然而它并不是一条孤立的线,而是一个防御网络体系。它不仅起着阻挡敌人的作用,而且要与周围的防御工事、州县等政权机构密切联系,以至与统治中心王朝的首都联系起来。长城军事防御体系,由上自朝廷兵部,下至守卫长城的每一个士卒的多级军事力量和长城建筑相配合而构成。

  明长城的防御工事,包括镇城、路城、卫城、所城、关城、堡城、关口、敌台、墙台、城墙、烟墩等不同等级、不同种类、不同形式和不同用途的建筑物。这些建筑相互联系,相互配合,共同组成一个完整的防御体系。明代守边军队均驻于长城区域内的镇城、路城、卫城、所城、关城、堡城等大大小小的屯兵城。

  明代长城城墙高筑,墩台林立,各级军事力量和长城防御工程互相配合,层层节制,构成一个以长城为核心的雄伟、完整、严密的军事防御体系,作战武器也有了很大的发展,开始使用杀伤力更强的新式武器——火铳、火箭和佛朗机大炮等火器。由于火器的使用,明代长城军事防御体系的功能更加强大了。

明朝在"外边"长城之外,还修筑了"内边"长城和"内三关"长城。"内关"长城以北齐所筑为基础,起自今内蒙古与山西交界处的偏关以西,东行经雁门关、平型关入河北,然后折向东北,经涞源、房山、昌平诸县,直达居庸关,然后又由北而东,至怀柔的四海关,与"外边"长城相接,以紫荆关为中心,大致成南北走向。"内三关"长城在很多地方和"内边"长城并行,有些地方两城相隔仅数十里。除此以外,还修筑了大量的"重城"。"因地地形,用险制塞"是修筑长城的一条重要经验。从秦以后,每一个朝代修筑长城都是按照这一原则进行的。凡修筑关城隘口都是或选择在两山峡谷之间,或是河流转折之处,或是平川往来必经之地。这样既能控制险要,又可节约人力和材料,以收"一夫当关,万夫莫开"之效。修筑城堡或烽火台也是选择在"四顾要之处"。至于修筑城墙,更是充分地利用了地形。如北京八达岭长城就是沿着山岭的脊背修筑的。

八达岭长城建于明弘治十八年(1505),嘉靖、万历年间曾多次修葺。八达岭长城为居庸关的重要前哨,古称"居庸之险不在关而在八达岭"。八达岭长城从城墙外侧看去非常险峻,而内侧则甚是平缓,收"易守难攻"之效,真可以说是巧夺天工之作。八达岭段是明长城建筑最精华之段,集巍峨险峻、秀丽苍翠于一体,"玉关天堑"为明代居庸关八景之一。

二、明十三陵

明十三陵是明朝十三个皇帝的陵墓,坐落在今北京昌平区自西向东走向的燕山山麓的天寿山中。这里埋葬着明朝十三位皇帝,依次建有成祖(长陵)、仁宗(献陵)、宣宗(景陵)、英宗(裕陵)、宪宗(茂陵)、孝宗(泰陵)、武宗(康陵)、世宗(永陵)、穆宗(昭陵)、神宗(定陵)、光宗(庆陵)、熹宗(德陵)、思宗(思陵)。十三陵陵区占地面积达40平方公里,是中国乃至世界现存规模最大、帝后陵寝最多的一处皇陵建筑群。代宗景帝朱祁钰,以亲王礼,葬西山。

明十三陵陵区处于群山环抱下,因山势筑陵墙,设关卡,重要山口有中山口、东山口、西山口、老君堂口、德胜口、雁子口及锥子口等。

各口设有重兵守卫,山北不远就是万里长城,实际即为明朝北部边防前线,因此,保卫皇家陵墓,也就是保卫京师和保卫明帝国了。

十三陵区正门在山环之南,入口处东有小山称蟒山,西有一小山称虎峪,中国古有"左青龙,右白虎"之说,于是蟒山称龙山,改虎峪称虎山,这样青龙、白虎分列左右,中间筑起通向各陵的大道。在大道之前首先有一大石牌坊,五门六柱纯用汉白玉石筑成,上雕云龙,颇显皇家建筑庄严典雅气派。过石桥便是陵区大门,称大宫门,又称大红门,门有三洞,红墙黄琉璃瓦,两侧立下马碑,进门有宽阔的大道,称神道,中央是大碑亭,四角有华表,亭内有6米多高龙首龟跃石碑,上刻"大明长陵神功圣德碑",碑后神道两侧,则是显示帝王陵墓威严肃穆的石雕艺术,其中有12石人是四勋爵、四文臣和四武将,还有24兽是四马、四麒麟、四骆驼、四獬豸、四狮子、四大象,分别排列神道两旁,这些石像皆由能工巧匠雕刻而成,造型生动逼真,保存完好至今,为我国了不起的大型艺术珍品。

石像北为棂星门,又称龙凤门。过七孔桥后,便到第一个大陵园长陵了。十三陵各陵都有棱恩门、棱恩殿、明楼和宝城,还有地下宫殿和围墙等建筑,规制基本一致。但是,随皇帝生前与死后权势影响大小不同,修建规模及时间条件等不同,各陵大小规模有很大差别。其中以长陵规模最大,建筑最讲究,其次是永陵和定陵,规模也都很大。各陵又都有碑,除长陵和思陵外,各帝陵之碑皆无文字,所以人称无字碑,传说是皇帝功德太大了,谁也无法去写这"功德无量"的皇帝之事,实际是无人敢写,只好空着了。

十三陵中保存最好、现在开放的陵墓是长陵,从陵门至棱恩门,便到棱恩殿前,再至明楼、宝城,共有三进院落。宝城筑有城墙,内为明成祖坟墓,直径340米,下面即地宫。明楼即宝城之楼,内有石碑,上刻"大明成祖文皇帝之陵"。长陵的棱恩殿从建成保存到现在,已将近六百年了,殿坐落在三层台基之上,与紫禁城内皇极殿规制相同,大殿共九间宽,共有1965平方米,双檐红壁,黄琉璃瓦顶,全部采用楠木结构,32根巨柱全为金丝楠木,其中最大4根直径有1.17米,两人合抱不能交手。此宫殿为世界上保存至今最好的楠木结构建筑,气魄宏伟,令人赞叹不止。

除长陵外,原来永陵与定陵也是建筑最好的两个陵。现在这些陵墓上的地上建筑已毁坏无存,从残存的建筑基石亦可看出当年建筑的规模。公元1957年,考古工作者们打开了定陵地宫之门,首次揭开了中国帝王地下宫殿之谜。这是一座地下石宫,总面积达1195平方米,后殿最高达9.5米,建筑通体用大理石、汉白玉和金砖砌成,没有一根梁柱,完全为拱券式,由前、中、后、左、右五个大殿组成,各殿以石门相隔,石门巨大沉重,但是,制造非常精细,开关很轻便。各宫高大宽敞,光泽晶莹,壮丽已极,如同仙宫,为我国古代地下石室建筑艺术之杰作。

十三陵的宏伟建筑,是我国劳动人民勤劳和智慧的结晶,它既是中国古代能工巧匠们高超技艺的佳作,又是我国与世界古代文化艺术及古老建筑的宝贵文化遗产。

第四节 皇权高度集中的明代政治

永乐帝迁都后,北京发生了巨大的变化,成为封建专制主义的最高权力机关所在地,皇帝与文武百官号令全国的中心。紫禁城建筑辉煌,中央机构与衙署设置集中,加强了北京的政治、经济、文化职能。内阁参政,朝臣辅佐,帝、阁、部府成政军一体,是明朝中央政权高度集中的表现。

一、中央集权的强化及内阁制度的设立与厂卫制度

明太祖朱元璋在位时,对地方的控制日益加强,集权力于一身。明成祖朱棣进一步强化了中央集权,定全国为十三个布政使司,并且在北京和南京设北南直隶,由中央直接控制。

明朝的军队由皇帝直接控制。明朝军事机构大都督府分为中、左、右、前、后五军都督府,五军都督府虽然掌管军队,但是要听兵部的调兵命令,而且军中还有皇帝直接派来的御史或给事中监督,即监军,直接向皇帝报告军情。战争结束后,军队的总兵官要立即归还将印,军队回各自的卫所。这是明朝从军事上加强和巩固皇权的重要措施。明朝为了加强对京城的控制,在京城内设了36个卫,在京城

外围诸州县设了 26 个卫,作为把守京师之重兵,以确保皇帝的安全和巩固明王朝的政权。

1. 内阁制度

明代内阁是明王朝中央政权高度集中的体现,是明朝皇权统治的又一重要支柱。朱元璋建立明朝后,以胡惟庸案为契机,废除了中国长达 1000 多年的宰相制度,并试图以四辅官和殿阁大学士取代消失的宰相。这一政治改革为大学士在永乐年间入值内阁参与政事奠定了基础。靖难之变后,燕王朱棣称帝,为强化君主专制,任用了一些职位低微的翰林学士组成了内阁。因内阁肇建时隶属于文渊阁,阁臣入值亦称为"入值文渊阁"。迁都北京后,明成祖仿南京旧制,亦设文渊阁与内阁,因设于大内之中,故称"内阁",此为明朝内阁之始。明成祖设立内阁的同时,加强了吏部、户部和兵部的权限。洪武年间与永乐年间,阁臣虽然参与机务,但并无实权,确实只是皇帝的顾问。至明仁宗以后,内阁与六部结为一体,以内阁统领六部,以六部将中央号令传达到全国,故阁臣虽无丞相之尊,权力却日益加大。

2. 厂卫制度

明王朝的厂卫制度是封建专制主义高度发展的产物,是为了进一步强化皇帝权力而设立的特务机构。明朝建立的由锦衣卫、东厂、西厂、内行厂组成的一套完整的特务制度,直接为巩固皇帝的封建专制统治服务。锦衣卫成立于洪武十五年,一直到明朝灭亡为止。锦衣卫由皇帝亲自主持,下设 17 所,人数最多达五六万人,负责保卫皇帝安全,掌诏狱,侦缉官员和百姓言行。锦衣卫不受法律约束,可直接实施缉捕。东厂成立于永乐年间,由宦官主持,权力又在锦衣卫之上,可监视、牵制锦衣卫。西厂只存于成化、正德两朝,权力又在锦衣卫、东厂之上。内行厂只存于正德的五年间,权力更在锦衣卫和东、西厂之上。厂卫雇用地痞流氓,诬陷、迫害正直大臣,摧残无辜百姓。厂卫爪牙最疯狂时期,也是明朝政治最黑暗,独裁政治发展到最高峰的时候。直至特务机构间冲突和矛盾不断,互相倾轧,难以维持,才下令撤掉西厂、内行厂。两厂虽然撤掉,但是厂卫制度仍然存在,而且始终受到明朝皇帝的重视,成为明朝皇权统治的重要支柱之一。

二、中央衙署的设置及实行强化专制措施

明朝初期,官府、衙署密布天街(即今天安门广场中心及左右的长安街)两侧。明朝吏部、户部、礼部、兵部、工部五部,以及宗人府、翰林院、钦天监、太医院、鸿胪寺等都设在天街的东侧,刑部与都察院、大理寺并称为三法司,设在天街的西侧,即今西单以西的民族文化宫附近。今西单长安街民丰胡同南,原有一条旧刑部街,拓宽长安街时撤除。

天街的西侧是最高的军事机构,除五军都督府外,皇帝的特务机构锦衣卫、太常寺和通政使司也设于此。

明朝京城内还有如四夷馆等外事机构,专管外国朝贡之事。京城内除了中央机构外,作为都城,北京顺天府还有许多大大小小的机构。明朝中央机构的设置是封建君主专制统治的高度体现。

明朝政府为了加强专制主义统治,制定了《大明律》、《大诰》,实行户役黄册和土地鱼鳞图册制度。明初废行中书省,在全国改设十三个承宣布政使司。布政使司只管民政和财政,另设按察使司管司法,都指挥使司管军政,合称三司。

鱼鳞图册是明朝土地登记册。洪武年间,经过各州县土地普遍丈量,以征收税粮一万石的地面为一区,按区编造土地登记清册。清册中详细登记每块土地的编号、主人姓名、亩数、四至以及土质的肥瘠,还把每块土地的形状绘制成图,每册前面又有土地的综图,仿佛鱼鳞一般,因此称"鱼鳞图册"。(参见图8-5)

三、政局动荡之中的君臣

明朝仁、宣时期任贤铺佐,朝政清明。明中后期,皇帝很少亲自理朝政,宦官擅政,奸臣专权。在内忧外患的危机之中,涌现出一批忠臣贤将,出现了于谦京师保卫战,张居正一条鞭法的改革,杨廷和稳定京师,海瑞刚正直谏,戚继光抗倭等,使得边防加强,明王朝得以维持。

于谦(1398~1457),字廷益,浙江钱塘(今杭州)人,永乐十九年举进士,曾任监察御史及河南、山西巡抚。正统十四年(1449)任兵部

第八章 明代的北京城

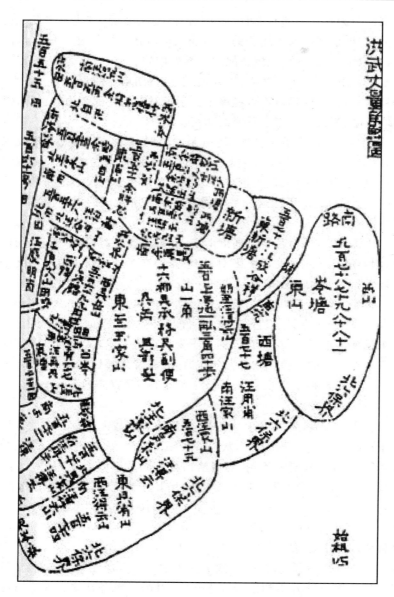

图 8-5 鱼鳞图册

尚书。于谦升任兵部尚书时,适值"土木之变"之际。"土木之变",英宗被俘,把京城推到了战争的最前线。于谦在京城岌岌可危的情况下,采取了整顿内政、积极备战的一系列措施。

宦官王振在"土木之变"中死去,但他长期培养的党羽势力很大,不清除其余党,朝廷就不可能稳定。于谦对王振党羽势力的清除,对争取民心、积极备战起了重要的作用。

"土木之变"中英宗被俘,朝中无主,而英宗之子,即太子年仅二岁,故于谦提出"社稷为重,君为轻"的政治主张,辅立郕王朱祁钰即皇帝位,是为代宗(又称景帝),以达稳定皇权和安抚民心之目的。从当时的政局来看,于谦这一举措使英宗被俘所造成的混乱惶惑的局面得以改观。

于谦深知,瓦剌迟早会直犯京城,故积极备战,整顿军队,广聚储备,调集范广等将领做好保卫京师的准备。在于谦的奋力抗争下终于击败了瓦剌军的进攻,取得了北京保卫战的胜利,救国家于危难之中。

景泰元年(1450)八月,英宗被瓦剌释放回北京后,景帝朱祁钰恐其夺取皇位,便将英宗禁锢起来,不许与外界接触,而且废掉英宗之子朱见深的太子之位,立自己的儿子朱见济为太子,从而加剧了朝廷内部争夺皇权的斗争。景泰八年正月,在景帝朱祁钰病重之际,被囚禁了八年的朱祁镇再次登上了皇帝的宝座,并宣布改元天顺元年。此即是"夺门之变"。

英宗复辟后,废朱祁钰为戾王,并开始对主战派报复。由此加剧对于谦的迫害。于谦在其《石灰吟》诗中道:"千锤万击出深山,烈火焚烧若等闲;粉骨碎身浑不怕,要留清白在人间。"于谦被害,祸及全家,籍没充公。后于谦之子于冕被赦,明廷特诏于谦无罪,并恢复了官爵。将东城西裱褙胡同(今崇文门内大街东侧)的故居立为"忠节祠"。

张居正(1525～1582),字叔大,号太岳,湖广江陵(今属湖北)人,又称张江陵。嘉靖二十六年(1547)进士。隆庆元年(1567)进入内阁,参与朝政,后任礼部尚书、武英殿大学士。万历元年为内阁首辅。张居正在隆庆至万历初期近二十年间,对朝廷事务从多方面进行改革,并多有建树,使明朝一度中兴。张居正改革主要有如下三点:

第一,整顿吏制,实行考成之法,以阁制科、以科制郡,加强中央集权。张居正推行"考成法"期间,选拔了一批优秀的人才,淘汰了一批不称职的官员。

第二,改善与蒙古族的关系,加强戒备,在发展贸易的同时加强边防建设,并修筑长城。边防巩固了,同蒙古族和女真族的交往也密切了。

第三,改革赋税制度,推行一条鞭法,即赋役合一,取消力役,摊丁入亩,均以银两折纳,榨征收纳由政府统一办理。

张居正的改革引起了保守势力的强烈反对。张居正去世后,保守势力抬头,不仅废除改革措施,而且抄没了张居正家籍,其长子也被迫自杀。

袁崇焕(1584～1630),字元素,祖籍广东东莞,出生于广西布政使司梧州府藤县北门街,万历四十七年中三甲第四十名,赐同进士出身,崇祯元年(1628)四月任兵部尚书兼右副都御史,督师蓟、辽,兼督登、莱、天津军务。

崇祯二年,后金皇太极率领八旗兵攻打北京,京师震动,崇祯皇帝诏令各路兵马勤王。袁崇焕闻之立即从关外率兵奔驰京师救援,并在北京广渠门外力挫后金兵。崇祯皇帝中了后金的反间计,便以"袁崇焕咐托不效,专恃欺隐,以市米则资盗,以谋款则斩帅"罪名,于崇祯三年八月磔刑处死于西市,弃尸于市。是时不明真相的京城百姓对袁崇焕恨之入骨。清乾隆四十九年(1772),下诏为袁崇焕昭雪。《清高宗实录》载:"袁崇焕督师蓟辽,虽与我朝为难,但尚能忠于所事,彼时主暗政昏,不能罄其忱悃,以致身罹重辟,深可悯恻。"乾隆皇帝为袁崇焕平反,一是为弘扬正气、昭雪忠良,更重要的是希望清朝能有人像袁崇焕忠于明朝一样而忠于清朝。

为纪念袁崇焕,1917年在北京龙潭湖为他修了庙,庙门上刻有康有为题写的"袁督师庙"横匾。1952年重修,改为袁崇焕祠,今改为袁崇焕纪念馆。袁崇焕为保卫北京立下了赫赫战功,是著名的民族英雄。

三、宦官奸臣

严嵩(1480～1567),字惟中,号介溪,江西分宜人,弘治十八年(1505)进士。善于撰写焚化祭天的"青词"(道教斋醮时上奏天帝所用的表章,因用朱笔写在青藤纸上而得名),文笔绝佳,深得嘉靖皇帝的赏识,嘉靖二十三年升任内阁首辅阁臣,从此平步青云,独揽国政,被称为"青词宰相"。

严嵩任首辅阁臣长达15年的期间,千方百计打击异己,结党纳贿,动辄以千万计,同时重用其子严世藩,二人狼狈为奸,贪赃枉法,迫害忠良。曾有多位言官弹劾,都因皇帝的庇护而奈何不得。

严氏父子因贪赃枉法,遭到邹应龙、徐阶等人的弹劾。嘉靖四十三年世宗诏令将严嵩之子严世蕃逮捕下狱。第二年案结,严世蕃被斩,严嵩削籍为民,家产尽抄,籍没的严嵩家产得银250多万两,其他珍宝不计其数。世宗令将籍没的财产一半充边饷,一半入内库。

魏忠贤(1568～1627),初名进忠,河间府肃宁(今河北肃宁县)人,青年时曾经娶妻生子,后因生活无着,将妻子嫁人,自己净身,于万历十七年(1589)入宫,当了一名太监。他善逢迎,颇有心计。早在朱由校(后为熹宗天启皇帝)为皇太孙时便想方设法与之接近,并与朱由校的奶母客氏相勾结,结为"对食"。天启元年(1621)目不识丁的魏忠贤被提任司礼监秉笔太监,开始干预朝政。他引导皇帝在宫中举行"内操",游戏宫中。大力培植死党,有"五虎"、"五彪"、"十狗"、"十孩儿"等。朝廷上下,京师内外,残酷迫害东林党人,魏忠贤擅权乱政,采取一系列特务手段,造成明后期的黑暗统治。

魏忠贤胡作非为皆仰仗于懒于政事的天启皇帝朱由校。天启七年八月,熹宗病死,信王朱由检入继帝位,改元崇祯,即为明思宗。崇祯皇帝朱由检一向熟知魏忠贤的罪恶,加之东林党人纷纷上书弹劾,便诏令将魏忠贤逮捕治罪。魏忠贤自知难逃一死,畏罪自杀而亡。

第五节 商业和手工业

明代北京的政治地位,促进了城市经济繁荣。明朝末年北京正阳门外繁华商业区店铺林立,商贾云集。店铺从京师南郊村镇经卢沟桥、广安门、正阳门、棋盘街、大明门、承天门等地,向北延伸到"北门锁钥"的居庸关。

手工业高度发展,商品贸易兴旺。金属铸造工艺在全国冶金史上具有辉煌成就;新兴的珐琅手工业汲取了云南"大食窑"铜胎珐琅技艺,独树一帜,产品誉满中外;明宫廷"果园厂"雕漆艺术。

一、冶铸业

明代北京的冶铸业发展较快。正德年间,冶铁年产量增加一倍以上。

这里特别说一下大钟寺的永乐大钟。大钟寺原名觉生寺,因寺内悬挂着一口驰名中外的大铜钟,故俗称大钟寺,寺为清雍正年间建。这口大钟铸于明朝永乐年间,明成祖为"靖难之役"阵亡的将士及迁都北京和加强其统治而铸。钟通高 6.75 米,最大外径是 3.3 米,重约 46.5 吨。钟身内外布满了佛教经文和咒语,其文字为汉文佛教铭文 225939 字,梵文佛教铭文 4245 字,总计 230184 字。汉文字迹端正,雄健有力,相传是明代书法家沈度所写,这些文字在钟上排列得井井有条。大钟的声学特征也堪称一绝。据史书记载,它能声闻百里,深沉古雅,悠扬悦耳。声学专家测试后说,它是由最佳泛音系列组成的一口钟。大钟悬挂在主梁上,是靠一根长 14 厘米、宽 6.5 厘米的铜穿钉,承受着 40 多吨重的剪切力。大钟的铸造工艺也非常高超,它采用地坑造型表面陶范的泥范法,使永乐大钟的钟体一铸而成,而且庞大的钟体上竟没有发现一个"沙孔",这在古代铸造史上简直是一个奇迹。每逢节日,永乐大钟鸣钟三次,钟声悠远。这口大钟可以说是中国"钟王"。

二、景泰蓝

景泰蓝是明代北京最著名的手工艺品,又称"铜胎掐丝珐琅",以京城"景泰御前作坊"所制最为精巧。

景泰蓝起源于元朝,盛行于明代景泰年间(1450~1457)。

景泰蓝制作须经过锤胎、掐丝、填料、烧结、磨光、鎏金等 108 个工序流程,每项工艺都有很高的要求。它以细扁铜丝做线条,在铜制的胎地上捏出各种图案花纹,再将五彩珐琅点填在花纹内,经烧制、磨平、镀金而成。

景泰蓝制作不仅工艺极其繁复,而且用料十分昂贵。所用的胎体以铜胎为主,亦有用金、银为胎的。器身上所用的珐琅釉多系天然矿石和宝石加工提炼而成,还须鎏金工艺,耗金量亦大。从用料和制作工艺所构成的成本来看,景泰蓝比起明代其他官窑的瓷器更为珍贵。

明景泰皇帝在位期间,对景泰蓝的颜色另辟蹊径,烧制成功之后,又极为钟爱。因而有"景泰御前作坊之珐琅"的美誉,与永乐之漆、宣德之炉、成化之瓷相媲美。据《日下旧闻考》记载,明景泰年间,宫廷设有制作景泰蓝的作坊御用监,出品的器物在质料上取得空前发展,炼出许多新的釉料色。

由于明朝景泰年间做出来的景泰蓝最好,故得景泰蓝之称。也有人说,因景泰蓝其釉料颜色主要以蓝色为主,所以被称为"景泰蓝"。

三、北京雕漆

至明代,雕漆工艺发展很快,是我国雕漆艺术成熟的时期,并以明永乐、宣德两世为最盛。当时的雕漆名手,都是世代相传,如张成之子张德刚,杨茂的后代杨埙,都成为技艺高超的名匠。明朝统治者为了享乐,于明永乐年间在北京设有果园厂,是当时宫廷制造雕漆工艺品的大型官办手工业作坊,制作出的工艺品供宫廷使用,生产的数量很大,技艺制作在继承宋、元风格的基础上,又有了提高。当时的雕漆制品,仍以红为多,朱红含紫,稳重沉着。品种也以盒为多,盘、匣次之;小件较多,大件较少。制胎则以木胎、锡胎为主,也有金银胎。在图案方面,山水人物、花卉鸟兽的题材较多,这与元代花卉、锦地的做法大不相同,其刀法流畅,藏锋清楚,较宋、元两代的刀法变化要多,雕刻工细,表现形象生动。这一时期的优秀作品在北京故宫、上海和南京博物馆都有珍藏。

明代建立的果园厂,集中了全国各地雕漆艺人,为雕漆工艺在北京地区发展奠定了基础,从此,北京雕漆作为一种具有地方特色的漆器品种兴盛起来。据考证,除当时的果园厂官办雕漆生产外,民间的雕漆制作行业也有所发展,有的已作为一般商品在民间出售和流传。

第六节 贸易与对外交流

一、货币

明代货币为钱、钞共用,初禁民间以金银物货交易,违者罪之。"洪武通宝"方孔圆钱,定洪武通宝为小平、当二、当三、当五、当十共五等,当十钱重一两,余递降至一钱为止,各行省皆设宝泉局与宝源局,共同铸钱。此后,明政府曾先后铸造过永乐、嘉靖、隆庆、万历、泰昌、天启、崇祯等年号钱,并于嘉靖三十二年前后补铸过建文、永乐、洪熙、宣德、正统、天顺、成化、弘治、正德等九种年号钱。

洪武七年,朝廷设宝钞提举司,次年三月诏令户部及中书省印造"大明宝钞"纸币,并在民间流通行用。大明宝钞以桑穰为原料,其形制长一尺,阔六寸,青灰色,外框为龙纹花栏,上额楷书"大明通行宝钞",其内上两旁篆书"大明宝钞 天下通行"八字。钞中部画有十串一贯的钱图,其下书有告示:"户部奏准印造大明宝钞,与铜钱通行使用,伪造者斩,告捕赏银二十五两,仍给犯人财产。洪武×年×月×日"。根据现有实物,大明宝钞面额有一百文、二百文、三百文、四百文、五百文、一贯,共六等,其钞一贯准钱千文,合银一两,四贯合黄金一两。

大明宝钞发行后,大约在20余年时间里,钞值基本上是稳定的,但是随着宝钞发行数量的不断增加,至洪武二十六年以后,宝钞在一些地方开始贬值,特别是在浙、闽、广一带,民间重钱轻钞,致使钞一贯只能换易铜钱百六十文,民间开始私用金银交易。大明宝钞在开始行用时,钞一贯值米一石,至明成祖永乐二年(1404),宝钞贬值至三十贯购米一石。政府认为货币贬值的主要原因是,宝钞发行太多,且未采取有力措施加强货币回笼。于是实行"户口钞盐法",以每户大口配盐一斤,收钞一贯,小口减半。强制用配售食盐来收钞,但成效甚微。明仁宗洪熙元年(1425),又增收"门摊课程",即凡市肆开店买卖人家,均要用宝钞缴纳门摊课,但民间仍不愿用钞。至宣德八年(1433),米价每石已高达五十贯。正统九年(1444),米价又涨至每石宝钞一百贯,英宗不得不"弛用银之令",官商军民等率皆用银,"其小者乃用钱,惟折官俸用钞,钞壅不行"。天顺年间,政府重申解除不许用银的禁令。弘治元年(1488),"京城税课司,顺天、山东、河南户口食盐俱收钞,各钞关俱钱、钞兼收,其后乃改用银"。至此,政府已经放弃用银的禁令,全国各地都用银、钱而不用钞,钞法实际上已废止不行了。

此后,明代再也没有行用过纸币,天启、崇祯年间,曾有人奏请朝廷,主张恢复实行"钞法",但最终未能实行。万历年间,给事中郝敬说:"今海内行钱,惟此地一隅。自大江以南,强半用银,即北地,惟民间贸易,而官帑出纳仍用银,则钱之所行无几耳。"

明代后期,白银作为主要货币地位得以确立,也充分反映了商业贸易和对外交往的繁荣发展。但是,以嘉靖皇帝为代表的封建统治集团,顽固守旧,无心进取,抛弃改革,闭关自守,并下令浙、闽、粤三地口岸停止对外经济贸易,预示着明代政治、经济走向衰落的开始。此后,随着资本主义势力的入侵,西方"洋银"不断流入东南沿海各地,中国从封建王朝逐渐加快向半封建半殖民地化过渡。

二、对外贸易

洪武时期,明政府一方面实行海禁,另一方面为了与朝鲜、日本等国开展贸易往来,在浙江明州(今宁波市)设立市舶司。政府为了防止"倭寇"假冒日本使臣与商人,对日本实行"勘合贸易制",即日本商船队来中国,必须持有官方所颁发的"勘合"(即贸易凭证),才准许进入海域进行贸易。中日双方还协定,每隔十年贸易一次,限"人止二百,船止二艘",实际上从日本来中国贸易的船只及人员,都远远超过条约的规定,而且"贡物外所携私物增十倍"。日本商船输出的是倭刀、折扇、硫磺、铜、漆器等,中国输出的则是绸缎、布匹、陶瓷、白银、铜钱等。对外贸易扩大了两国人民的经济、文化交流。

明朝政府对于东南亚各国的来华贸易不作限制,"任其时至入贡"。永乐元年,政府"依照洪武初制,于浙江、福建、广东设市舶提举司",并不断派遣使臣到安南、占城(在今越南境)、琉球、暹罗(今泰国)、真腊(今柬埔寨)、西洋、苏门答腊等国家和地区作友好访问,邀请他们来中国进行贸易。明代对外经济贸易迅速发展表现在：双方贸易的花色品种不断增多，销售地区的日益扩大；新兴的棉织品出口逐渐成为明代对外贸易的一个主销品种；瓷器的生产出口在原有的基础上得以发展，尤其是景德镇瓷器开始兴旺，不但品种丰富，而且质量较高，出口数量亦很大。近年在朝鲜海域曾打捞起的一艘中国古代沉船上，装有大量各类瓷器，充分证明了明代中国瓷器的外销活动。此外漆器的出口也更为兴旺，仅品种就有雕漆、填漆、金漆、螺钿漆等等，其生产地区已扩大至江苏、浙江、福建、江西、湖北、云南各地。

三、郑和下西洋

郑和(1371～1435)本姓马，小名三保，云南昆阳（今昆明市晋宁县）人，回族，成祖时为太监，赐姓郑，因其幼名"三保"，故被称为"三保太监"。明永乐三年郑和奉明成祖朱棣之命，出使中国南海以西的国家和地区，称为"下西洋"。郑和率领着由 27000 多人，200 多艘船的组成船队，远航至南洋、印度、波斯、非洲东岸等处，访问了爪哇、苏门答腊、苏禄（今菲律宾苏禄群岛）、彭亨（今马来西亚一个州）、真腊、古里（今印度南部科泽科德）、暹罗、阿丹（今也门的亚丁）、天方（即阿拉伯）、左法尔、忽鲁谟斯（今阿曼湾的霍尔木兹一带）、木骨都束（今索马里摩加迪沙）等三十多个国家和地区，加深了中国同东南亚、东非的友好关系，开中外航海史上远航的先河，实乃明永乐年间的盛事。

郑和七下西洋比其他国家的航海家早了 80 多年，其船队宝船的载送量达到 1000 多吨，船队总人数多达 27000 余人，不愧是一位伟大的航海家。

第七节　北京的文化教育

北京作为明代的京城，不仅是的全国政治中心，而且也是全国文化的中心。明代的最高学府国子监，明代乡试与会试的考场贡院，以及太医院、钦天监、四译馆等机构都设在北京。

一、科举制度与教育管理机构

1. 科举考试

我国科举取士的制度自隋朝开创以来,至明代已经完善。明代的科举考试,分乡试、会试和殿试三级进行。童生(即未入学的士子)先参加州县级的考试,及格的称做"秀才"或生员,进入府州县学读书。学习成绩优秀的一二等学生,被定为"科举生员",生员才能参加省级考试乡试。乡试每三年一次,考中的称为"举人",举人才有参加会试的资格。会试在乡试的第二年举行。会试及格者,才有资格参加廷试,亦称殿试。考中的分为三甲(等),一甲只取3名,分别为状元、榜眼、探花,统赐进士及第,二甲若干名,赐进士出身,三甲若干名,赐同进士出身。民间又称乡试第一名为解元,会试第一名为会元,二、三甲第一名为传胪。乡试由布政使司主持,会试由礼部主持。凡考中进士的,统统被任命为官员。一般来说,状元大、榜眼、探花大都授翰林院编修,二、三甲考选为庶吉士,也都是翰林院官,其他或授给事、御史、主事,或授府推官、知州、知县等。未考中的举人,只授小京官或外地教职。

2. 八股文

八股文的产生经过漫长的历史过程。多数学者认为,它滥觞于北宋的经义。经义是宋代科举考试的一种文体,以经书中的文句命题,应试者作文阐明其中义理。宋代的经义虽无固定的格式,但在代圣人立言这一点上,已奠定了八股文的雏形。经义后来吸收了南宋以后的散文的一些成分,到明初确定为一种独立的八股文体。成化(1365~1387)以后逐渐形成比较严格的程式,遂演变成一种僵死的官僚式文体。此后一直沿用,直到近代戊戌变法时才随着科举制度的改革而被废除。

八股文每篇文章均由破题、承题、起讲、人题、起股、中股、后股、束股八部分组成。"破题"用两个句子说破题目要义。"承题"是承接破题的意义而阐明之。"起讲"为议论的开始。"人题"为起讲后人手之处。以下自"起股"至"束股"才是正式议论,以"中股"和"后股"为全篇的重心。在这四股中,都有两股排比对偶的文字,共计八股,所以叫做八股文。这种八股文专讲形式,文章的每个段落死守在固定的格式里,连字数都有一定的限制,人们只能按照题目的字义敷衍成文,写出来的文章自然空洞无物。明代定每三年一次会试。会试之年成千上万的考生聚集北京,从永乐十三年至崇祯十六年,共有77科,22649人。

3. 国子监

北京国子监是明代最高学府,是为皇帝培养贤达之才的教育管理机构。明代国子监有两处,除北京国子监外,还有一处设在南京。设在南京的国子监称为南监,设在北京的国子监称为北监。

北京国子监(参见图 8-6)坐落在安定门内国子监街之北,整体建筑坐北朝南,中轴线上分布着集贤门(大门)、太学门(二门)、琉璃牌坊、辟雍、彝伦堂、敬一亭等建筑。东西两侧有四厅六堂,构成传统的对称格局。明成祖永乐元年,在北京设国子监,置祭酒、司业、监丞、典簿各一员。

图 8-6 北京国子监

到北京国子监就读的学生称为监生。监生的来源有三：一是由皇帝指派的勋戚和官僚子弟，即"官生"；二是由各府、州、县地方学校选拔来的高材生，即"民生"；三是外国的留学生。国子监规制甚隆，要求监生终日学习四书五经等儒家经典，灌输孔孟之道。北京国子监为明朝封建统治阶级培养了大批人才。永乐年间在国子监的监生达万人，明朝中叶也有五六千监生。北京国子监确实是一所规模很大的高等学府。

二、皇史宬及永乐大典

我国是一个历史悠久的文明古国，历朝历代典籍颇甚多，商周时代的甲骨文和金文，秦汉时期的竹简，乃至宋元以来的纸帛文字档案，均为历史文化瑰宝。我国各朝各代都对文字档案极为重视，并妥加保存。汉代"石渠阁"收贮关中所得秦代图籍，唐代建专库保存典籍。为了查阅方便，宋元时期统治阶级很重视修撰史书，贮存档案。明代统治阶级很重视修撰史书和对自己政绩的记录，更重视史料档案文书。明世宗敕命仿照古代"石室金匮"，在京城修建皇家档案库——皇史宬。今皇史宬内珍藏着明、清两代留下来的珍贵实录，是我国宝贵的历史文化财富。

皇史宬（参见图8-7）位于重华殿西（今南池子大街南口东侧），始建于明嘉靖十三年（1534），嘉靖十五年竣工。皇史宬主殿坐北朝南，是一组结构奇特而紧凑的古建筑群。"宬"是指古代用于藏书的屋子。皇史宬为防火通体为整石雕砌的建筑，台基、墙壁均由砖石砌成，门窗、梁坊和斗拱等传统上用木料的地方，也用的是仿木石料，故称"石室"。皇史宬殿内无梁无柱，可谓建筑史上独特而完美的建造。皇史宬南北墙厚分别为2米，东西墙厚分别为1米。主殿内筑有1.42米高的汉白玉石台。在这巨大的汉白玉石台上放置着20个鎏金雕龙的铜皮樟木柜，即"金匮"。整个建筑与装具设计完美，做工精良，功能齐全，华贵耐用，既能防火、防潮、防虫、防霉，且冬暖夏凉，温度相对稳定，极宜保存档案文献。皇史宬建成后，立即启用，将编成的嘉靖皇帝以前诸帝的《实录》和《宝训》都珍藏在这些金匮中，并由司礼监太监严密保管。皇史宬在明清两代曾屡加修缮。

图 8-7 皇史宬门版匾

《永乐大典》开编于永乐元年,成书于永乐五年。这部超大型典籍由姚广孝、郑赐、解缙担任监修,陈济担任都总裁。《永乐大典》将我国自古以来所有的书籍中的有关资料,整段、整篇甚至整部抄入。据统计,当时辑录的图书达七八千种,历时长达三年之久定稿进呈,经明成祖朱棣审阅,御定书名,亲撰序文。此书总计22937卷(内目录60卷),11095册,总计约3.7亿余字,是明永乐时官修的一部中国最大的类书,也是极其珍贵的中华民族的历史文化遗产。

《永乐大典》是在南京修纂的,修成后藏于文渊阁的东阁。因工程浩大,只有原本,不曾刊录副本。明成祖朱棣迁都北京后,《永乐大典》亦随之从南京移藏在北京紫禁城体仁阁内。

《永乐大典》是明朝以前不曾有的大型类书,现存世的《永乐大典》总数808卷,中华书局影印出版797卷。

三、文学艺术

明代的哲学思想、文学艺术、史学著作都有突出的成就,出现了许多杰出的哲学家、文学家、艺术家。

李贽(1527～1602),号卓吾,又号宏甫,别号温陵居士、百泉居士等,泉州晋江(今属福建)人。二十六岁中举人,曾任南京国子监和北京国子监博士,在北京还任过礼部司务和云南姚安知府,未几辞官,讲学各地。论学受王守仁和禅学影响,公开以孔孟传统儒学的"异端"自居,反对封建传统教条,抨击时政,针砭时弊,主张"革故鼎新",反对思想禁锢。主张文学创作要"绝假还真",抒发己见,反对复古模拟,公然宣称自己的著作是"离经叛道之作",还借评点《水浒》来发泄对现实政治的不满。认为"真心"、"童心"是万物的本源。因"敢倡乱道,惑世诬民"罪名下狱,后割喉自杀以示抗议。

谈迁(1594～1657),明末清初史学家。原名以训,字仲木,号射父。明朝灭亡后改名为迁,字孺木,号观若,浙江海宁枣林人。终生不仕,以佣书、做幕僚为生。喜好博综,对明代史事尤所注心。天启元年(1621)始,以《明实录》为本,历时六年,完成《国榷》初稿。清顺治四年,全稿被窃,愤而重写。十年,探求公私著述,尤重邸报和公文等政府档案材料,校补厘定《国榷》。其他著述有《枣林杂俎》、《枣林外索》、《枣林集》、《枣林诗集》、《北游录》、《西游录》、《海昌外志》、《史论》等。《国榷》以《明实录》为本,参阅诸家史书,考证订补,取材广博,选择谨严,为研究明史的重要著作。《国榷》对清政权颇多贬责,故清朝时期无法流传。新中国成立后,经张宗祥整理校订,编为108卷,1958年由中华书局出版。

孙承泽(1592～1676)清初金石书画收藏家。字耳北,一作耳伯,号北海、退谷。山东益都人。明崇祯四年进士,官给事中。李自成克北京后,任大顺政权四川防御使。清朝入关后,任清朝吏部左侍郎、都察院左都御史。顺治十年因病退出官场,居住在宣武门外现在的后孙公园。所居园中有闲者轩、砚山斋等,内藏书法名画。顺治十一年,又在西山樱桃沟营造退谷别墅,建"退翁亭",始号"退翁",闭户谢客,潜心著述。《庚子销夏记》是这一时期所著,因成书于顺治十七年(1660)四至六月而得名。还著有《五经翼》、《春明梦馀录》、《天府广记》等书。

第八节　北京的宗教文化

明朝帝王吸收历史上宗教管理体制方面的经验,实行了多教并用的政策,比较有分寸地控制、利用宗教,既不因信奉而使其过度发展,又不因加强管理而对其造成摧残,所以明代的佛教、道教、伊斯兰教基本处于平稳发展的状态,基督教则在明朝末年再次在北京传布。

一、道教

道教在金元时期发展很快,元末在道士中出现了娶妻生子和设斋饮酒吃肉等混乱现象。鉴于元末道教的发展较滥和道士的腐化堕落,明朝政府建立了一整套管理道教的机构和制度。明朝政府在中央政府机构中设立道录司(初为"玄教院"),作为统一管理全国道教事务的最高机构。道录司为正六品衙门,隶属于礼部,分全真、正一两派,各设左、右正一至二名,正六品;左、右演法二名,从六品;左、右至灵二名,正八品;左、右玄义二名,从八品。

明王朝不仅在中央设有管理道教的机构,在地方府、州、县都分别设有管理道教的机构。在府设道纪司,都纪一人,副都纪一人。州设道正司,道正一人;县设道会司,道会一人。地方府、州、县管理道教的机构均归道录司统辖。明朝采取的这些管理道教的措施,在为维护明王朝的统治、管理道教起了一定的作用。由于明朝统治者在夺取政权的过程中曾经利用道教为其服务,所以明代历朝皇帝基本上推行了优崇道教的政策,并且利用道教为其统治服务。

白云观在明朝迎来发展的黄金时期。白云观内的三清大殿、玉皇殿、处顺堂、方丈道舍、厨库钵堂、四帅殿和山门等都是明朝修建的,规模宏大,且金碧辉煌。明正统八年(1443),明英宗朱祁镇正式赐"白云观"匾额,白云观之名沿用至今。

全真派道徒编撰的《道藏》至明代多有散佚,明英宗诏令重编《道藏》,于正统十年编成并予刊刻,名《正统道藏》。正统十二年八月十日御赐道经凡5305卷,为480函,给白云观。这部明版《正统道藏》是我国目前保存最完整的一部道家经典。

东岳庙在明朝列为钦定皇家祭祀的京师大庙之一。位于文津街的皇家道观大高玄殿,始建于嘉靖二十一年(1542)。

二、佛教

明代佛教仍以禅宗和净土宗最为流行,全国各地名僧纷纷聚集京城。明朝历 276 年,16 位皇帝,除世宗崇道外,其余诸帝在推崇宋明理学的同时皆崇奉佛教。明成祖永乐皇帝即位后,废除了建文帝"限僧、道田,人无过十亩"的规定,并亲撰神道碑文,表示自己对高僧的敬仰。明武宗朱厚照通梵文,晓佛教经典,自号大庆法王。由于明代帝王对佛教的扶植,北京佛教较快地发展起来。

明成祖永乐皇帝对西藏喇嘛教也极为重视,曾多次遣使入藏,致使藏传佛教再度东来。明成祖敕封西藏噶举派首领喇嘛哈立麻"大宝法王"称号,萨迦派首领昆泽思八为"大乘法王",宗喀巴大师当时因身体不适,便派上座弟子释迦智入京朝贡,被封为"大慈法王",从而形成了西藏三大法王的体制。释迦智在明朝曾任永乐、宣德两朝国师。明成祖永乐年间,还为藏僧在北京修建真觉寺,以供来京城的西藏喇嘛居住。真觉寺因其佛塔样式与中原之塔迥然不同,民间百姓称之为五塔寺。(参见图 8-8)

图 8-8　五塔寺

由于明成祖对喇嘛教领袖人物的尊宠和赏赐，藏传佛教在北京得以恢复发展，从而也加强了明朝中央政府对西藏地区的管理。西藏佛教以政、教双重身份隶属于明王朝，同中央政府关系十分密切。明朝政府对西藏地区的管理基本上继承了元朝政府治理区的政策即"因俗以治"，"善用僧徒"。

明朝上至皇帝、皇太后，下至太监、士庶，建寺造庙成风。明帝建寺最多者，首推神宗，其母慈圣宣文皇太后笃信佛教，而且乐于出资创建大刹，慈寿寺、慈恩寺皆为宣文太后所建。据《大明会典》统计，自太祖立国至明宪宗成化十七年(1481)前，"京城内外敕赐寺观已至六百三十九所"。明历朝大珰(当权的宦官)，无人不建寺庙，如智化寺(参见图8-9)、真空寺、成寿寺、大慧寺，皆为太监所建。有明一代，由大珰出资修复之前朝古刹更是比比皆是。明代寺庙之多真可谓前古所无。佛教的发展规模在明朝形成了一个新的高峰。到崇祯十七年明朝灭亡时，仅北京地区佛教寺庙就达1000多所。

明代北京佛教造像遗存实物很多，但整体发展已趋式微。这一

图8-9　智化寺

时期造像面相宽平,体态丰雍,装饰繁缛,表现出世俗社会崇尚富态和福相的审美标准。如碧云寺里济济一堂的五百罗汉和首都博物馆藏石叟款铜观音像,所体现出来的艺术和工艺水平是同一时期寺庙造像无法比拟的。如正统四年修建的法海寺内的壁画具有极高的艺术价值,壁画人物刻画生动,肌肉服饰都富有质感。这些壁画为明朝宫廷画士和民间画士精心绘制,至今已500多年,但色彩仍然鲜明。(参见图8-10)

图 8-10　法海寺内壁画

三、伊斯兰教

公元1368年(元至正二十八年、洪武元年)秋,明朝征虏大将军徐达和副将军常遇春率领25万明朝北伐大军攻克元大都的齐化门(今朝阳门),占领了元大都,北京地区元代修建的清真寺所剩无几。

朱明王朝虽然是以"驱除胡虏、恢复中华"兴师倒元，但是在推翻元朝的过程中，回族将领做出了突出贡献。明朝始建之初，明太祖便出面安抚穆斯林，宣示保护伊斯兰教。既御制《至圣百字赞》推崇"穆罕默德，至贵圣人"，复敕令就于南京、西安建礼拜寺，以安置自拔来归之穆斯林。明成祖也有保护伊斯兰教之敕令。明朝北京伊斯兰教稳步发展，供穆斯林进行宗教活动的清真寺也有所增多，而且还有敕建的清真寺。如悬挂在牛街礼拜寺邦克楼南侧的《古教西来历代建寺碑文总序略》，就记载伊斯兰教"节蒙皇恩，敕建北京清真寺、法明寺，或为普寿寺，或因名礼拜寺，各匾额不同"。敕赐的清真寺指的是今东四清真寺。敕赐的法明寺，就是位于今安定门内二条内的清真寺。敕赐的普寿寺，指的是建于元朝的今锦什坊街清真寺，寺内有"天启某年重修"碑和署有"崇祯岁次乙亥"之"看月楼"额。敕赐的礼拜寺即今牛街礼拜寺。除这些官寺外，还有花市清真寺、教子胡同新礼拜寺、笤帚胡同礼拜寺、三里河清真寺、二里庄清真寺、蓝靛厂清真寺和长营清真寺等等。由这些清真寺的建立不难看出，伊斯兰教在明朝统治时期较元代有了进一步的发展。

从这一时期清真寺在北京地区的数量与分布看，伊斯兰教在明朝统治时期已经由外来的宗教转化为不失伊斯兰教本色的中国伊斯兰教了。此时的伊斯兰教不但逐渐与中国社会相适应，而且与中国传统文化相交融，并且成为中国历史文化重要的组成部分。

四、天主教

天主教的再次传入中国和北京是在明朝末年。此时的西方，经历了文艺复兴运动之后进入资本主义阶段，西方基督教文明大大超越了停滞不前的东方文明。伴随着资本主义发展及西方的殖民扩张，传教士敏感地意识到，中国"与世隔绝的日子已屈指可数，不管它愿意与否，西方文明与进步的潮流正朝它涌来"。"以学辅教"是传教士来华传教的手段，护教会及西方利益是传教士在中国活动的首要任务。由于利玛窦的到来，天主教得以在北京地区传布。

利玛窦（Matteo Ricci，1552～1610）是来华的最杰出的天主教传教士,也是对中国典籍进行钻研的第一位西方学者。他生于意大利马切拉塔,19岁时立志修道,并产生传道四方之志,遂加入耶稣会。利玛窦不但知识渊博,精通天文、数学、地理、音乐、美术,而且有才识器量,善于交际。他致力研究中国文化,造诣很深,四书五经都能熟读;且通书法。利玛窦进入中国内地后,通过介绍欧洲的科学文化知识,以及馈赠含有科学文化知识的浑天仪、地球仪、日晷、自鸣钟、《山海舆地图》等物品,获得了中国一些知识分子和地方官员的好感。利玛窦深知,如果得不到中国最高统治者皇帝的庇护,他既不能在中国长久立足,合法而广泛传教就更难。1601年利玛窦和庞迪我(Diego de Pantoja,1571~1618)来到北京,通过明朝宫廷太监马堂,使万历皇帝允其留居北京传教。

利玛窦等人在中国内地发展的天主教信徒中,属于政府官员和儒士行列的最主要的代表人物是徐光启、李之藻和杨廷筠。徐光启是一个科学家和政治家,曾任礼部尚书,著有《农政全书》,和利玛窦合译《几何原本》、《测量法义》等。李之藻也是一个科学家,做过知州、太仆寺少卿,向利玛窦学习过天文、数学、地理等科学。杨廷筠和徐光启、李之藻一样,也是进士出身,曾向利玛窦学习过几何,听过利玛窦宣教。徐光启、李之藻、杨廷筠接受了天主教信仰,并成为明季中国天主教的三大柱石,这意味着利玛窦等人在中国的传教取得了成功。由于利玛窦的努力,天主教在元代灭亡后重新出现在北京地区。利玛窦在传教中发现最能引起中国人兴趣的并非基督教的"福音书",而是他带来的地球仪、三棱镜和世界地图。由于欧洲的科学技术成果着实迷人,他终于受到万历皇帝的礼遇召见,并在宣武门内赐屋居住。北京宣武门教堂就是在利玛窦创建的小教堂的基础上逐渐发展起来的,当时乃一间小堂,称"宣武门天主堂",又称"圣母无染原罪堂",建造在首善书院内,它是我国现存历史最久的天主堂。(参见图8-11)

利玛窦为了招揽京城百姓进天主教堂参观,除将圣母玛丽亚和耶稣的画像、十字架摆放在教堂圣台的中央外,还将地球仪、浑天仪、三棱镜、日晷仪、报时钟、西洋琴展放在教堂里,任人参观。他将地圆说、日大于地、月小于地、九重天说、四元行论等天文理论传入中国,

图 8-11 宣武门天主堂

并向中国科学家传授基督教推算日历的方法,还教中国科学家制造天文仪器,使欧洲天文学说在中国得到传播。传教士在向中国介绍天文学的同时,还将欧洲的医药学、解剖生理学等著作传入中国,并译成汉文出版。

明天启三年(1623)初,耶稣会传教士汤若望等人到达北京。汤若望(Johann Adam Schall von Bell,1591~1666,参见图8-12)是德国科隆人,精通天文历算,因为对月食的准确测算而受到明朝户部尚书张向达的赏识。明崇祯三年,在礼部尚书徐光启疏荐下,汤若望供职于钦天监。后来他参与了《崇祯历书》的编纂,还受明政府委托,以西法督造大炮。

图8-12 汤若望

在中西文化交流中,西方传教士起到不可忽视的作用。明末传教士在北京的传教活动与中国人接纳天主教信仰的关系,不是纯粹的布道与接受基督信仰,而是中西两种文化之间一次最重要的接触。西学的传入,使中国一些士大夫开始认识到西学之中有其优于中国之处。1605年利玛窦所辑《乾坤体义》,《四库全书》编纂者称为"西学传入中国之始"。尽管传布科学并非传教士的本意,但从客观上使中国迈开了接受西方近代科学的第一步。

在数学方面对中国影响最大的是利玛窦、徐光启合译的《几何原本》(前6卷)。《几何原本》介绍了古希腊数学家欧几里得的平面几何学,内容比中国传统几何学丰富,并具有严密逻辑结构的公理体系。

另外,传教士的《坤舆万国全图》引进明确的地圆概念,并以经纬度划分球面,对于破除中国旧有的天圆地方或地平观念有重要的意义。《坤舆万国全图》还介绍了五大洲、三大洋的地理位置,使中国人对世界有了全新的了解。

徐光启于1622年在北京宣武门教堂东面的首善书院内开办历局,与龙华民、邓玉函、汤若望、罗雅各(Giacomo Rho,1590~1638)等西方传教士推算天文,兼制象限仪、平面日晷、转盘、星球、候时钟、望远镜等,并翻译纂修历书。1629年,徐光启首次应用西方天文学和数学正确推算出日食。同年7月,礼部决定开设历局,委派徐光启负责重修历法的工作。

利玛窦等来华的传教士在传教的过程中,一方面把西方的数学、天文学、物理学、机械学、西洋绘画和西方音乐介绍到中国,同时也把中国的四书五经、茶叶、纺织、印刷、瓷器,园林建筑技术,以及中国的天文学、植物学、医药学等介绍到欧洲,使欧洲人的中国观也发生了变化。如利玛窦把四书译成拉丁文寄回国去,在欧洲产生了深远的影响。

第九节 明王朝的灭亡

明朝自英宗正统年间起,奸臣当朝,宦官专权。他们依仗权势大肆搜刮民脂民膏,对人民实行高压统治。这一切促使阶级矛盾日趋激化,京师成为这一矛盾的焦点。

一、京师刘六、刘七领导的反明斗争

明正德五年(1510)京城南霸州一带的"响马",在刘六、刘七领导下发动起义。这支起义军持续斗争两年,波及八省,先后四次逼近京城。正德六年七月,农民军先锋抵阜成门外,明廷慌忙调集京营士兵防守九门,又调延绥、宣府边兵保卫京师。最后,统治者集中大批兵力,才将起义军镇压下去。

明代后期宦官以开矿为名大肆掠夺财富,又派人向各地征商税。这种残害商民的行为始于京城,危及全国。万历年间发生了各地反对矿监、税监的斗争。万历三十一年(1603)三月,北京西郊发生了第一大规模的矿工反对矿监税使的斗争,据《明神宗实录》卷380记载:"今者萧墙之祸四起,有产煤之地,有运煤之夫,有烧煤之家,关系性命,倾动畿甸。"京西房山、门头沟一带的窑工举行示威,迫使明朝政府撤换矿监。与此同期,北方地区农民以白莲教的组织形式秘密串联,酝酿起义,对明朝统治造成很大威胁。

二、李自成起义军攻克北京城

明中叶以来,各地人民的反抗斗争犹如涓涓细流,最后汇聚成波

涛汹涌的大潮,终于在崇祯年间爆发了李自成领导的农民大起义,直捣京师,推翻了明王朝。

崇祯十七年阴历正月,李自成领导农民起义军在长安建立大顺政权。二月,李自成率数十万大军从陕西向北京进发,农民军所向披靡,破太原、取大同,进军神速,于阴历三月十五日抵达居庸关,守关总兵唐通、太监杜之秩出降,农民军占领了居庸关。次日攻占昌平和明陵,接着前锋夜渡沙河,抵达平则门(阜成门)外。

崇祯帝惊恐之极,召集文臣武将商议战守之事,私下却与近臣密商弃都南逃,并潜送太子出京。十七日,农民军包围了北京城,崇祯上朝,君臣对泣。农民军往城内射书,向明廷劝降,遭到崇祯帝的拒绝。十八日农民军向德胜门、西直门、阜成门发动猛烈攻势,战斗十分激烈,京郊农民赶来帮助大顺军运石填壕攻城。负责防攻京城的太监曹化淳被迫打开广宁(后改称广安)城门,当晚农民军占领了外城。接着向内城各门发动进攻。负责守城的明军不肯为朝廷卖命,"鞭一人起,一人复卧",京营提督李国帧已无法调度指挥。崇祯帝见大势已去,强令周皇后自尽,又亲手杀死数名妃嫔和公主。后由太监保护,企图化装突围出城,但是京城已被起义军包围得水泄不通。当他们看到正阳门城楼上悬挂三盏白灯笼时,知道情况已万分危机,无法挽救。崇祯帝走投无路,只好携心腹太监王承恩跑到万岁山(今景山)东山坡前的一株古槐树下自缢而亡。王承恩亦随其主自绝。三月十九日黎明,起义军攻入内城占领皇宫。当日中午,李自成在大队农民军簇拥下,从沙河以北的巩华城出发,经由德胜门进入内城,又从承天门进入紫禁城。李自成下令"大索帝后",发现了崇祯帝尸体。

农民起义军推翻了统治中国270多年的明王朝,第一次登上了封建王朝都城的政治舞台,这是一项重大的政治事件。李自成的大顺政权在北京只存留42天,即被镇守山海关的明军总兵吴三桂勾结关外的满洲贵族势力在山海关以北的一片石所击败,退出京师,返回关中。大顺军离京时,放火焚烧了宫殿和九门城楼。清八旗军队接踵而至,1644年阴历五月初二,清军入朝阳门,占领了北京,从此开始了清朝以北京为中心长达267年的统治。

名词解释：

靖难之役　　紫禁城　　内城　　外城　　于谦祠
袁崇焕　　郑和　　利玛窦　　国子监　　皇史宬
永乐大典　　广济寺　　天主教堂　　景泰蓝
永乐大钟　　明长城　　十三陵

思考题：

1. 简述永乐帝迁都的经过、意义及作用。
2. 简述明北京城的规模。
3. 简述北京城中的手工业情况。
4. 简述北京城的文化教育情况。
5. 简述北京城的宗教寺观。
6. 简述北京城的对外贸易及交流。
7. 简述明王朝的崩溃。

第九章　清代的京师

教学内容：使学生了解女真族的南迁到清王朝的建立，统一的多民族国家政治中心的形成与巩固，清朝京师皇家园林与王府、会馆的建置，清前期京师的经济，以及清朝的宗教与文化。

教学目的：通过本章的学习，使学生了解作为中华民族大家庭一员的满族，对清代北京城发展所起的重要作用，以及清前期京师社会结构、清朝的藏传佛教、中外文化的交流。

教学重点：清朝时期的藏传佛教和中外文化。

第一节　清王朝的建立

一、满族的兴起与清王朝的建立

女真族是满族的前身，源自3000多年前的肃慎，汉晋时期称挹娄，南北朝时期称勿吉，隋唐时期称靺鞨，一度建立渤海国。辽金时期称女真，《辽史》中也作"女直"。金朝就是女真族建立的政权。元朝以来，女真族一直居住在东北地区。明朝初期，女真族分为建州女真、海西女真、野人女真三大部。后又按地域分为建州、长白、东海、扈伦四大部分。明朝洪武帝时在东北一带设立奴尔干指司，开始着手管理女真族的各个部落。明永乐三年(1405)，建州女真部猛哥帖木儿(努尔哈赤六世祖)被授予建州卫都指挥使。永乐十四年，明朝政府增设建州左卫，猛哥帖木儿为建州左卫都指挥使。是时，野人女真部族势力强大，常南下压迫建州女真。猛哥帖木儿被杀，建州部被迫南移，最终定居于赫图阿拉(今辽宁新宾县西南)。南移后的建州女真部与明朝交往更为密切，随着其社会生产力的提高，建州女真部族的经济日益繁荣起来。

明朝后期，东北地区经历着巨大的社会动荡。由于明朝政府无力驾驭民族关系的协调与统一,也不能满足扩大边远地区与中原地区的经济联系。万历十一年(1583),建州左卫指挥猛哥帖木儿的六世孙,时任建州左卫都指挥使的努尔哈赤实现了女真各部的统一,建立了大金政权,史称其为后金,年号天命,定都于赫图阿拉(后改称兴京)。1618年(后金天命三年,明万历四十六年),努尔哈赤发布了"七大恨"的讨明檄文,起兵抗击明朝,先后攻占了辽阳、沈阳。1625年(后金天命十年,明天启五年)春,努尔哈赤迁都沈阳。

后金天命十一年努尔哈赤去世,第八子皇太极继承汗位,改元天聪。1635年,皇太极废除旧有族名"诸申"(女真),定族名为"满洲"。1636年,改大金国号为大清,称帝,改元崇德,清朝正式建立。

清朝的建立,不仅标志着满族共同体的正式形成,而且标志着清军与明朝决战的开始。崇德五年松(松指松山堡,为广宁中屯所之地,在今锦州市南)锦之战爆发,至崇德七年洪承畴被俘降清,标志着清朝与明朝在辽东的争夺基本接近尾声。

明朝末年危机四起,1644年,李自成率领的农民军攻陷北京,建立了大顺政权,明崇祯皇帝自杀。

明镇守山海关的大将吴三桂腹背受敌,迫于情势,邀请大清朝摄政王多尔衮入关"平贼"。李自成军没有估计到清军的到来,仓促撤出北京。清军攻占北京,摄政王多尔衮迎请顺治皇帝入京。1644年大清朝顺治皇帝从盛京迁都北京即皇帝位,告天祭地,颁诏全国。

二、多民族国家的政治中心形成

清定鼎北京以后,为了赢得全国的统一,扩大其政权的统治基础,笼络汉族地主阶级,除了礼葬崇祯皇帝外,还对明朝宗室以及宫中嫔妃采取恩养政策。

从清顺治皇帝定鼎北京,至康熙二十二年(1683)统一台湾,清政府先后灭掉明朝残余势力、攻克大顺军据点,平息了"三藩之乱"和蒙古准噶尔部的叛乱,巩固了统一的多民族的国家。

清朝政府为了进一步巩固祖国的统一,不断加强和完善对西藏和藏传佛教(亦称喇嘛教)的管理。清历代统治者都把对喇嘛教的扶持作为清政府整个统治方针的重要组成部分,乾隆帝曾直言不讳地说:

"兴黄教即可以安众蒙古。"(《喇嘛说》,见雍和宫四体碑)清政府兴喇嘛教是为了安定蒙藏边陲之地,以达到巩固中央集权之目的。

顺治九年(1652)五世达赖喇嘛阿旺·罗桑嘉措到达北京。清政府为了表示对他的尊重,特意在京城修建了喇嘛寺庙西黄寺,作为五世达赖在京城期间的驻锡之所。顺治十年,顺治皇帝赐五世达赖金册、金印,赐封达赖喇嘛为"西天大善自在佛所领天下释教普通瓦喇怛喇达赖喇嘛"。达赖喇嘛的封号从此正式确立,藏传佛教格鲁派历世达赖喇嘛转世都必须经中央政府册封始成为定制。

康熙五十二年(1713),康熙皇帝册封五世班禅罗桑意希为"班禅额尔德尼",令其掌领后藏教务,从而正式确定了班禅的封号和政教地位。清政府这一举措不但加强了清王朝中央政府对宗教事务的统一管辖,也分散和削弱了以达赖喇嘛为首的神权势力及其对蒙古地区的控制和影响,使北京成为藏传佛教的中心。

清朝中央政府为了防止藏传佛教在活佛转世过程中可能产生的各种弊端,乾隆五十七年(1792),确立了"金瓶掣签"制度。从此,"金瓶"便成为中央政权在蒙藏地区的象征。

清政府历经努力,巩固了多民族的国家,增强了祖国的统一,京师北京成为全国各民族的政治中心,为促进各民族间的经济发展和文化交流,发挥着中枢的作用。

三、清中央机构以及北京地区的行政机构

1. 清朝中央机构

"清承明制",清初几乎全部承袭了明朝的政治制度,而且有所发展。清初仿明制设内阁、置六部。清廷的六部为吏、礼、兵、刑、工、户六部,执行皇帝和军机处的命令,分做各项政务;设都察院,作为监察机关;设理藩院,负责少数民族和喇嘛教事务,以及涉外事务;设内务府,管理皇家的一切生活事务。此外,清廷还设八旗都统衙门,分管各旗事务。

清初保留了清朝入关前的"议政制"。"议政王大臣会议"与八旗制严重影响清朝君权的集中与巩固,故雍正年间设置军机处,逐步取代了满族贵族议政的制度,从而削弱了内阁承旨出政的权力。

军机处位居中枢,由皇帝挑选亲信担任军机大臣,标志着军权由皇帝独揽,进一步加强了清朝中央集权统治。

清朝末期,中国沦为半殖民地半封建国家,京城机构变化频繁。咸丰十一年(1861),在东堂子胡同设立总理各国事务衙门(光绪二十七年改为外交部),掌管对外事务,并开始兴办"洋务"。

光绪年间,始设民政部。(参见图9-1)

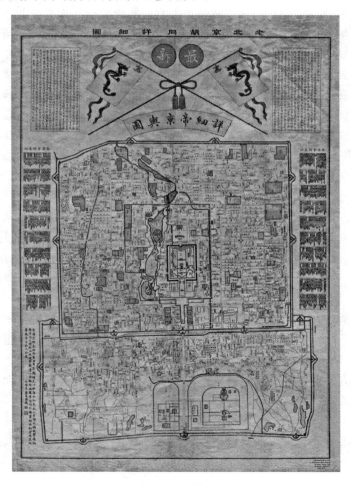

图9-1 老北京地图

宣统元年宣布预备立宪,相继成立资政院、宪政处。同时改户部为度支部,改兵部为海军部、陆军部、军咨府,改刑部为法部,改工部为农工商部,改大理寺为大理院,改理藩院为理藩部,并增学部、邮传部。

2. 清代北京城的行政设置

清朝定都北京,沿用明代旧城,总体布局无何改变。京城街道大体如旧,只局部改制,并市政管理上有所改建。例如在皇城前中央官署集中的地区,内皆为民居;又将三法司(刑部、都察院、大理寺)迁于皇城前之右,即明代后军都督府与锦衣卫等所在处,从而改变了皇城中央官署左右对称的布局。

在市政管理上,清初废除了内城坊制,并一度规定内城由满族旗人居住,属八旗管辖。外城主要由汉族人民居住,原来内城汉官商民亦皆徙居外城。外城仍然按照明制设坊管理,但将前明八坊合并为东、西、南、北、中五城。清初对北京内外城住户按民族的不同加以区分,其是一种民族歧视的措施,后逐渐废弛。

清代的京师及近畿地区的行政区划分为京师、京县和顺天府。京师一般指城区,京县指的是大兴和宛平两个县,顺天府除了辖有两个京县外,还包括京师周边地区二十二个州县,共划分为西路厅、东路厅、南路厅和北路厅四个厅。四个厅所辖区域为涿州、良乡、房山、通州、蓟州、昌平州、顺义、怀柔、密云、平谷,三河、宝坻、香河、保定、大城、固安等地区。

清代北京的地方行政机构由顺天府、九门提督、五城御史三部分组成。顺天府衙署在地安门外鼓楼东,下辖大兴、宛平县,职能是掌管"京畿治理"、"刑名钱谷"等民政事务。

九门提督负责京师内九门的守卫警戒。官员为满族亲信大臣正二品武职。清代京城实行宵禁,九门提督署下的军卒分定街道,轮班巡逻。

五城御史隶属都察院。京城分东西南北中五城,每城设满、汉御史各一人,主要任务是保障京城治安。

第二节 紫禁城、皇城、皇家园林、王府

清朝自定鼎燕京后,一切沿用明朝原有的城池和宫殿,除局部加以维修和扩建外,基本上维持原状。但清朝修建的畅春园、圆明园、颐和园等皇家园林,以及王府都是中国建筑史上的杰作。清代是中国城市建设、园林建设史上的一个辉煌时代。

一、紫禁城

紫禁城是清朝皇帝居住的地方,也是清朝至高无上的皇权的象征。明末的紫禁城宫殿因被李自成农民起义军焚毁过半,清顺治皇帝定鼎北京后便开始修缮与扩建,由于工程浩大,进展迟缓,直至康熙二十五年(1686)才基本完成。其后又屡经增建和维修,至嘉庆年间,清紫禁城规模始定。

清代的紫禁城与明代相比没有太大的变化,只是经过几次大规模的修缮。不同的是清代紫禁城北门改名为神武门,其余三门名称仍沿用明朝时旧称。紫禁城主体建筑前朝三大殿改称为太和殿、中和殿、保和殿。顺治皇帝时听政于太和门和太和殿。太和殿为清朝设朝之处,凡逢国家重大典礼,如朝会、赐宴、命将出师及任命重臣等,均于此举行。太和殿后为中和殿,升朝之前,先于此接见内阁及各部大臣。出祭太庙、社稷之前,亦在此准备。中和殿后为保和殿,为宴请外宾、举行殿试之所。

清朝后廷内宫仍沿用明时宫殿,后宫三大殿为乾清宫,交泰殿和坤宁宫。乾清宫为清朝皇帝召见大臣之处,交泰殿存放御玺,坤宁宫为帝后寝宫。坤宁宫后为御花园。花园北侧为钦安殿,祀元天上帝。后即是紫禁城的北门神武门。后廷两侧仍为东、西六宫,为帝后嫔妃起居、生活之处。

西六宫南侧的养心殿如旧,为听政颐养之便殿。东殿为清末垂帝听政处。西殿为"三希堂",藏晋王羲之快雪帖、王献之中秋帖、王珣伯远帖。前朝两侧,文华殿与武英殿东西并列如旧。前朝内廷之间,东侧有奏事所,西侧有军机处。有清一代,紫禁城内主要新建筑

如下：

毓庆宫、惇本殿，康熙十八年(1679)建；

咸安宫，康熙二十一年(1683)建；

宁寿宫，康熙二十七年(1688)建；

斋宫，雍正九年(1731)建；

建福宫，乾隆五年(1740)建；

乾清等门直库，乾隆十二年(1747)建；

寿安宫，乾隆十六年(1751)于明咸安宫旧址改建；

东华门北琉璃门，乾隆二十四年(1759)建；

文渊阁，乾隆三十九年(1774)建。

紫禁城东北隅之养性殿、乐寿堂、颐和轩等殿堂和乾隆花园，西北隅之重华宫、延春阁和西花园，以及慈宁宫、西寿康宫等，亦系清代新建或改建。

清代的宫廷制度与生活与明代相比，发生了重大的变化。清朝统治者在入住明朝宫室的同时，全盘接受了明后宫役的太监，但有鉴于明代阉寺干政的教训，为防止太监干预朝政，自清初便颁布了种种制裁措施，来约束太监的行为。如顺治十二年(1655)六月立铁牌于交泰殿，强调阉寺中"但有犯法干政、窃权纳贿、嘱托内外衙门、交结满汉官员、越分擅奏外事、上言官吏贤劣者，即行凌迟处死，定不姑贷"。这道铁牌成为有清一代禁止宦官干政，世遵勿替的家法。康熙皇帝即位后，还专门设立了管理太监的机构敬事房。乾隆皇帝颁诏明谕："我朝家法，太监只供使令，从不许干涉政务，至于外廷臣工，尤当禁绝往来。"《清会典事例》的《太监事例》中有"禁令"一项，列举了自顺治皇帝以来诸皇帝为约束太监而下的各种诏谕。

清朝还成立了内务府，执掌"宫禁之治"。清朝宫廷制度规定：皇帝的后妃，以及皇帝近支宗室的福晋，必须由八旗女子中挑选。

清朝宫廷生活的另一个变化，是清朝宫廷建立了独立的皇室财政系统，皇室通过内务府来从事经商、典当、放债等活动，改变了明朝宫廷所需皆"俱派民间"的做法。

清朝宫廷的家臣制度，独立的皇室财政体系，以及对太监的种种规定，都起到了加强清朝君主专制统治的作用。

二、清皇城

清皇城同明皇城没有区别,仍设四门,只是将明皇城南门改名为天安门,明皇城北门改名为地安门,余两门仍旧。天安门外广场及长安左门、长安右门亦如旧,唯大明门改称为大清门。天安门内由端门至午门以及太庙与社稷坛,俱仍沿用明朝旧制。

清代除了在皇城内的宫城有所修缮外,景山、西苑两处也有所增益。

前明地安门内的万岁山,又称煤山,顺治十二年(1655)六月改名为景山。乾隆十四年(1749)扩建景山,改建寿皇殿于景山中峰以北。景山山上五峰并列,明代时景山诸峰只有磴道,别无亭阁,清乾隆十六年在景山并峙的五峰之上各建一亭。景山正中主峰上修建了万春亭,因其位于全城中轴线上的制高点上,故规模最大,三重檐,四角,黄琉璃瓦铺顶。靠近主峰的东峰上建观妙亭,与之对称的西峰上建辑芳亭,都是重檐,八角,绿琉璃瓦铺顶。最外侧的是两小山峰,东侧的小山峰上建周赏亭,西小山峰上建富览亭,都是重檐,圆形,蓝琉璃瓦铺顶。景山东、西四亭两相对称,而主峰上的万寿亭则是北京中轴线上的最高点。

皇城西苑内若干宫殿,如玉熙宫、清馥殿、万寿宫、兔儿山和旋坡台等,或废除,或改建,变化颇大。

清朝皇城东南隅为前明小南城(南内)重华宫,康熙皇帝改建为玛哈噶喇庙。玛哈噶喇庙附近明代修建的皇史宬予以保留。

清朝皇城与明代不同的是清皇城东安、西安、地安三门内均允许居民迁内居住,前明的内官各衙署所在地的大部都转变为居民居住的胡同。如内官监胡同、织染局胡同、酒醋局胡同、惜薪司胡同等都为居民居住的所在。

清朝皇城内水系较明朝无甚改变。太液池"三海"之别称虽然始于明朝,但至清朝时期才渐渐流行起来。由于清朝在三海周围和西苑地区不断进行修缮与增建,使园林景色益加秀丽多姿。顺治八年,在琼华岛上修建了藏式白塔。白塔前修建的永安寺,系明代广寒宫旧址。清朝修建的白塔巍然耸起于湖山之上,使北京城更为瑰丽壮观。

三、皇家园林

清代北京园林建筑达到了中国古典园林艺术的顶峰。举世闻名的圆明园不仅是中国园林建筑最辉煌成就的典范,而且是世界上无与伦比的园林建筑的奇珍。

早在康熙年间,清廷便在北京西郊大规模营建行宫,三山五园是北京西郊一带皇家行宫苑囿的总称。北京西郊层峦叠嶂、湖泊罗列、泉水充沛、山水衬映,具有江南水乡的自然景观。因此,历代帝王皆在此地营建行宫别苑。早在辽金时期,北京西郊地区就成为北京风景名胜之区。

清朝时期西郊地区成为朝廷行宫所在。乾隆时为增加玉河水量以满足京城用水的需要,同时也是为防洪和发展西郊水稻的生产,曾大规模整治西山水系。随着西郊河湖水系的改善,也为在西郊营建皇家园林创造了条件。清代皇家行宫苑囿——三山五园兴建于清康熙年间,兴盛于乾隆时期。

三山五园中的三山指的是万寿山、香山、玉泉山,五园通常指静宜园、静明园、清漪园(颐和园)、畅春园和圆明园。

圆明园并非是一处园林,它还包括与其毗连的长春园和绮春园(同治年间改名为万春园)。

1. 圆明园

满族人世代繁衍生息在东北黑龙江流域,清朝统治者入关以前,在东北过着游牧的生活,那里气候湿润、凉爽。入关后,对北京盛夏干燥炎热的气候很不适应,自康熙年间起便在北京西郊地区修建园林避暑,这种修建工程延续了二百多年之久。

圆明园原是明朝皇亲国戚的一座废园,康熙四十八年,皇帝将其赐给第四子雍亲王胤禛(即后来的雍正帝),并亲题园额"圆明园"。按照胤禛的解释,圆明园的取义是:"圆而入神,君子之时中也。明而普照,达人之睿智也。"康熙年间的圆明园只是一座皇子的赐园,雍正皇帝即位后,进行了扩建。乾隆皇帝即位的时候,清王朝政权巩固,特别是经济得以恢复并迅速发展,为乾隆皇帝大兴土木提供了物质基础。乾隆皇帝将圆明园与长春园和绮春园连成了一片,并且调整了园林景观。后又经嘉庆、道光、咸丰朝的修缮,自始建之时算起长达一百多年的修建。圆明园是清代一座大型的皇家园林,兼有御苑和宫廷两种功能,所以自雍正皇帝始,乾隆皇帝、嘉庆皇帝、道光皇帝和咸丰皇帝不仅在圆明园中长期居住,而且还在圆明园处理朝政,举行庆典等。这使圆明园的重要性超出了一般的离宫,成为仅次于紫禁城的政治活动中心,故圆明园在清朝有"御园"之称。

圆明三园占地 5200 亩(约 350 公顷),平面布局呈倒置的品字形。圆明三园共有 150 余处园中之园和风景建筑群,有著名的圆明园 40 景,后又增加 8 景,长春园和绮春园各有 30 景,每一景大多由楼台殿阁、廊榭山石组成,构思巧妙,景色宜人。其中最著名的有上朝听政的正大光明殿,祭祀祖先的安佑宫,举行宴会的山高水长楼,模拟《仙山楼阁图》的蓬岛瑶台,再现《桃花源记》境界的武陵春色,江南的名园胜景如苏州的狮子林,杭州的西湖十景,也被仿建于园中。还有欧式建筑西洋楼,宏伟而奇特的喷泉,应有尽有。圆明三园中的建筑形式变化万千,园林设计与布局生动灵活,其营造集中体现了我国人民在建筑艺术上的高度智慧和创造才能,是我国古代造园艺术之精华。乾隆皇帝将圆明园喻为"实天宝地灵之区,帝王豫游之地,无以逾比"。圆明园在世界园林建筑史上也享有盛名,被世界誉为"万园之园"。法国大文豪雨果评价圆明园说:"你只管去想象那是一座令人心神向往的、如同月宫的城堡一样的建筑,夏宫(指圆明园)就是这样的一座建筑。"一位法国传教士赞美地说:"圆明园者,中国之凡尔赛宫也。"并且把圆明园这座东方的夏宫与希腊的帕特农神殿、埃及的金字塔和罗马的斗兽场并提。

圆明园不仅集中了我国园林艺术的精华,是当时世界规模最宏伟、建筑最富丽的艺术博物馆,而且富集难以数计的古玩字画珍品等文物,堪称人类历史上收藏最为丰富的文化宝库。雨果曾说:"即使把我国(法国)巴黎圣母院所有的全部定物加在一起,也不能同这个规范宏大而富丽堂皇的东方博物馆媲美。"据目睹过圆明园的西方人描述,"园中富丽辉煌之景象,非予所能描色揣测,亦非欧洲人所能想见。"圆明园"各种宝贵的珍品,均积聚于此皇家别墅,千门万户之中"。上等的紫檀雕花家具、精致的古代碎纹瓷器和珐琅质瓶盏,织金织银的锦缎、毡毯、皮货、镀金纯金的法国大钟、精美的圆明园总图、宝石嵌制的射猎图、风景人物栩栩如生的匾额,以及本国其他各种艺术精制品和欧洲的各种光怪陆离的装饰品,应有尽有。

令人痛心的是,圆明园如今已成为废墟,肇事的罪魁祸首就是英法联军。

1860年(咸丰十年)第二次鸦片战争时,英法联军用武力逼迫清朝政府投降,并攻入北京,十月六日占领了圆明园。

英法联军在圆明园大肆抢劫后,英国公使额尔金、英军统帅格兰特以清政府曾将英法被俘人员囚禁在圆明园为借口,下令纵火焚烧了圆明园。圆明三园经过这场浩劫,损失无法估量。

浩劫十三年后,即同治年间(1862~1874),慈禧太后曾力图重修圆三明园,后因财政困难,被迫停止。1900年八国联军侵入北京后,圆明园再一次遭到破坏。

圆明园遭毁坏后,长期无人管理,残留的建筑继续遭受破坏,致使地面几无留存,若干建筑遗留物被移到别处,碑石被拆去垒猪圈等现象,在附近时有所见。幸好,圆明园遗址作为废园,没有在这里修建新的大型建筑。近30年来,东区有非恢复性的部分修建,西区一直保留残址。圆明三园没有在废墟上重建,其历史价值并不亚于北京现存的任何一座古代建筑,圆明园里的一砖一石都是历史的见证。1979年圆明园遗址被列为北京市重点文物保护单位。如今圆明园遗址已辟为遗址公园,成为北京近郊一座供人游览的好去处。

2. 颐和园

颐和园是清朝修建的一座揽湖山之胜,又兼有庭院特色的皇家园林。颐和园原名清漪园,是清代著名的"三山五园"中最后兴建的一座园林。光绪十四年改名为颐和园。

颐和园的修造充分体现了中国传统造园艺术特色,巧妙地利用了天然的山水环境,使园内不同风格的建筑群自成一格,既充满了自然之趣,又饱含着中国皇家园林的辉煌富丽的气势,收到了"虽由人作,宛自天开"的艺术效果。

颐和园由万寿山、昆明湖两大部分组成,占地面积达4350亩

（290多公顷），其中水面约占四分之三。园内建筑以雄踞万寿山的佛香阁为中心，山前山后，湖畔湖中，因地制宜地点缀不同形式的殿、堂、楼、阁、榭、亭、台、廊、桥。优美的自然景色、巧夺天工的园林、杰出的建筑艺术，使颐和园成为享誉世界的名园。

万寿山原名瓮山，因其形状像瓮而得名。这个名称早在元代之前就有了。瓮山的南面地势低洼，附近的玉泉、龙泉的泉水都流到这里，便形成了一个湖泊，人们称它为瓮山泊或大湖泊。元朝时，瓮山诸泉和白浮之水成为通惠河的水源。到了明朝，瓮山泊的周围开辟成水田，种植了荷、蒲、菱、芡，瓮山上还兴建了寺庙，使其成为北京西郊风景区。文人墨客将瓮山泊称之为西湖。

据记载：清乾隆十五年（1750）才开始对颐和园（清漪园）进行修缮，至乾隆二十九年（1764）竣工，历时十五年。乾隆十六年（1751），乾隆皇帝的生母钮钴禄氏六旬大庆。为了祝寿，乾隆皇帝改西湖为昆明湖，改瓮山为万寿山，并修建了大报恩延寿寺。是年七月，清漪园的名称正式出现了。从文献资料来看，清漪园的规模比后来的颐和园大的多。但是清漪园的整体布局、园林建筑与今天的颐和园大体相似。

清漪园与圆明园的命运一样，在第二次鸦片战争中被英法联军焚毁。咸丰十年（1860）英法联军进犯北京，十月六日占领了圆明园。从第二天开始，英法联军官兵就成群结伙疯狂抢劫圆明、畅春、清漪、静明、静宜等皇家园林，十月十八日将圆明、畅春、清漪、静明、静宜等皇家园林一起纵火焚烧。经过这场浩劫，清漪园内的珍宝被洗劫一空。"玉泉悲咽昆明塞，唯有铜犀守荆棘。青芝岫里狐夜啼，绣漪桥下鱼空泣。"这就是清漪园被英法联军焚毁后凄凉景象的真实写照。

清代帝后虽然喜欢园居，但是三山五园被英法联军焚毁后，慈禧太后和光绪皇帝也不得不住在紫禁城里。光绪十一年（1885），慈禧太后借办海军的名义修治清漪园。光绪十四年慈禧太后以光绪的名义发布上谕，将清漪园工程公开，取"颐养冲和"之意，改清漪园为颐和园。颐和园修缮后，慈禧太后便在颐和园居住。园中的仁寿殿是慈禧太后与光绪升朝理事接见大臣、进行政治外交活动的主要场所，而乐寿堂、玉澜堂、宜芸馆等庭院则是慈禧太后、光绪及后妃们居住的地方。

万寿山和昆明湖构成基本框架,其中佛香阁、长廊、石舫、苏州街、十七孔桥、谐趣园、大戏台等都已成为家喻户晓的代表性建筑。巍峨高耸的佛香阁八面三层,踞山面湖,统领全园。蜿蜒曲折的西堤犹如一条翠绿的飘带,萦带南北,横绝天汉,堤上六桥,婀娜多姿,形态互异。万寿山前正中央是碧波万顷的昆明湖,湖面上是连接着岛屿上三座鼎足而立的涵虚堂、藻鉴堂、治镜阁的十七孔桥,寓意着神话传说中的"海上仙山"。

与前湖一水相通的苏州街,酒幌临风,店肆熙攘,仿佛置身于二百多年前的皇家买卖街。谐趣园则曲水复廊,足谐其趣。在昆明湖湖畔岸边,还有著名的石舫,惟妙惟肖的铜牛,赏春观景的知春亭等景点建筑。颐和园的建筑重廊复殿,层叠上升,贯穿青霄,气势磅礴。不难看出,颐和园是我国比较完整地保留到现在的一处古代皇家园林。

颐和园的历史与我国近代史上发生的一些重大政治活动密切相关。光绪二十六年,八国联军进入北京城之后,再次侵入颐和园。园中许多建筑被焚毁,珍贵文物被抢劫,园中的无头佛像就是八国联军砸毁的结果。

新中国成立后,这座皇家园林获得新生,成为供广大人民休闲娱乐的公园。

四、宗室封爵制度与王府

1. 宗室封爵制度

清代宗室是满族贵族,系指满族爱新觉罗氏家族。按照清朝祖制,以显祖(努尔哈赤之父塔克世)本支为宗室,以其伯叔兄弟之支为觉罗。其实,清朝宗室、觉罗出自天横一派,只不过世系有远近之分。

清朝定鼎北京后,在沿袭前明制度的基础上,总结了历代封藩的利弊后认识到:"封而不建,实万祀之不易之长法。"(《清朝文献通考》)清代的封爵制度始自皇太极,但真正形成比较系统的制度是在定鼎北京之后。

清代宗室的封爵共有十四等,即:和硕亲王、世子、多罗郡王、长子、多罗贝勒、固山贝子、奉恩镇国公、奉恩辅国公、不入八分镇国公、不入八分辅国公、镇国将军、辅国将军、奉国将军、奉恩将军。一般王爷是世降一等,降至镇国公再世袭。受封的宗室子孙的生活,完全仰仗朝廷的财政开支以及皇室土地的分拨。特别是皇子分封为王公后,除了享受朝廷给予的俸禄和庄园外,还要按照爵秩从皇庄拨给人丁,还可以役使太监,王府还可以设有护军等。

清朝初期本没有考封制度,有爵位者的后代人人都可以受封,而且授予的爵位也较高。自贝勒以下,虽然无世袭原爵位之说,但其诸子均可降一级封爵,而且没有人数的限制。按照清廷的规定,宗室贵族的子孙年满十五岁,便可坐享爵位的加封。皇帝的儿子年满十五岁,就要由皇帝钦定爵位,分旗赐第,离开皇宫去独立生活,这就是常说的"分府"。鉴于自秦朝实行封爵制度以来的历代分封裂土分权的弊病,清代分封诸王不设郡国,而是把诸王全部留在京城,从而形成了清代封王、赐建府邸和陵寝的制度。由于清朝历代皇帝册封的皇子、皇孙逐年增多,北京内城的王府也就相应的多起来。清朝对京师王府规制有明确的规定,如亲王府制:基高十尺,外周围墙。正门,广五间,启门三。世子府制:基高八尺,正门一重。郡王府制:与世子府同。贝勒府制:基高六尺,正门三间,启一门。贝子府制:基高二尺。上述清代王府规制在清朝初期始终是奉行不悖的,很少有违制现象发生。

2. 王府

清代的王府遗存不少,据北京市文物部门的统计:北京城保存下来的王府达60余座,其中的恭王府是保存最完好的清代亲王府。

恭王府始建于乾隆四十一年(1776),最初是乾隆宠臣大学士和珅的邸宅,嘉庆四年(1799)和珅获罪,邸宅入官,嘉庆帝将其一部分赐给其弟永璘,是为庆王府。咸丰元年(1851),咸丰皇帝将庆王府收回,转赐其弟奕䜣,是为恭亲王府。咸丰、同治年间曾整修,并在府后添建花园。据《宸垣识略》记载:恭王府原在地安门东大街东端。咸丰二年(1852),当时的恭亲王奕䜣以咸丰亲弟弟的身份,把王府迁到什刹海西侧的一座大府第中。同治年间,奕䜣对府第进行了大规模的翻建,形成了现在的格局。恭王府坐落于风光秀丽的什刹海地区,四面环水,被认为是"风水宝地"。

位于北京前海的恭王府,是一处典型的王府,有"什刹海的明珠"之称。清代王府有严格的规制,规定亲王府有大门五间,正殿七间,后殿五间,后寝七间,左右有配殿,形成多进四合院。恭王府的建置严格遵循了清朝修建王府的规制,由府邸和花园两大部分组成。恭王府府邸建筑布局规整,分为东、中、西三路,均为多进的四合院,是世界最大的四合院。王府的正门五开间,门前蹲着一对石狮,显出王府的尊严与气派。进王府门后即可见一块高5米,形态独特的太湖石,称做独乐峰。中路的三座殿堂是府邸的主体建筑,一是大殿,二是后殿,三是延楼。延楼东西长160米,有40余间房屋。东路和西路各有三个院落,和中路建筑遥相呼应。恭王府坐落在中路轴线上的建筑殿堂,都覆以绿琉璃瓦和琉璃屋脊、吻兽,两厢配殿则覆以灰筒瓦。三路建筑的后边是后罩楼。后罩楼中部偏西一间的下层开有一个过堂门,直通恭王府的后花园。

位于王府府邸后罩楼后的花园名萃锦园,占地约3万多平方米。恭王府花园入口处是一座汉白玉石拱门,上题"静含太古"。"秀挹恒春"中的静和秀是王府主人追求的境界。花园东、南、西三面被马蹄形的土山环抱着,园中景物别致精巧,且独具特色。

整座恭王府建筑规模宏大,府邸及花园设计富丽堂皇,既体现了王府建筑规制,又有其自身特色。恭王府斋室轩院曲折变幻,风景幽深秀丽,加以昔日有碧水漾洄并流经园内,更是色彩斑斓。恭亲王调集百名能工巧匠添置山石林木,融江南园林与北方建筑格局为一体,并且将西洋建筑及中国古典园林建筑巧妙地结合起来。恭王府不仅是中国古典园林建筑的杰作,而且是世界宝贵的文化遗产。

第三节 北京的四合院和会馆

一、四合院

北京城内的民居是城市职能建筑中数量最多、分布最广的一种,四合院又是老北京城市建筑文化特征中最具典型的代表。四合院是北京传统的住宅形式,在各地的民居中也被广泛使用。从全国来看,北京的四合院形制规整,房屋宽敞开阔且阳光充足,视野广大,是名副其实的四合院。

北京民居之所以被称为四合院,主要是因为四合院的住宅由东、南、西、北四个方向的房屋围合而成为一个矩形的庭院。四合院中北面的房子为正房,东、西两侧的房子为厢房,南面的房子为倒座房。四合院的正房冬暖夏凉、为主人居住之用,正方与东、西厢房之间一般由抄手游廊连接,抄手游廊既是供人行走的通道,又是供人休憩的场所。

北京四合院规模有大有小,相差悬殊。有的是一进四合院;有的是由两个院落组成,即为两进四合院;还有的是由三个院落组成,即为三进四合院;王府宅第可多达七进和九进院落,而且除中路主院外,两侧还有东西跨院,院落重叠,前廊后厦,真可谓是院内有院,院外有园,院园相通的"深宅大院"。

北京民居四合院的形成可以追溯到元朝。在元大都最初的规划中,城市布局既承袭了北宋以来开放的街巷式传统,又兼顾了城内河、湖水系的特点。根据《周礼·考工记》匠人营国所载方城之内"九经九纬"的道路系统,确定了元大都东西干道与南北干道相互正交的基本框架。干道之间众多小街道的设计,主要采取东西走向,即平行于东西干道,而垂直于南北干道,并且做近乎等距离的排列。这些小巷被称作"火疃",即后来北京人说的"胡同"。这个词可能是借自蒙古语 Hud-dug,即水井的意思。这一布局的结果,最有利于沿着各条胡同的南北两侧安排兴建民宅。

元大都建城之初,规定居民自金中都旧城迁入新城,要按统一规定的"以地八亩为一分(份)"宅基分配建房,而且必须是有财力充分利用这一份宅基进行建房的住户,才准予迁居新城。据《元史·世祖本纪》记载:至元二十二年(1285)二月壬戌,元世祖忽必烈诏:"旧城居民之迁京城者,以赀(资)高及居职者(注:有钱人和在朝中做官者)为先,仍定制以地八亩为一分(份),其地过八亩及力不能作室者,皆不得冒据,听民作室。"1969 年北京市拆城墙修建地铁时,在北城墙基址下发现了元代住宅遗址。据考古学专家推测,元大都的民宅建筑形式介于唐宋与明清之间,但四合院的框架雏形和功能已经出现,是北京四合院建筑的前奏。明灭元后毁掉了元大都,又未见文献相关记载,故至今不详元代"八亩方宅"的具体形式。

明代北京民居沿用了元代四合院的形式,但明朝对四合院的建造有严格的规定。明朝规定:一、二品官员宅第的厅堂五间九架,三品至五品厅堂五间七架,六品至九品厅堂三间七架,不许宅院前后左右多占地,或构筑亭馆开挖池塘。庶民庐舍不过三间五架,不许斗拱饰彩等。明代以家庭为单位的封建宗法观念比较鲜明,具有私密性很强的四合院建筑自然得到人们的认同而发展起来。这个相对封闭的四合院环境给了居住在京师的人以很强的安全感。

清朝定鼎北京后,完全继承了明代的紫禁城宫殿、坛庙、王府和民居。文献记载,清代王府多袭明代勋戚之旧。这说明清朝统治者把明朝的北京城全盘继承了下来。清代北京的居住建筑继承和发展了四合院。目前北京遗存的主要是清代的四合院。清代所建的四合院住宅生活设施比较完备,不受宅制限制,开间数、屋顶形式、大门颜色装饰等都较自由。

北京的四合院不仅是京城百姓的民居,而且是北京文化的物质载体。北京标准的四合院是坐北朝南,多为南北长,东西短的矩形庭院。大门是北京四合院的重要组成部分,它凸显出宅主的社会地位。明清两代对北京四合院大门形制与门饰都有严格的规定。

四合院之所以能在北京发展完善,并形成一种代表性的民居建筑,与北京的自然环境和社会文化密切相关的。北京地处华北地区,民居的最主要功能是解决冬季的防寒与保温问题。北京的四合院多坐北朝南,且门向南开,冬天可避开凛冽的寒风,夏天则可迎风纳凉。所以北京有句俗语:"有钱不住东南房,冬不暖,夏不凉。"一语道出北京冬天寒风从西北来的自然气候。由于北京四合院的院落比较宽敞,冬天有利于接纳更多的日照,夏天有利于通风,很适合居住。

老北京四合院里常常栽种柿子树、石榴和无花果,取多子多孙之意,而且在四合院中央还常常摆上一个或几个很大的鱼缸。鱼缸既达到观赏的效果,还预示着"家里有馀",同时还可以调节空气,起到防火的功效。不过,北京人很忌讳在四合院里种桑树、梨树、松树和柏树,故有"桑梨松柏槐,不进府王宅"的说法。北京四合院经元明清三朝的发展与逐渐完善,形成了今天特有的京味风格。北京的四合院不仅是民居,而且是北京地域人文风貌的象征,它充分地体现出北京人长期以来形成的价值观和生活方式。

二、会馆

会馆始于明代,而以京城会馆开其先河。在明朝中叶,至晚在嘉靖年间,京师内外城即已建有各省会馆。明初会馆最初是为了解决在京朝官以及朝觐官员的居住问题而修建的。明大学士朱国祯记载曰:"汉时,郡国守相置邸长安,唐有进奏院,宋有朝集院,国朝无之,惟私立会馆。"可见明朝会馆最初具有为京朝官提供住处的功能,相当于汉代设于京城专供进京朝觐官僚居住的郡国公邸。《湖广会馆馆志·后记》记载:"京师之有会馆,昉于汉之郡邸。"明朝京师会馆的功能有两个,一是为进京朝觐官提供一个临时的栖身之地,即"京师之有会馆,犹传舍也"。二是为进京赴试的士子提供馆舍,即"公车岁贡士是寓"。

清朝京师的会馆较明朝有进一步的发展。乾隆年间的《水漕清暇录》记载曰:"数十年来各省争建会馆,甚至大县亦建一馆,以致外城房屋基地价值腾贵。"《清稗类钞》亦曰:"各省人士乔寓京都,设馆舍以为联络乡谊之地,谓之会馆。"到了清朝末年,京师大小会馆达392处之多。清代京师会馆虽多,但在管理和接纳对象上都很规范,而且居馆公约上都明确了"以优遇来京考试举子"的原则。如:《北京市会馆档案史料》记载,福建龙岩会馆规约:"住馆之例,京官让候补、候选,候补、候选者让乡试、会试、廷试,不得占住,以妨后人,其余杂事人等不许住宿。"

清代京师会馆的发展与清代官僚体制的需要是分不开的。由于清朝科举的兴盛,来京参加会试的举子众多,即"公车到京,咸集会馆"。清朝"科举选仕"的体制是促使清代京师会馆发展的主要原因之一。其次,清朝吏部每月一次的铨选制度,使京师聚集了不少待铨的人员,这些人员在京师自然要住在会馆,客观上成为清代京师会馆发展的原因之一。对此,光绪年间夏仁虎记载:"北京市面以为维持发展之道者有二:一曰引见官员,一曰考试举子。然官员引见有凭引期限,其居留之日短。举子应考,则场前之筹备,场后之候榜,中式之应官谒师,落第之留京过夏,外省士子以省行李之劳,往往住京多年,至于释褐。故其时各省会馆以及寺庙客店莫不坑谷皆满,而市肆各铺,凡以应朝夕之求馈遗之品者,值考举之年,莫不利市三倍。"不难看出,会馆的发达是同科举制度兴盛,以及来京举子和待铨人员的增多密切相关。

另外,清代京师会馆的发展与清代商业经济的繁盛有着密切关系的。北京自明清以来,不仅是全国的政治、文化中心,而且也是经济中心,随着清代城市经济的繁荣和发展,商品流通的扩大,工商业更加繁盛。一些工商业者为了维护自身的利益,或协调工商业务,或互相联络感情,以应付同行竞争,排除异己,需要经常集会、议事、宴饮,于是工商会馆随之产生。《清稗类钞》记载:"商业中人,酬资建屋,以为岁时集会及议事之处,谓之'公所',大小各业均有之,亦有不称公所而称会馆者。"如北京南新华街的玉行长春会馆,前门外西河沿的银号行正乙祠等。

从清代京师的会馆资金来源来看,有的是由在京城为官的显宦出资捐建,有的是由在京的官宦将自己的私宅捐献改建的。还有的是由在北京的本籍、本行业的工商业者集资兴建,而大多数是在京朝官发起,商人出资兴建的。会馆建成后,一般是由同乡人中在京城居官地位高、富于声望者主其事,类似董事会之类的管理团体。同乡人到会馆里投宿,一般不收房租,还供应开水。

清代京师会馆的建筑很有特色,一般都屋宇轩昂,房舍众多。由于京师会馆里人员众多,官绅、客商、赶考的贡生往来频繁,故会馆内单间房屋较多。各地习俗不同,清代京师会馆多带有本乡本土的特色。为求得神祇的护佑,在会馆筹建时必先建立乡祠。因此,会馆里要建有供奉乡神、乡贤的殿堂。有的会馆就是以祀神的祠堂作为会馆的名称。如前门外西河沿正乙祠系浙江银号会馆,宣武门外土地庙斜街三忠祠系山西省会馆,达智桥岳忠武王祠系河南会馆,前门外打磨厂萧公堂系江西南昌乡祠会馆,鲜鱼口二忠祠系江西吉安会馆等。

清代京师一些规模较大的会馆，还多在供奉乡神（贤）的主体殿堂对面盖一座戏楼，例如虎坊桥湖广会馆、后孙公园安徽会馆的戏楼都是很出名的。戏楼与主殿堂及它们之间的院构成了一个"共享空间"，是会馆内的各色人等会聚的场所。每逢节日，在这里祭祀乡神，聚餐演戏，联络、聚合同乡、同行业人们的情谊。清朝末年，西珠市口的浙绍乡祠（又称：越中先贤祠）几乎天天都有堂会戏。

清代京师会馆，从外观看宛若一座民宅，但往来人员杂且频繁。况且会馆平面布局或建筑结构上都与传统的四合院私宅有着根本的区别。四合院的每一套院落都是用墙和门来隔断或封闭的，喜欢用影壁或屏风来挡住人们的视线，保持自家的隐私。而会馆里的院落大多数都是相通的，也不用影壁或屏风阻挡外人窥视的目光。四合院南北主轴线上的正房作为主人的居室，北墙壁不开门；会馆主院落轴线上的正房不住人，而是乡祠或公议堂。有的北墙也打通，参仿南方民居的过厅形式，正中布置乡贤牌位，牌位屏风背后的北墙正中开一门；更有把主轴线上的房屋前后墙皆打通开门，所谓"九门相照"者。会馆院落群组的配置也不完全遵循背北面南设计主轴线的原则。另外，会馆大门的方向也不似四合院那么固定而较为随意，着眼于大门的气势宏阔，或适于进货进车的方便。四合院是封闭的、家庭式的，讲究宗法礼教；会馆则是开放的、乡里乡亲的，注重情义交往。四合院的气氛是含蓄、幽雅的，会馆则是热烈、甚至是喧闹的。四合院的家族色彩浓重，而会馆的地域特征极强。不过从整体上看，清代京师的会馆的建筑形式多为北京四合院房屋配置的结构。

明清时期京师会馆很少能在城市中心或官署衙门附近落脚，这大概是一条规律。由于明清两朝的贡院位于东单牌楼东边，科举考试的殿试在紫禁城内的保和殿举行，所以明清时期京师会馆多修建在前门、崇文门和宣武门一带。另外，会馆大多修建在交通便利的城门内外，多与商业街区毗邻。主要原因是会馆拥有较多的流动人口，且与行商坐贾、手工业者有关。由于清朝政府实行"满汉分居"的政策，迫使会馆只能在南城择地而建，但又避免距离前三门和商业闹市过遥，所以，几百座会馆主要集中在天坛、先农坛以北，前门、崇文门和宣武门外大街两侧的地段内,形成会馆在南城扎堆儿的状况。

从以上论述不难看出,北京城市社会的结构与城市建筑的文化特征是非常鲜明的。

第四节　北京的经济

清军入关后,就开始大规模地圈占汉人耕地,没收明朝皇室、勋戚的田产,故清初京畿地区百分之八十五以上的耕地为清朝皇室和八旗所有。清军圈占的土地称为旗地和旗下地,其中属于皇室所有的土地称为皇庄,归内务府管辖;分配给王公贵族的土地称为王庄;分配给八旗官兵的称为旗地。清初,虽然耕地所有权已改变,但封建租佃制生产形式并没有改变。随着社会经济的发展,旗地买卖也开始出现,起初清政府严格禁止,却屡禁不止。

一、农业的发展

清代京郊的农业生产以水稻为主,用水质清甜的玉泉山水浇灌种植的京西稻品质优良,籽大粒饱,光润透明,富有油性,蛋白质含量极高,早在清初就成为供皇宫享用的御米了。除水稻外,北京地区还种植玉米、高粱、小麦等作物。城郊的皇庄一般种植蔬菜、瓜果、花卉、棉花和植物染料等,以供皇室使用。

清帝对以农为本的思想极为重视,康熙皇帝曾经亲自在北京丰泽园培育水稻良种,并推广到江浙一带。清朝政府通过行政手段培育与使用良种,推动力全国水稻耕作技术,进而提高产量。

清代京郊丰台的草桥、张家路口、纪家庙、樊家村一带有马草河,不仅有泉水,而且土质黑肥,很适宜种植花草,所以这一带百姓家家种花,产各种龙爪槐等花木。京师花农为了满足皇室豪门一年四季对花卉及新鲜蔬菜的需要,采用了温室栽培与养殖的技术。用温室栽培与养殖在明代就已经使用。由于清代京城居民有养花、爱花的习俗,再加上皇室豪门的需要,便促进了京郊养花业的发展。随着养花业的发展,也促进了京师卖花业的兴起与繁荣,而且还出现了以"花市"为名的街道。如当年北京南城下斜街的花市便极为热闹,今天崇文区花市大街的名称即由此而来。

二、水利

从康熙时期到乾隆时期，清朝政府在北京地区大规模地兴修了水利工程，接连治理了永定河、北运河、惠通河、清河及南郊的团河等河流，其中以永定河工程最大。清康熙三十七年，康熙皇帝派州抚于成龙等官员治理北京的水患。最大的水患就是永定河。永定河既是北京的母亲河，又是北京的水患。永定河滋生的北京湾，养育了北京人，但它奔腾无羁，水无常态的性格使河道经常变异，河流流经之处水患无穷，以至京城百姓都叫它"无定河"、"小黄河"和"浑河"。为了京城的安全，朝廷诏令以"疏筑兼施"的方法治理水患，即一面沿河筑堤，一面疏导水流来整治河道，终使长年流向无定之河，开始稳定了下来。康熙皇帝在永定河疏浚完工时，赐名为"永定河"。永定河之名至今一直沿用。

随着水利建设事业的发展和农民生产积极性的提高，京师农产品的种类增多，产量有所提高。特别是京师地区稻田的开发，使水稻的产量增加很快，京西和京南所产水稻，成为北京郊区的优质稻米。其他如麦、黍、高粱等杂粮都比以前增产许多。经济作物如棉花、染料植物、烟草等，京郊大地也普遍种植。

为了供应京城居民生活需要，京郊农民还大量种植了各种蔬菜，四季鲜菜每日清晨源源不断地运进京城。在冬季，农民在温室中照常能种植多种鲜菜。冬季的蔬菜质量很好，但是价钱昂贵，只有皇室以及达官贵人才能享用。广安门外草桥至丰台地区，自古即是北京地区的养花基地，这里花农们世代养花，积累了丰富经验，他们培植的芍药、月季等名花，花大色艳，非常有名，每月逢初三、十三、二十三这三天，花农们便车推肩挑，到城里槐树斜街等地去售卖，深受市民欢迎。

三、商业的发展

京郊农村经济的恢复与发展，进一步促进了京师商品经济的发展。元、明以来，北京作为帝都一直是全国最大的消费城市。皇室、皇亲国戚、达官显贵，以及官兵等的生活需要，全国各地每天都要把大批的手工业品、时令水果等农业产品运到京师。如江南一带的粮米、绸缎、瓷器、布匹、茶叶以及各种手工业品，都由南北大运河漕船运抵达通州，再由陆路运到京城里。还有东北、西北各省的牛羊和马匹、皮革和貂皮、人参和药材、杂粮和山货、木材等等也直接供应京师。西南各省的铜、铁、锡器、漆器、桐油、生漆、纸张、笔砚、南糖、菜品及湖广杂货等从陆路运送京师。朝鲜商人带着高丽纸和毛蓝布以及马匹和铜器等物到京师交易。当时，俄罗斯商人从西伯利亚带着大批皮毛制品及西洋奢侈品来京师贸易，然后从北京选购大批商品运回俄罗斯。为了贸易往来方便，经清朝政府允许，还在北京设立了俄罗斯商馆（现东直门内俄罗斯大使馆处），自那时起，中俄贸易一直在发展着。

清代北京城内到处都有各省来京行商的足迹，他们有的住在各省的会馆里，有的住在铺户里，日夜忙碌，推销各省的百货特产，为京城的商品供应和市场的繁荣作出了贡献。京师店铺有大有小，分散全城各处。前门外为店铺集中的商业区，前门外大街两旁及大栅栏（明代称廊房四条）等地，店铺林立，百货云集，茶楼酒肆，人流如梭，热闹以极。开设于明代的六必居大酱园，名扬天下。开设于康熙年间的同仁堂药铺，其声名超过了明代开设的鹤年堂老药铺。

京师南城前门外大街两旁及大栅栏地区是清代繁华的商业区，内城的东四牌楼、西四牌楼、西单及鼓楼前街道两旁也是各种店铺应有尽有，整日热热闹闹，颇显帝都繁华盛况。除此之外，北京城内还有数不清的小商贩，除走街串巷吆喝叫卖外，还有每日在街头巷尾摆挑设摊的小商贩。前门外大街到天桥一带，排满布篷摊位、出售日用百货及各种北京风味小吃，颇受市民的欢迎。元、明以来，北京临时市集常在庙会期间举行，清代最著名的庙会有药王庙、土地庙、都城隍庙、隆福寺、护国寺及白塔寺等。各庙会开设时间不同，有的每月初一、十五，有的逢三、逢四、逢九或逢十等日举行，有的连两日开放，开始时人们进香逛庙会，以后渐成逛庙会购物，最后以市集为主，还成为北京各种风味小吃荟萃的发源地。繁华的琉璃厂在清代才开始兴起，厂甸为琉璃厂街与今新华街交叉路口一带地名。从康熙年间开始,每年正月初二日到十六日设集市,非常热闹,全城各处商贩纷纷前来设摊,据《帝京岁时纪胜》记载,这里"百货云集,灯屏琉璃,万盏棚悬,玉轴牙签,千门联络,图书充栋,宝玩填街",还有儿童玩具,各种风味小吃,以至杂技百戏,无所不有,雅俗共赏,每逢开市时期,男女老少都以"逛厂甸"为新年一大乐趣。

清代行商与铺户,分为一百三十六行,清政府对每行业都设有官牙进行管理。另外还有私牙,称为牙行,私牙只是帮助行商做买卖的,从中拿取佣金。清代私牙也要得到政府的批准。

清代北京最大的商业是典当业、银号业和盐业。这三种行业,不但资本大,而且多与政府相勾结,有的行业还由官府直接开设经营。这些都是高额利润,榨取劳动人民血汗钱的行业。在乾隆时期,北京的典当业就有近七百家。银号与钱庄多为山西富民所经营,已有很长时期的历史。盐商则完全不同于一般商人,是直接为封建政府服务的,有专卖特权,所以又称官商,凡经营盐商业的人,皆为当时的大富豪。

四、手工业的发展

随着农业和商业的发展,清代北京的手工业也发展起来了,这时期官营手工业已经走向衰落时期,宫廷与王公贵族们所需的日用手工业品,更多去到民营手工业作坊购买。民营手工业作坊比明朝时期还多,一部分民营手工业是在官营手工业衰落的过程中发展起来的。从康熙时期开始,民营手工业发展较快的有铸铜、冶铁、制药、酿酒、香蜡、纺织、漆器、木器、糖果及皮革等行业,这些手工业作坊主人兼营商业,他们多自开店铺,即前店后作坊。他们多有一门生产绝技,也雇用一些师傅、帮工和学徒,一般有几个人或数十人,规模不等。铸铜业是受官府控制的。乾隆时期铸铜业铺户有三四百家,其他手工业受到牙行的管理和控制。较大的铺户作坊则多为大地主或封建官僚投资开设,与封建统治势力有较密切关系,有些东家本身兼地主。东家出资,委托掌柜经营管理,掌柜雇用师傅、伙计、工人及学徒进行生产经营,具有封建组织的剥削关系及师徒关系。也有一部分民营手工业作坊,具有一些资本主义因素的生产关系。

关于民营手工业的商品生产发展情况,据清潘荣陛《帝京岁时纪胜》记载,纺织鞋帽方面:"靛青梭布,陈庆长细密宽机;羽缎毯毡,伍少西大洋青水。冬冠夏纬,北于桥李齐名;满袜朝靴,三进天齐并盛。"铁锉钢针:"王麻子,西铁锉三代钢针。"酿酒作坊:"佳醅美酝,中山居雪煮冬涞。"糖果糕点:"聚兰斋之糖点,糕蒸桂蕊。""蜜饯糖樱桃杏脯,京江和裕行家。""肉制查糕,贾集珍床张西直。"制药业:"毓成号、天汇号,聚川广云贵之精英;邹诚一、乐同仁,制丸散膏丹之秘密。史敬斋鹅翎眼药,不让空青;益元堂官拣人参,还欺瑞草。刘舷井山楂丸子,能补能消;段颐寿白鲫鱼膏,易脓易胗。"香蜡业:"花汉冲,制兰佳之珍香;陈集成,浇柏油之大蜡。"仅从以上记载,就可以看出乾隆时期北京民营手工业的发达情况了。

官营手工业远不如明代发达。官营手工业作坊分别隶属于内务府或工部,内务府所属手工作坊,主要是为宫廷皇家服务的,内务府在北京主要设有内织染局,广储司七作包括银作、铜作、染作、衣作、绣作、花作、皮作,营造司三作包括铁作、漆作、炮作。工部所原有琉璃厂、黑窑厂、木厂、铁厂、烧炭厂、军器厂、火药厂、盔甲厂、炮厂及煤窑等,产品一部分供应宫廷及城市建筑工程需要,还有一部分供国防需要。清代前期生产的大炮威力还是很大的,如红衣炮、神威无敌大将军炮在中俄雅克萨反击战中,轰击俄军营垒,大获全胜。

官营手工业取消了明朝时期对工匠的轮班制度,即取消了工匠的世袭制度,据《大清会典》记载,"内外宫建所用工匠,有住坐,有雇觅。住坐者照例食粮,雇觅者按工给价。"这是一种重要的改革,对工匠生产积极性有一定促进作用,但是,受封建统治者的剥削还是很重的。

五、矿业的发展

矿业已是清代民营手工业的重要部门,清代采矿业比明代发达,乾隆时门头沟开煤窑有一百多座,连宛平、房山等地共达六百多座,但是,各窑资本不大,生产落后,窑小工人少,发展缓慢。随着城市用煤量增加,煤窑业不断合并,到乾隆后期一阎姓窑主,相继收了十余座煤窑,成为当地一大窑主。在窑主与官府压迫下,窑工们的工作与生活非常艰苦,常有窑工"聚众滋事",向窑主和官府进行斗争。

随着全国经济的发展,北京的农业、商业及手工业的发展很快,已经成为全国最大的商业城市,与佛山、苏州、汉口号称"天下四聚",北京则首屈一指,资本主义经济萌芽在缓慢发展。

第五节 北京的文化

元明清以来,北京是统一的多民族国家政治中心和文化的中心,是三代开科取士、选拔人才的地方,人才济济的所在。清代虽然是以少数民族治理天下,但自清太祖开始,十二个皇帝大多有很高的文化素养,不仅能说汉语、读汉书、写汉字、作汉诗,且精通中国古代经典。特别是康熙与乾隆两位皇帝,他们都是具有很深汉学基础的博学者,对清代前期文化的发展有很大贡献。北京几百年作为全国都城,有全国最高文化机关和最高学府,朝廷有翰林院与大学士的设置,在最高学府国子监,有国内外各族学员数千人,最多时达到一万多人。科举制度最高级考试在北京城举行,每三年有数千从全国各省来的举人来此参加考试。四海闻名的学者、儒林名士,也都不时来到北京,参加文人聚会,讲学论道及进行各种学术文化交流活动。这些文人墨客及各省举人,有的受聘任职,有的考中为官,有的在京讲学为师,有的在京研究学术。他们很多人长期留住京城,有的安家落户,成为北京居民。这样对古代北京传统文化的继承和发扬、文化学术的繁荣、教育事业的兴旺都有巨大的作用,同时也在不断提高北京人民的文化修养与文化素质。

清朝自康熙时起国家逐渐走向富强,文化活动开始兴旺,康熙皇帝修武经文,崇尚辞学,天下儒学名士竞会都门,讲学之风兴起,以布衣身份应徐元文之聘来京的万斯同,才华出众,博通诸史,在主修《明史》之馀,常登坛讲学,翰林、侍郎及名流学者,环坐听讲。天文地理、宫阙朝仪、河渠水利、赋役兵制各类,无所不讲,每讲一题,口若悬河。著名学者李球参加讲会,万斯同把他介绍给到会者,还请他登坛讲学,颇受欢迎。这种自由登坛讲学,交流学术思想,对北京的文化发展无疑是起了推动作用。

从康熙到乾隆年一百多年的时间,天下承平,经济文化不断发展,天下闻名学者相继云集京师,进行学术研究与交流。康熙皇帝诏令大批名人学者来京师编修《明史》,允许撰稿人在一定限度内替明朝统治者美言颂德,以示清朝皇帝圣明宽大。同时,还依学术类别分别编纂各类书籍,如《康熙字典》、《佩文韵府》、《全唐诗》、《历象考成》、《数理精蕴》、《渊鉴类函》、《词谱》、《曲谱》、《律吕正义》等书,大部分很有实用价值。汇编最大之书为《古今图书集成》,共有一万卷,全书分为历象、方舆、明伦、博物、理学、经济六编,每编又分为若干典,共有三十二典。这是继明初《永乐大典》后又一部最大的类书。

乾隆年间纂修文籍更规模盛大、史无前例,使文人墨客纷纷汇集京师。如:清代乾隆朝编修的《通鉴辑览》、《续通志》、《续文献通考》、《续通典》、《皇朝通志》、《皇朝文献通考》、《皇朝通典》、《大清会典》、《大清律例》、《大清一统志》、《医宗金鉴》,以及乾隆自撰诗文杂著等书,约百种以上。开《四库全书》馆,朝廷投入了很大的人力与物力。当时著名考据专家学者,如纪昀、姚鼐、陆锡熊、庄存兴、任大椿、邵晋涵、周永年、戴震、朱筠、翁方纲、金榜、王念孙等160余名学者,都参与了纂校,历时十年之久。乾隆命纪昀为总纂官,他的贡献也最大。全书共分经、史、子、集四类,收入古书3503种,共790337卷,装订成36000余册,书成后共缮写七部,每部用楠木盒装贮,分别藏于北京紫禁城内文渊阁、圆明园内文源阁,还在承德文津阁、沈阳文溯阁、镇江文宗阁、扬州文汇阁及杭州文澜阁各藏一部,目前完整保存下来有四部,是《永乐大典》和《古今图书集成》之后的我国古代最大的一部丛书,保存了我国古代许多经典书籍及珍贵文献,是有很大功绩的。不过在编纂中不利于清朝统治的书籍则予销毁或加以删改,未能编纂或保存,对古代一些文化书籍也造成了损失。

清代北京也出现过许多有名的小说家及戏剧家,在小说方面首屈一指的是曹雪芹,他生活于公元1715年至1764年(清康熙五十四年至乾隆二十九年),名霑,字梦阮,号芹溪、芹圃、雪芹,祖上是汉人,被俘后编为正白旗人。先世曹玺、曹寅、曹颙及曹頫,三代世袭江宁织造,曹玺之妻孙氏还做过康熙奶母,和皇帝之家有较密切的关系,使曹家显赫一时。曹雪芹出生在这"百年望族"的富贵之家,他还在童年时期便家道中衰了,随家迁来北京,同时也结束了"锦衣纨绔,饮甘餍肥"的贵公子生活,生活与思想上发生了巨大变化。他后大半生迁到北京香山附近的偏僻山村里,居住在一座只有四间北房的大院中(今北京植物园内,已辟为曹雪芹故居),已经穷极潦倒,过着"举家食粥酒常赊"的贫困生活。这一时期满洲贵族与大官僚们的奢侈腐化生活,以及他们对广大农民佃户的残酷剥削压迫,在这里表现得非常突出。曹雪芹本人的家庭也正经历了由盛到衰的巨变。这些客观的环境及其个人的经历,对他的思想感情变化起了巨大的作用,使他对封建社会的矛盾及贵族的腐朽没落有了深刻的认识,从而激起他对黑暗社会的憎恶,决心将自己切身感受以笔墨形式表现出来。他移居香山附近后,开始集中精神创作《红楼梦》(初名《石头记》),无钱买纸,则以旧"皇历"翻改为本,不顾全家饥寒、妻儿啼哭,仍笔耕不辍,确是"字字看来皆是血,十年辛苦不寻常",辛劳十载,完成了前八十回,这时因独子早殇,他悲痛成疾,在除夕之前离开了人间。《红楼梦》以贾宝玉和林黛玉的爱情悲剧为线索,描写了贾、王、史、薛四大家族的兴衰历史,揭示了封建社会的腐朽没落和必然崩溃的趋势,全面深刻地展现了我国封建社会末期的政治、经济、文化和生活的各个方面,同时也反映了当时北京地区的社会面貌,特别是八旗贵族与京城市民贫富悬殊的生活情况和阶级关系。

曹雪芹是我国清代一位伟大的文学家,《红楼梦》在我国古典小说名著中思想性最强,艺术性最高,是一部伟大的现实主义杰作。《红楼梦》后四十回由高鹗续成,公元1791年,首刻于北京,广泛流传,还首先在北京改编为戏文,近代传至国外,译成各种文字,成为闻名世界的文学作品。

嘉庆和道光时期流传的长篇小说《镜花缘》,是继《红楼梦》后在北京出版的一部优秀小说。作者李汝珍是北京大兴人,他学识渊博,精通音律,旁及杂艺,著有《李氏音鉴》,晚年写成小说《镜花缘》。小说通过唐敖等游历海外和唐闺臣等100个才女的故事,以浪漫主义手法,描写了海外诸国的奇闻逸事,大胆否定男尊女卑的封建礼教,讽刺了现实社会中的黑暗腐朽现象,是有一定进步思想性的名著。

文康写的《儿女英雄传》,讲述侠女何玉凤为父报仇的故事。流畅的北京口语描述人物,生动细腻,在古代白话史上占有重要地位。

清代传奇戏剧作家,在北京写成作品很多,其中洪昇,字昉思,号稗畦,浙江钱塘人,生活于顺治二年(1645)至康熙四十三年(1704)。他两次长住北京,为国子监生,曾师事名士毛先舒、王士祯等。清康熙二十八年,在京完成了传奇名著《长生殿》。他以唐玄宗与杨贵妃的爱情悲剧故事为题材,描写了安史之乱前后唐朝由盛而衰的社会风貌。很快被艺人搬上北京舞台,轰动一时。官方借口禁止在皇后丧期演戏,禁止上演,结果洪昇被革除国子监生,很多人受到株连,洪昇愤而离开北京,返籍后因酒醉溺水而亡。

另一大戏剧家孔尚任,字聘之,号东塘,自称云亭山人,山东曲阜人,孔门之后。生活于顺治五年(1648)至康熙五十七年(1718),好诗文,通音律。康熙二十四年于御前讲《论语》,受到褒奖,任国子监博士。因不满吏治黑暗,用戏剧创作抒发胸怀,以毕生精力写著名昆曲剧本《桃花扇》,以文士侯方域和秦淮名妓李香君的爱情故事为线索,借离合之情,抒兴亡之感,揭露明末政治的腐败。在清初民族压迫下,作品提倡民族气节,赞颂了抗清英雄,有一定积极意义。

乾隆五十五年(1790)三庆、四喜、和春、春台四大徽班相继进京演出,在吸收昆曲、秦腔等剧种的曲调、表演方法和民间曲调的基础上,逐渐发展而形成为表演优美、格调大气的全国性的剧种京剧。先后涌现出程长庚、张二奎、余三胜三鼎甲以及谭鑫培、高庆奎、杨小楼、余叔岩、萧长华、梅兰芳等著名演员。经历代艺术家不断提高完善,终于成为观众喜爱的国剧。

清代继元明以来研究北京各方面历史的学者和书籍著作颇多,这些书籍不但有学术研究水平,还具有宝贵的史料价值,为后人研究北京历史留下了丰富的参考资料。如今留存下的清代所著的北京地区各县志书即有四十多部,其他如考古、水利、坊巷、人物、风俗、景物、山川、城池、宫阙等各种专著无所不包。其中清康熙二十七年朱彝尊编辑《日下旧闻》42卷,该书搜集了1600余种书籍,选择其中有关北京的各种历史记载,并经过实际调查、多方旁证考据无误才编辑为书,为清初一部北京历史名著。因"日下"是京城的意思,这里专指北京,来源于王勃《滕王阁序》"望长安于日下"之句,以后人们就把"日下"比作长安、比作京城了。

公元1773年(清乾隆三十八年),《日下旧闻》成书已近百年了,这时北京的历史、城池、宫殿、名胜等,已经有了很大发展和变化,朱彝尊的《日下旧闻》所选录的已远远不够了。乾隆皇帝特命于敏中、英廉等人任总裁,窦光鼐、朱筠等人任总纂,动员了大批人力、物力,历时十三年,根据《日下旧闻》加以增补、考证而成《日下旧闻考》。

《日下旧闻考》共160卷,比《日下旧闻》42卷增加了3倍,内容、篇幅大大增加了。到乾隆五十年刻书出版,是有史以来最大、最全面的关于北京历史、地理、城池、坊巷、宫殿、园林、名胜的资料选集,有很高的学术研究价值,至今仍为研究北京历史的最重要必读资料。

第六节 北京的宗教、民俗与文化交流

清代,北京的寺庙宫观遍布内外城,供奉着佛教、道教的神祇,也有伊斯兰教的清真寺和耶稣会的教堂。可以说,多神信仰,是清代京师宗教文化的主要特点。

一、宗教与文化

1. 佛教

清政府对于佛教采取的方针几乎完全继承了明朝的制度,即一方面尊崇,一方面加以控制和利用的政策。为加强对佛教的管理,在中央设立了僧录司这一管理佛教的机构。清朝政府规定:所有僧官须经礼部考选后再由吏部委任,地方州府县僧官虽然由各省布政司考选,但亦需呈送礼部受职。而且对"已有寺庙佛像亦不许私自拆毁"。总的来看,清代以京师为中心的直隶各省兴建新寺、修复旧寺的数额甚至超过了明代全盛时期。据《清会典事例·礼部》载:"通计直省敕建大寺庙共六千七十有三,小寺庙共六千四百有九。私建大寺庙共八千四百五十有八,小寺庙共五万八千六百八十有二。"这些数字说明,佛教在清代再度复兴与发展起来。

清顺治皇帝极喜研修佛法,又好参禅,在位期间曾广招天下禅宗名僧入京谈论佛法。康熙皇帝虽然推崇程朱理学,但对佛教亦大加褒扬。康熙皇帝六下江南,常住名山巨刹,而且往往书赐匾额,撰制

碑文。雍正皇帝崇佛之举甚于圣祖,自号"圆明居士",以禅门宗匠自居。雍正皇帝在提倡禅学的同时,还敕建佛教寺庙。驰名中外的大钟寺(本名觉生寺)即于雍正十一年所建,其殿堂匾额,皆为世宗雍正所题。寺内御制《觉生寺碑》,亦为雍正皇帝所题。此外,雍正年间还重修了千佛寺、卧佛寺、法源寺等多座佛教各宗派寺庙。为弘扬佛学,雍正皇帝诏令北京黄寺土观呼图克图一世将藏文大藏经《甘珠尔》部分译成蒙文,而且在京师设立了藏经馆,延请博通教义的高僧于京师贤良寺对历代大藏经加以整理,历时4年而成,被称为《龙藏》。乾隆皇帝年间,不仅完成了雍正年间开始的汉文大藏经的雕刻刊印,并组织人力将汉文大藏经译成满文和蒙文,这一浩大工程历经18年完成。清代官刻的《大藏经》通称为《龙藏》。时人颇有论评,如汪由敦《重修圆通禅庵碑记》云:"佛教流布中国三千余年,今世梵刹琳宫,照耀寰宇,京师大盛。……飞阁层轩,云霞蔚起,宸章碑额,日月光辉,询乎极天下之巨观矣。"

清代除尊崇藏传佛教黄教领袖达赖喇嘛和班禅大师外,另一位享有殊遇的就是章嘉呼图克图活佛。章嘉喇嘛是内蒙古地区黄教界的领袖。康熙二年(1663),二世章嘉阿旺罗布桑却拉丹应清圣祖康熙的召请来到北京,当时驻锡法源寺。章嘉喇嘛在京期间,康熙皇帝对他也极为尊崇。康熙四十五年(1706),清政府正式承认章嘉喇嘛的活佛称号,并令其掌管内蒙古佛教事务。清朝政府还为他在地安门内三眼井东口外东侧修建了一座喇嘛寺庙,即嵩祝寺。雍正二年(1724),八岁的三世章嘉若必多吉奉诏到达京师后,雍正皇帝令其与第四皇子弘历一起学习汉、蒙、满三种文字。自此,章嘉三世与乾隆皇帝便结下了同窗之谊,紫禁城内的雨花阁便是乾隆皇帝与三世章嘉若必多吉修习佛法的所在。

清朝政府通过达赖、班禅、哲布尊丹巴和章嘉这些喇嘛教著名活佛,广泛地团结了各地区的宗教界的人士,并以喇嘛教为重要纽带,加强了京师和蒙藏边疆地区的联系,从而增强了中央政府的凝聚力,达到了"除逆抚顺,绥众兴教"之目的。

清朝历代皇帝对于藏传佛教采取尊崇利用的政策,喇嘛教继元朝后再次得到大规模的发展。据藏地统计,到光绪八年(1882),仅黄教

图 9-2 西黄寺内清净化城塔

大寺庙就有1026所,僧尼491242人,加上其他派别的寺庙25000多所,僧尼76万余人,约占当时藏族人口的1/2。与此同时,北京地区喇嘛庙达40多座,有东黄寺(普净禅林)、西黄寺(清净化城)(参见图9-2)、嵩祝寺、福佑寺、前里寺、后里寺、隆福寺、护国寺、妙应寺(参见图9-3)、五塔寺、嘛哈噶喇寺(普度寺)、宝讳寺、永安寺、阐福寺、弘仁寺、

图 9-3　白塔寺内的白塔

福禅寺、达赖喇嘛庙（汇宗梵宇）、三宝寺、五门庙、功德寺、普胜寺、资福寺、净住寺、新正觉寺、圣化寺、慧照寺、化城寺、三佛寺、长泰寺、慈佑寺、梵香寺、同福寺、普寿寺、广绿寺、布达拉寺、普宁寺、殊像寺、溥仁寺、扎什伦布寺、永慕寺、大清古刹（察罕喇嘛庙）等。

其中雍和宫原是清世宗雍正皇帝即位前的藩邸，乾隆九年（1744）改为喇嘛庙，额定喇嘛504人，居京师喇嘛庙之首，寺中檀木大佛高5.6丈，和五百罗汉山及楠木佛龛被称为三绝。自乾隆末年，金奔巴瓶设于此,雍和宫在喇嘛教中的地位更为重要。寺中还矗立着清高宗御制喇嘛说碑一座,用汉、满、蒙、藏四种文字镌刻,表明了清朝中央政府对喇嘛教的政策。(参见图9-4)

图9-4 雍和宫檀木大佛

黄寺曾是五世达赖和六世班禅在京的驻锡地,不仅是蒙、藏地区僧俗来京的参佛进香之地,京师王公大臣也时常前往礼佛、布施,因而黄寺成为藏传佛教的圣地。随着喇嘛庙的兴建,清代北京喇嘛的数量也十分可观,乾隆年间在京喇嘛有2000多人。清代北京佛教发展的速度,已经远远超过以往历史上任何一个朝代。

2. 道教

清朝政府基本沿用了明朝对道教的管理体制,在礼部下设道录司,作为统一管理全国道教事务的最高机构。

作为清朝统治者的满洲贵族原本信仰的是萨满教,后尊奉佛教,本无道教信仰,但从笼络汉民族的角度出发,清顺治、康熙、雍正三帝对道教上层人士极为笼络的同时,又采取了严加防范和限制的政策。如顺治皇帝在顺治十三年(1656)对礼部说:"儒释道三教并重,皆使人为善去恶,反邪归正,遵王法而免祸患。"这一年,顺治皇帝命全真道龙门律宗第七代律师王常月"主讲白云观,赐紫衣凡三次,登坛说戒,度弟子千余人"。康熙皇帝对道教也不反感,曾召见自称神仙的王文卿,赐以匾额对联,并召见谢万成、王家营等道士,让他们在西苑炼丹。雍正皇帝对道教的养神炼气、炼丹治病有所肯定,他曾经说:"道家之炼气凝神,亦于吾儒存心养气之旨不悖。"雍正皇帝也曾召白云观道士贾士芳、龙虎山正一法官娄近垣入宫为其治病,还封全真道南宗创始人张伯端为"大慈圆通禅仙紫阳真人"。乾隆皇帝还把太常寺乐宫选用道士的做法,改为由儒士充任。乾隆以后的皇帝对道教则不大感兴趣,道教的处境较前更为艰难。据《清朝续文献通考》卷八九记载:乾隆四年严厉禁止正一道到其他省传度道士,敕令:"嗣后真人差委法员往各省开坛传度,一概永行禁止。如有法员潜往各省考选道士,受箓传徒者,一经发觉,将法员治罪,该真人一并论处。"嘉庆二十四年(1819),清朝政府又敕令:"正一真人系属方外,原不得与朝臣同列,嗣后仍照旧例朝觐,筵燕概行停止。"清朝末年,随着清政府对道教的抑制,道教发展日趋衰微,特别是在清王朝上层地位日益低落。到了清道光年间,道光元年诏令禁止正一派天师进京朝觐后,道教便完全中断了与清王朝的政治关系。

总的来看,明清两代正一道和全真道的地位角色正好作了个置换。明代正一道较活跃,而且得到明王朝的重视;清代则是全真道比较兴旺,较受清朝统治者的青睐。尽管道教在清朝的地位日趋衰微,但是道教在北京地区仍然有很大影响,只不过这种影响是在下层民众之中而已。

随着道教宫观的宗教活动亦日益世俗化,清代的庙会活动较明朝有了进一步的发展。清代的庙会与明代庙会相比不但数量多,而且规模大。当时除了白云观、东岳庙、都城隍庙庙会外,像宣武门外的土地庙庙会、京西妙峰山庙会、京东丫髻山庙会的规模都很大。京城庙会与老北京民众的生活密切相关。从清代的道教庙会来看,多以祈福娱乐为主。每年正月,北京百姓乐于到白云观和东岳庙的庙会逛逛,这也是老北京的风俗。清朝的道教对北京地区民情风俗的形成,产生了一定的影响。

3. 伊斯兰教

清朝统治者在参照历代封建王朝的民族与宗教政策之后,确立了"德足绥怀,威足临制"的民族政策,并在此民族政策的基础上,对伊斯兰教采取了"齐其政而不易其俗"的方针。乾隆皇帝说:我朝鉴于不同的民族要用不同的方式统治,因此我国是始终一贯地允许不同民族按自己不同的宗教习惯行事。由于清政府对伊斯兰教采取了宽容与利用的政策,所以清朝伊斯兰教得到了稳步的发展。

作为清代"首善之区"、"辇毂重地"的京师,伊斯兰教较明代有所发展。特别是在康熙、雍正年间和清朝末年,京师的伊斯兰教不但表现出一定程度的生气,而且还得以充实、开拓。清代对前明遗留下来的清真寺进行了大规模的修缮,为了适应伊斯兰教发展的需要还新建了许多清真寺。如:牛街礼拜寺在康熙三十五年(1714)修缮后,还在寺门楣间悬挂上康熙皇帝亲撰"敕赐礼拜寺"的横额。笤帚胡同清真寺也在康熙年间进行了重修,修缮后风格别具。教子胡同永寿寺、三里河清真寺、长营清真寺、花市清真寺以及通州清真寺等也都进行了修缮。清代新建了不少清真寺,如:崇文门外堂子胡同清真寺、上唐刀胡同清真寺、下坡清真寺、清河清真寺、海淀清真寺、八里庄清真寺、长辛店清真寺、管庄清真寺等。

图 9-5 牛街礼拜寺大铜锅

图 9-6　牛街礼拜寺康熙的圣旨牌

由于京师伊斯兰教在清代得到进一步的发展,所以穆斯林人口也在不断地增加。随着北京穆斯林人口的增加,自清初京师伊斯兰教就开始向外城和近郊地区拓展。清朝北京清真寺不但数量多,而且分布广,内城、外城、远近郊区到处都有清真寺,为元、明时期之未有。

从清代新建与重新修缮的清真寺来看,说明信仰伊斯兰教的穆

图 9-7　丰台区长辛店清真寺望月楼

斯林人口比明朝增加了许多。清朝时期,伊斯兰教进一步与中国社会相协调,并逐渐发展成为与佛教、基督教、道教并立的大宗教,清代的京师已经成为全国伊斯兰文化的中心。由于伊斯兰教在明末清初得到进一步的发展,当时中国出现了一批研究伊斯兰教历史、教义、经堂教育的伊斯兰学者,这些学者为中国伊斯兰学术的研究打下了坚实的基础。明末清初的王岱舆就是中国伊斯兰学术的开拓者。这位著名的伊斯兰学者就居住在京师,而且归真在京师,后被安葬于京西三里河伊斯兰公墓。

4. 天主教

清朝政府对天主教沿用明制仍继续优礼天主教传教士,出于修历的客观需要,对通晓天文历法的德国传教士汤若望十分器重。清朝政府不但准许汤若望在京师建堂传教,而且还任命他为清钦天监监正,并将宣武门天主堂侧一方隙地赐予他扩建教堂之用。顺治八年,亲政后的顺治皇帝对汤若望更是恩宠有加,使他从清朝的通议大夫官至光禄大夫,官为清朝正一品大员,还赐号"通玄教师"。顺治九年宣武门教堂重建后,顺治皇帝御笔亲题"钦崇天道"的匾额,并亲赐"通玄佳境"匾额和《御制天主堂碑记》,以示恩宠。顺治皇帝对汤若望的恩宠,客观上为天主教在清代京师的传播创造了良好的条件。顺治皇帝还将东安门外一所宅院和一块空地赐给天主教传教士居住与建堂,即今王府井天主教堂所在地。王府井教堂,是传教士在清代京师修建的第一座天主教堂,又称东堂、圣若瑟堂(为纪念耶稣的父亲圣若瑟二世命名)。始建于康熙四十二年(1703)。北堂是传教士在清代京师修建的第二座天主教堂。原址在中海西畔的蚕池口,光绪年间迁到西什库,故又称为西什库教堂。康熙年间,东正教的俄罗斯传教士也在京师修建了"圣尼古拉教堂"和"奉献节教堂",即"北馆"和"南馆"。

清初天主教在中国的传布过程中,也有过冲突。康熙四年(1665),汤若望的前任钦天监杨光先便上书《请诛邪教状》,弹劾汤若望、南怀仁(Ferdinand Verbiest,1623~1688)等传教士,汤若望被加"十大罪状",判死刑下狱,后因"功勋卓著"免死,一年后病逝。直到康熙八年(1669),康熙皇帝亲政后,汤若望才被平反昭雪。

17世纪中叶,在耶稣会内部发生了传教事业上的竞争,并产生分裂,因罗马教廷的介入而引发了教皇与清政府之间的冲突,最终导致清政府全面禁教,史称"礼仪之争"。礼仪之争不仅是天主教会内部各修会之间的争论,而是中西方中世纪意识形态的冲撞,是中国传统的儒家文化与基督教文化之间的冲突,是中西两种文化接触的必然结果。在中国礼仪问题上,罗马教廷坚持禁止中国教徒祭祖敬孔的立场,并从礼仪问题之争直接插手干涉中国内政,暴露出基督教文化的排他性。礼仪之争使康熙皇帝与罗马教廷发生了严重的政治冲

图 9-8　王府井天主教堂

突,导致康熙五十九年清朝政府下令禁止天主教在华传播。雍正朝与乾隆朝亦实施康熙皇帝禁绝天主教在中国传布的方针。

　　天主教在清初之传布虽因礼仪之争而中断,但随着这些耶稣会士传教的大批涌入,西方的天文学、数学、物理学和舆地学等科学纷纷传入中国,中国出现了整理古天文学与数学之风。天文学与数学侧重归纳之法,从而促使中国汉学研究饶富科学精神。与此同时,中国小说与戏曲也传到了西方。特别是《赵氏孤儿》、《好逑传》之欧译本在欧洲的出现,使西方对中国文化有了进一步的了解与认识。当时欧洲在传送"中国园林"艺术同时,从而唤起西方人对中国建筑、绘画与植物之兴趣,以及对中国思想与艺术融合之追求。在西方文化交流中,耶稣会传教士起了媒介的作用。

名词解释:

　　清代北京城　　会馆　　四合院　　三山五园　　颐和园

圆明园 四库全书

思考题：

1. 简述北京城市建设。
2. 简述北京中西文化交流。
3. 简述北京宗教文化。
4. 简述清时期北京四合院、会馆的发展。
5. 简述清时期园林建设。

第十章　近代北京

教学内容：要求学生从整体上了解1840年第一次鸦片战争到1949年新中国成立期间北京地区历史发展的概况。在这一百多年的历史过程中，北京作为封建社会清代京师的古老都城经历了崎岖曲折的道路，蒙受了深重的灾难和不幸，被打上了封建的和半殖民地的印记。在国家危亡之时，北京城爆发了一系列声势浩大的爱国救亡运动，沉重地打击了中外反动势力。五四运动在北京点燃的新民主主义火炬，使得北京乃至中国迎来了曙光。

教学目的：通过本章的学习，使学生了解北京城一步步沦为半封建、半殖民地化城市的历史过程，以及北京广大爱国群众为反抗中外反动势力而进行的一系列爱国的民族民主运动。

教学重点：半封建半殖民地时期的清代京师，外国殖民主义者对北京的侵占。

第一节　震动京师的鸦片战争

英国资本主义殖民者为了把中国开辟为商品自由倾销的广阔市场，保护其罪恶的鸦片贸易而发动了侵略中国的鸦片战争。这场爆发在中英两国之间的鸦片战争，实际上是以英国为首的西方资本主义阵营与以中国为代表的日趋没落的封建主义阵营之间的搏斗与较量。鸦片战争后，中国的社会经济、阶级关系、民族关系、思想意识等方面发生了急剧的变化，北京逐步沦为半封建半殖民地国家的政治中心。

一、鸦片贸易和清朝的禁烟运动

英国为了打开中国的大门，便把大量的鸦片运到中国，以罪恶的鸦片贸易作为打开中国大门、占领中国市场的重要手段。鸦片贸易改变了中英之间的贸易比重,英国由入超变为出超,英国鸦片贩卖者从中牟取了惊人的暴利,却使中国的社会经济和国家财政受到严重的破坏,加深了清王朝统治的危机。

1. 鸦片贸易以及对京师的震动

鸦片的泛滥极大地危害了中国,导致大批白银外流,造成中国白银愈来愈贵,民不聊生。银贵钱贱又加重了农民的负担,农民阶级与地主阶级阶级矛盾日益尖锐。鸦片泛滥的后果如林则徐所说:"若犹泄泄视之,是使数十年后,中原几无可以御敌之兵,且无可以充饷之银。"这一危险的前景使举棋不定的道光皇帝极为震动,深深地认识到严禁鸦片的迫切性和必要性。

2. 道光与禁烟运动

鸦片泛滥严重威胁着清政府的统治,道光十九年(1839),道光皇帝颁布《钦定严禁鸦片烟条例》,并派遣钦差大臣林则徐到广州查禁。林则徐到广东后采取了一系列禁烟措施,首先整顿海防,以防武装走私鸦片,然后惩办违法官员、捉拿贩卖鸦片者,下令严厉禁止贩卖和吸食,令吸食者限期上交鸦片和烟具,令外国鸦片烟贩在限期内上交所有的鸦片存货。林则徐收缴鸦片约2万箱。1839年6月3日至25日,林则徐在虎门海滩销毁收缴的全部鸦片。虎门销烟,大长了中国人民的志气,表明了中国人民维护民族尊严和反抗鸦片贸易的决心。

二、鸦片战争

1. 第一次鸦片战争

林则徐禁烟后,英国政府认为这是发动战争的最好借口。1840年4月,英国议会正式通过对中国开战的决议。6月,英国舰队到达广东海面,正式开始了侵略中国的战争。第一次鸦片战争持续了两年多,经历了三个阶段。

清军在鸦片战争中的失败,引起了朝野的震动。部分未经历战争的清流之士认为,失败的原因主要是琦善、伊里布等奸臣不敢进行战争,求和误国。部分经历了战争的官僚如徐韵珂等认为,英军船坚炮利,清军确实力不如人。清军在鸦片战争失败的原因是多方面的。

首先,清朝政府闭关锁国昧于外情,对英国一无所知。其次,在武器装备上,英军远胜于清军;在作战能力上,英军不仅善于海战,陆战能力也极强。从地理条件看,战争虽发生在中国沿海,但英军从印度运兵到广州比清军从云贵调兵还要快。在战略思想上,道光皇帝战和不定的指导思想使官兵失去了战斗的勇气,而英军战争意识非常明确,就是要以武力迫使清政府投降并签约。所以清军虽有举国一战打败英军的可能,但从中英两国的发展和实力来看,中国的失败是不可避免的。在清军屡屡战败的情况下,道光皇帝决意与英国签约议和。

1842年8月29日,清方代表耆英、伊里布、牛鉴与英方代表璞鼎查在南京江面的英舰谈判,中方接受了英方提出的全部条款,签订了中英《江宁条约》,即《南京条约》。

鸦片战败后,京师震荡。一些有识之士开始注重对世界的了解,注重边疆史地的研究,探讨救国救民之道。

魏源所著《海国图志》一书提出的"师夷长技以制夷"的主张影响极大。

2. 英法联军攻占北京火烧圆明园

1856～1860年(咸丰六年至十年),正当太平天国农民革命军在长江流域与清军激战的时候,英法殖民侵略者为进一步扩大在华权益,向清朝政府提出修改中英《南京条约》的要求遭到清朝政府拒绝,便再次武装攻打中国,俄国与美国也趁火打劫,从中牟取私利。英法联军发动的侵略战争是第一次鸦片战争的继续和扩大,史称为第二次鸦片战争。

英国在发动这次战争的时候,极力拉拢法国作为他的侵略伙伴。在英国制造"亚罗号事件"后,法国制造了所谓的"马神父事件",并以此为口实,继英军之后侵略中国。此外,美国和沙俄也支持英法的侵华活动。

为了扩大战争,英法联军决定沿海北上,逼近清朝统治者的心脏京师。1858年4月,英舰10余艘,法舰6艘驶往大沽口。此时,英、法、俄、美四国公使也乘兵舰抵达白河口外,对清政府进行军事威胁,5月26日,英法联军打进天津,并扬言攻占北京。这时清政府非常恐慌,急忙派出大学士桂良等人到天津议和。在谈判中,清朝政府认为"进既不可战,退又不可守",在1858年6月26、27日,分别与英、法签订了《天津条约》。沙俄和美国以"调解"有功为名,亦强迫清政府与他们分别签订了《天津条约》。

《天津条约》签订并没有使事情就此了结,英国政府认为《天津条约》赋予他们通商贸易的特权还不够多,整个中国并没有向他们开放,正如马克思所说:英法侵略者方面认为"条约中有关商务的条款不能令人满意"(马克思《中国和英国的条约》),并且想重新挑起战争,以便攫取更多的特权。事实上正如马克思所预言的,《天津条约》"不仅不能巩固和平,反而使战争必须重起"(马克思《新的对华战争》)。

1860年春,英法联军再次挑起战争,并轻而易举地占领了天津。清政府见状决意向英法侵略者求和,并正式任命桂良和恒福为钦差大臣,令其设法与英法联军谈判议和。英法联军对清朝政府的议和使臣根本不予理睬,而是继续进攻,由天津一下子打到通州,直逼北京。在英法联军逼近京师的时候,1860年(咸丰十年)9月22日,咸丰皇帝率领后宫嫔妃、文武官员仓皇地逃奔热河,令他的弟弟恭亲王奕䜣留在北京接洽议和事宜。

清咸丰十年(1860)英法联军攻占北京后,于10月6日占据圆明园,把园中无数金银珠宝和珍贵文物劫掠一空。额尔金为了惩戒清朝皇帝违反和约,英国密克尔骑兵团3500余人于10月18日进园纵火,一时圆明园成了一片火海,火势三日不熄。一个侵略军官描写当时的情况说:

> 焚毁的命令发下后,不久就看见了重重的烟雾,由树木中蜿蜒升腾起来。树木中掩映着一座年代古久的广大殿宇,屋顶嵌着黄色的瓦,日光之下光芒闪烁,鳞鳞的屋瓦,构造奇异,只有中国人的想象力,才能构思出来。顷刻工夫,几十处地方,都冒出一缕缕浓烟密雾……不久,这缕缕的烟聚成一团团的烟,后来又集合为弥大乌黑的一大团,万万千千的火焰,往外爆发出来,烟青云黑,掩蔽天日,所有庙宇、宫殿、古远建筑,被视为举国神圣

庄严之物,其中收藏着历代皇家风味和精华的物品,都付之一炬了。以往数百年为人们所爱慕的崇构杰制,不复能触到人类眼帘了……

一座经营了150多年,综合中西建筑艺术成就,聚集了古今艺术珍品和历代图书典籍、世界上少有的壮丽宫殿和园林,在惨遭侵略军大肆抢掠和焚烧后化为乌有了。圆明园和附近的清漪园、静明园、静宜园、畅春园及海淀镇均被烧成一片废墟,成为世界文明史上罕见的暴行! 英国全权代表詹姆士·布鲁斯以清政府曾将巴夏礼等囚于圆明园为借口,将焚毁圆明园列入议和先决条件。法国大文豪雨果强烈谴责了英法联军火烧圆明园的强盗行径,公开斥责强盗政府颠倒黑白,不以为耻,反以为荣的罪行。雨果给法军上尉巴特勒的回信全文如下:

先生,您征求我对远征中国的意见。您认为这次远征是体面的,出色的。多谢您对我的想法予以重视。在您看来,打着维多利亚女王和拿破仑皇帝双重旗号对中国的远征,是由法国和英国共同分享的光荣,而您想知道,我对英法的这个胜利会给予多少赞誉?

既然您想了解我的看法,那就请往下读吧:

在世界的某个角落,有一个世界奇迹。这个奇迹叫圆明园。艺术有两个来源,一是理想,理想产生欧洲艺术;一是幻想,幻想产生东方艺术。圆明园在幻想艺术中的地位就如同巴特农神庙在理想艺术中的地位。一个几乎是超人的民族的想象力所能产生的成就尽在于此。和巴特农神庙不一样,这不是一件稀有的、独一无二的作品;这是幻想的某种规模巨大的典范,如果幻想能有一个典范的话。请您想象有一座言语无法形容的建筑,某种恍若月宫的建筑,这就是圆明园。请您用大理石,用玉石,用青铜,用瓷器建造一个梦,用雪松做它的屋架,给它上上下下缀满宝石,披上绸缎,这儿盖神殿,那儿建后宫,造城楼,里面放上神像,放上异兽,饰以琉璃,饰以珐琅,饰以黄金,施以脂粉,请同是诗人的建筑师建造一千零一夜的一千零一个梦,再添上一座座花园，一方方水池，一眼眼喷泉，加上成群的天鹅、朱鹮和孔雀，总而言之，请假设人类幻想的某种令人眼花缭乱的洞府，其外貌是神庙、是宫殿，那就是这座名园。为了创建圆明园，曾经耗费了两代人的长期劳动。这座大得犹如一座城市的建筑物是世世代代的结晶。为谁而建？为了各国人民。因为，岁月创造的一切都是属于人类的。过去的艺术家、诗人、哲学家都知道圆明园；伏尔泰就谈起过圆明园。人们常说：希腊有巴特农神庙，埃及有金字塔，罗马有斗兽场，巴黎有圣母院，而东方有圆明园。要是说，大家没有看见过它，但大家梦见过它。这是某种令人惊骇而不知名的杰作，在不可名状的晨曦中依稀可见。宛如在欧洲文明的地平线上瞥见的亚洲文明的剪影。

这个奇迹已经消失了。

有一天，两个强盗闯进了圆明园。一个强盗洗劫，另一个强盗放火。似乎得胜之后，便可以动手行窃了。他们对圆明园进行了大规模的劫掠，赃物由两个胜利者均分。我们看到，这整个事件还与额尔金（额尔金父子是著名的英国殖民主义者。小额尔金曾任英国驻加拿大总督，1860年10月，英法联军火烧圆明园的罪魁之一。老额尔金曾任外交官员，参加毁坏希腊雅典巴特农神庙的行动，并掠走该神庙的精美大理石雕像。）的名字有关，这名字又使人不能不忆起巴特农神庙。从前对巴特农神庙怎么干，现在对圆明园也怎么干，只是更彻底，更漂亮，以至于荡然无存。我们所有大教堂的财宝加在一起，也许还抵不上东方这座了不起的富丽堂皇的博物馆。那儿不仅仅有艺术珍品，还有大堆的金银制品。丰功伟绩！收获巨大！两个胜利者，一个塞满了腰包，这是看得见的，另一个装满了箱箧。他们手挽手，笑嘻嘻地回到欧洲。这就是这两个强盗的故事。

我们欧洲人是文明人，中国人在我们眼中是野蛮人。这就是文明对野蛮所干的事情。将受到历史制裁的这两个强盗，一个叫法兰西，另一个叫英吉利。不过，我要抗议，感谢您给了我这样一个抗议的机会。治人者的罪行不是治于人者的过错；政府有时会是强盗，而人民永远也不会是强盗。

法兰西帝国吞下了这次胜利的一半赃物,今天,帝国居然还天真地以为自己就是真正的物主,把圆明园富丽堂皇的破烂拿来展出。我希望有朝一日,解放了的干干净净的法兰西会把这份战利品归还给被掠夺的中国。

现在,我证实,发生了一次偷窃,有两名窃贼。

先生,以上就是我对远征中国的全部赞誉。

维克多·雨果
1861年11月25日于高城居
(近代资料丛刊《第二次鸦片战争》第六册)

在英法侵略者的军事压力和外交讹诈下,恭亲王奕䜣全盘接受了英法侵略者所提出的一切条件,于10月24日和25日分别与英法签订了中英、中法《北京条约》。通过第二次鸦片战争,英法侵略者不但获得了他们所要求的一切权力,而且迫使中国政府顺从地与它"合作",这种所谓的"合作"成为让对手通过扩大侵略利益为必要的前提。第二次鸦片战争不仅给京师带来深重的灾难,而且随着清政府日益买办化,半殖民地化,对于北京以及全中国的政治、经济、社会生产都产生了直接的影响。

三、辛酉政变

1861年(咸丰十一年)8月22日,咸丰皇帝病死在承德的避暑山庄。临死前立遗诏,命他六岁的儿子载淳继承皇位,同时任命载垣、端华、肃顺等八大臣为赞襄政务王大臣。为了牵制辅政八大臣,咸丰皇帝又命皇后钮钴禄氏和载淳的生母叶赫那拉氏参与朝政。尽管如此,咸丰皇帝去世后清王朝最高的统治权力还是落到了肃顺等人的手里。以肃顺为核心,包括载垣、端华、景寿、穆荫、匡源、杜翰、焦佑瀛等官僚的政治集团拥有极大的权势。

载淳的生母叶赫那拉氏(即慈禧太后)是个权势欲望极高的女人,她对大权旁落深为不满。慈禧太后的始祖是蒙古土默特人,因其部族迁居叶赫河畔居住,便被称为叶赫那拉部族(那拉,即太阳的意思)。叶赫那拉部族与爱新觉罗氏家族世代通婚,皇太极的生母孝慈高皇后就是叶赫那拉氏贝勒的妹妹。从清朝的玉牒来看,叶赫那拉氏家族在清朝是名门望族,占据极为重要的地位。慈禧太后是在咸丰二年(1852)七月以"兰贵人"的身份入宫的,后因她生下了咸丰皇帝唯一的儿子载淳,更使她在后宫的地位异常显赫。"母以子贵",咸丰皇帝生前就对其恩宠有加,让她参与朝政,这一切都为她日后掌握清政府的大权铺平了道路。

奕䜣是道光皇帝的第六子、是咸丰皇帝奕詝同父异母的兄弟。道光在世时,各子中有望继承皇位者只有皇四子奕詝和皇六子奕䜣二人。奕詝为人厚道温和,含蓄收敛,奕䜣则精明强干,锋芒毕露。道光对他们二人都很喜爱,犹豫不定,但最终还是选中皇四子奕詝继承了皇位。奕詝能当上皇帝,与他按其老师杜受田之计而行有密切的关系。尽管奕詝不善言辞和狩猎,但其憨厚的哭泣与巧妙地回答却博得了道光皇帝的欢心而继承大统。道光皇帝对奕䜣的宠爱却也不能割舍,故道光皇帝立储御书中写上了奕詝与奕䜣两个人的名字,右起第一行写"皇六子奕䜣封为亲王",第二行写"皇四子奕詝立为皇太子"。从中不难看出道光皇帝犹豫不决的心情。咸丰皇帝登基后,作为竞争过的对手奕䜣一向为咸丰帝所疑忌,咸丰皇帝不肯授予奕䜣实权,奕䜣也知道谦恭避让才是上策。

当京师危急之际,咸丰皇帝将奕䜣留于京师已在情理之中,有人说咸丰皇帝欲借敌手杀死奕䜣,未必可信。奕䜣在英法联军攻占京师后,因很快答应了英法侵略者的要求、并分别与英法美俄签订了《北京条约》而生存了下来,还成为外国侵略者在清朝的合作伙伴。自此,奕䜣以在京办事大臣的亲王身份,成为清朝有别于肃顺的另一派政治势力的代表。支持他的主要有他的岳父大学士桂良,军机大臣、户部左侍郎文祥等。

咸丰皇帝在热河病故前,虽然以怡亲王载垣、郑亲王端华和户部尚书肃顺等八人为辅政大臣,但是为了防止赞襄政务王大臣擅权弄势,给皇后钮钴禄氏一方"御赏"的印章,还给了皇子载淳一方"同道堂"的印章。因皇子载淳年幼,"同道堂"印章由其母那拉氏代管,并规定:凡"赞襄"大臣所拟圣旨,盖"御赏"之印于起首,盖"同道堂"之印于末尾。也就是说,咸丰皇帝让两位太后参政、监督"赞襄"大臣。

咸丰皇帝的目的非常清楚,就是为了防止大权旁落,确保皇权能平稳地过渡到儿子载淳手中。

载淳继位后,年号为"祺祥",皇后钮钴禄氏为慈安太后,尊生母叶赫那拉氏为慈禧太后。慈禧太后与慈安太后与在京师主持政务的恭亲王奕䜣和握有兵权的兵部侍郎胜保等人联合起来发动了政变,逮捕并处死了辅政大臣载垣、端华和肃顺,将其余五大臣革职问罪,两太后实行垂帘听政,改年号为"同治",奕䜣被封为议政王,成为朝中重臣。北京政变后,慈禧太后成为晚清统治中国达半个世纪之久的最高权力的统治者。

第二节 洋务运动时期的京师

从19世纪60年代到90年代,随着西方资本主义经济的侵入,清代商品经济也随之发展起来。面对国内外形势的巨变,地主阶级改革思潮得到进一步发展,魏源"师夷长技以制夷"的思想得到认同。在清朝政府屡战屡败的情况下,一批初具近代思想的官僚和士人开始认识到中西之间的差距,看到了中国在武器装备和科学技术方面大大落后于西方。为了扭转被动挨打的局面,使中国强大起来,正如李鸿章所言:"中国欲自强,则莫如学外国利器,欲学习外国利器,则莫如觅制器之器。"也就说中国首要任务就是更新军队的武器装备,不仅要购买外国的枪炮、军舰,还要学习制造枪炮和军舰的技术,要向西方那样兴办工厂、制造洋枪洋炮、编练新军、开办学校等,举国上下掀起了一场西学的热潮。

一、京师洋务派与洋务运动

奕䜣是清朝中央统治集团中最先倡导洋务的首领。他处理"内乱"和"外患"的方针是:"就今日之势论之,发(指太平军)捻(指捻军)交乘,心腹之患也。俄国壤地相接,有蚕食上国之志,肘腋之患也。英国志在通商,暴虐无人理,不为限制则无以自立,肢体之患也。故灭发捻为先,治俄次之,治英又次之。"在内政方面,则为:"探源之策,在于自强,自强之术,必先练兵。现在国威未振,亟宜力图振兴,使顺可以相安,逆则可有备,以期经久无患。"

李鸿章的主张与恭亲王奕䜣的方针基本一致,他认为:"目前之患在内寇,长久之患在西人。""似当委屈周旋,但求外敦和好,内要自强。"总起来说,就是"讲求洋器",自立自强,抵御外患。重点则在购船、造炮、练兵等军事方面。

冯桂芬在《校邠庐抗议》中明确提出"采西学"、"制洋器"的主张。他痛感中国"人无弃才不如夷,地无遗利不如夷,君民不隔不如夷,名实必符不如夷"。因此,对西方国家要"始则师而法之,继则比而齐之,终则驾而上之,自强之道,实在乎是"。他的洋务指导思想是"以中国之伦常名教为原本,辅以诸国富强之术"。这个指导思想,不仅成为兴办洋务的纲领,也成为后来流行一时的所谓"中学为体,西学为用"理论的滥觞。

洋务运动是在地方大员和京师朝中恭亲王的推动下形成的。19世纪60年代初期,在清朝统治集团一部分当权人物和某些开明的士大夫中间,尽管在师法西方以求自强的认识上还有差异,但是已经开始形成一种政治主张和时代思潮。主张举办洋务的倡导者,在清朝中央政府有恭亲王奕䜣和军机大臣文祥、桂良,地方大吏有曾国藩、左宗棠、李鸿章、张之洞等,在他们的周围又有一批比较了解国内国外形势,希望通过兴办洋务达到富国强兵的官僚和开明人士。这些洋务的倡导者们手中握有中央和地方的军政大权,是清朝统治集团内部形成了一个势力相当强大的政治派别,即洋务派。从传统的观点来反对这场运动的官员被称为顽固派。

洋务运动特指19世纪60～90年代,清政府部分官员发起的以"中学为体、西学为用"为宗旨,以"求强"为手段、挽救封建王朝为目的的运动。

洋务运动的发展促进了商办工业的兴办,也促进了近代教育的兴办。尽管中国商办工业不能与洋务派兴办的民用工业相比,但它的兴办标志着中国资产阶级这一新生的阶级诞生了。中国资产阶级的诞生,为戊戌变法准备了阶级力量。

二、京师同文馆

同治元年(1862)八月,同治帝批准创建的京师同文馆,是中国第一所官办近代学校。它标志着是北京近代教育的开端,也是北京洋务活动的肇始。同文馆的创设最初是为了总理衙门办理外交事务的迫切需要。第二次鸦片战争后,中英签订的《天津条约》除规定英国公使长驻北京外,还明确规定:"嗣后英国文书俱用英字书写,暂时仍以汉文配送","自今以后,遇有文词辩论之处,总以英文作为正义。"也就是说,英国递交给清政府的文书将用英文书写,这使中国培养精通英文的人才以办理对外交涉事务迫在眉睫。京师同文馆初设英文馆、俄文馆、德文馆和东文(日文)馆。

以恭亲王奕䜣为代表的洋务派倡导的"自强求富"的洋务运动方兴未艾,安庆军械所、江南制造局、金陵机器局、福州船政局等大型企业相继创办,并用巨资从国外引进了许多先进的机器设备。但由于缺乏懂得西方自然科学技术知识的人才,这些企业收效甚微。出于办洋务工业的需要,在同文馆中先后增设了天文馆、化学馆、物理馆以及医学、制造编绘各馆,还设有书阁、印书处、化学及物理实验室、天文台和博物馆等,同文馆从一个专门培养外语人才的学校而发展为近代化的文理工医综合性的学校。

京师同文馆的建立对全国震动很大。其后,广州、福建、上海等地区纷纷开始设立学校,京师同文馆成为中国近代教育的示范。1902年近代学制颁布后,京师同文馆并入了京师大学堂(北京大学的前身)。

第三节　戊戌变法

1895年丧权辱国的中日《马关条约》的签订,标志着洋务运动彻底失败了。面对帝国主义列强的瓜分,以康有为为首的改良主义者试图通过光绪皇帝进行资产阶级政治改革,以达救亡图存的目的的运动就是戊戌变法运动。

一、京师的公车上书

1895年(光绪二十一年)中日《马关条约》签订之际,正是清朝大举之年,当时齐集在京师参与科举会试的十八省举人闻得《马关条约》即将签订,《条约》规定清朝政府将割让台湾及辽东半岛,并向日本赔款2亿两,掀起了上书运动,史称"公车上书"。他们聚集在宣武门外达智桥松筠庵,起草给大清皇帝的万言书。他们提出拒和、迁都、变法的主张,1000多举子连署。虽然公车上书未能阻止中日《马关条约》的签订,却打破了多年形成的举子"两耳不闻天下事,一心只读圣贤书"的沉闷局面,促使国民问政之风气兴起,表达了新兴的资产阶级要参政议政的呼声。"公车上书"揭开了戊戌变法运动的序幕。

二、百日维新的兴败

维新派为了把变法运动推向高潮,康有为、梁启超等人在京师出版了《中外纪闻》报,宣传变法主张,还建立了以变法自强为宗旨强学会和保国会,为变法维新做了直接的准备。

在维新人士和帝党官员的推动下,1898年6月11日,光绪皇帝颁发了"明定国是"之诏,标志着变法维新运动的开始。从6月11日至9月21日的103天中,光绪皇帝颁布了110件推行新政的诏书,所以戊戌变法又称为百日维新。光绪皇帝为了推行新政,启用谭嗣同、杨锐、林旭、刘光第为军机四卿,督办新政事宜。颁布的新政主要内容:裁汰冗员、废八股、开学堂、练新军等,涵盖教育、军事等多方面的政策和体制。

戊戌变法从一开始就遭到以慈禧太后为代表的守旧派大臣的反对,他们宣称"祖宗之法不可变"。由于戊戌变法运动依靠的是一个没有实权的光绪皇帝,又缺乏民众的参与而失败了。9月21日慈禧太后临朝宣布废除新政,搜捕维新党人,并幽禁了光绪皇帝。谭嗣同、杨锐、林旭、刘光第、杨深秀、康广仁于1898年9月28日被斩于菜市口刑场。临刑前六位维新志士大义凛然,谭嗣同高声吟唱:"有心杀贼,无力回天;死得其所,快哉快哉!"康广仁慷慨而言:"若死而中国能强,死亦何妨。"六位志士为变法维新运动献出了生命,史称"戊戌六君子"。

戊戌维新运动的失败,清楚地表明在半殖民地半封建的旧中国依靠君权,通过自上而下的改良主义运动,实现资本主义使中国独立富强起来是一种幻想。戊戌变法运动失败了,但它要求发展资本主义经济符合近代中国发展的趋势,而且有利于资本主义发展和西方科学技术的传播。戊戌变法运动是中国近代史上一次伟大的思想启蒙运动,同时也是中国近代史一次伟大的爱国救亡图存的运动。

三、京师大学堂

京师大学堂是在戊戌维新运动中诞生的。1898年6月11日,光绪帝颁布"明定国是"之诏,正式宣布变法。诏书强调:"京师大学堂为各行省之倡,尤应首先举办……以期人才辈出,共济时艰"。7月3日,光绪帝批准了由梁启超代为起草的《奏拟京师大学堂章程》,这是中国近代高等教育最早的学制纲要。吏部尚书孙家鼐被任命为管理大学堂事务大臣,曾出任多国公使的许景澄和长期担任京师同文馆总教习的美国传教士丁韪良分别出任中学和西学总教习。京师大学堂是中国近代史上第一所国立综合性大学,它既是全国最高学府,又是国家最高教育行政机关,统辖各省学堂。9月21日爆发戊戌政变,百日维新失败,而大学堂以"萌芽早,得不废",但举步维艰。1900年,义和团运动爆发,八国联军侵华,大学堂难以维持,于8月3日被下令停办。

1902年,京师大学堂恢复,吏部尚书张百熙任管学大臣。张百熙不拘成例,延揽人才,请出吴汝纶和辜鸿铭任正副总教习,聘请两大翻译家严复和林纾分任大学堂译书局总办和副总办。创办于1862年洋务运动期间的京师同文馆并入大学堂,藏书楼也于同年重设。12月17日,京师大学堂举行开学典礼,各个方面开始步入正轨。大学堂首先举办速成科和预备科,速成科分仕学馆和师范馆,后者即是今天北京师范大学的前身。1904年京师大学堂选派首批47名学生出国留学,这是中国高校派遣留学生的开始。1910年京师大学堂开办分科大学,共开办经科、法政科、文科、格致科、农科、工科、商科,设十三学门,一个近代意义的综合性大学初具规模。

辛亥革命后,1912年5月3日,民国政府批准京师大学堂改称北京大学校,著名启蒙思想家、翻译家严复出任首任校长。1914年,胡仁源被任命为校长,此时北京大学聚集了黄侃、辜鸿铭、钱玄同、马叙伦、陶孟和、冯祖荀、何育杰、俞同奎等知名教授。1916年学校在汉花园(今沙滩)兴建楼房,1918年落成,此即后来成为北京大学象征的红楼。

1917年,著名教育家、民主主义革命家蔡元培出任北京大学校长,他"循思想自由原则、取兼容并包之义",对北京大学进行了思想解放和学术繁荣,北京大学从此日新月异。1937年卢沟桥事变后,北京大学与清华大学、南开大学南迁长沙,共同组成长沙临时大学。1938年初,临时大学迁往昆明,改称国立西南联合大学。西南联大汇聚三校菁华,以刚毅坚卓精神,维系中华教育命脉。抗战胜利后,北京大学返回故园,于1946年10月正式复学。

中华人民共和国成立后,全国高校于1952年进行院系调整,燕京大学并入北京大学,北大自北京城内迁入燕园。北京大学成为一所以文理基础教学和研究为主的综合性大学,为国家及世界都培养了大批优秀人才。

第四节 义和团运动及八国联军侵占北京

戊戌变法运动失败后,中华民族危机继续加深,帝国主义列强瓜分中国的野心更为嚣张。1900年爆发的以农民为主体的义和团反帝爱国运动,是甲午战败后中国人民反瓜分、反侵略的斗争,是长期以来遍及全国各地的反洋教斗争的总爆发,是帝国主义列强侵略加剧、中国民族矛盾空前激化的产物。

一、京师义和团运动(参见图10-1)

义和团原称义和拳,是长期活动于山东、直隶等地的民间秘密结社中的一种。甲午战争后德国强占胶州湾,并把山东全省划为其势力范围。德国在山东抢占农民的土地修建铁路,外国传教士也纷纷

第十章 近代北京

图 10-1 义和团

进入山东各地,修建大小教堂 1000 多个。地主豪绅倚仗教会势力欺压百姓,激起民众义愤,各地反洋教的斗争接踵而起。义和拳遂成为山东人民反对外国侵略势力的重要组织形式。山东各地的义和拳多次与外国教会发生冲突,引起了清朝政府的恐慌。山东巡抚毓贤认为义和拳是保民义举,改称为义和团。慈禧太后对义和团采取了控制、利用的方针,对义和团的"招抚",义和团打出了"扶清灭洋"或"保清灭洋"的旗帜。

1900 年春,义和团冲出山东,涌入北京城,席卷了北部中国,把反洋教运动推向了高潮。义和团在京师遍设坛场,城区非仅一街一坛,甚至一街数坛,郊区的偏远山地亦有义和团设的坛场。京城第一个坛场就设在于谦祠堂(今东城区西裱褙胡同内)。加入义和团者上自王公卿相,下至倡优隶卒,几乎无人不参加,甚至皇宫里的太监、宫女,守卫京师的满汉各营士兵也加入了义和团。京城内外各城门、重要交通路口、政府各衙门、亲贵王公大臣的住宅,多由义和团站岗放哨,日夜盘查形迹可疑之人。义和团打击的目标主要是帝国主义侵略势力,在京城的洋人个个失魂落魄,惶惶不可终日。

西方帝国主义列强极端仇视义和团,自 5 月以来,各国以保护使馆为名,先后有 400 余名士兵进京入驻东交民巷,修筑防卫工事。非法进入京师的侵略军时常向义和团团民和清军寻衅,无辜枪杀中国百姓。6月14日,德国公使克林德命令德国士兵枪杀义和团团民20余人,成为义和团与帝国主义列强交战的导火索。6月20日,德国公使克林德在前往总理各国事务衙门途中,路过东单牌楼与义和团再次发生冲突,被愤怒的中国民众当场击毙。①

帝国主义列强的不法行为激怒了义和团民众,义和团开始围攻外西什库教堂和东交民巷使馆区,但最终没有攻破。

在义和团"扶清灭洋"运动锐不可当的形势下,帝国主义对清政府极为不满,各国驻华使节纷纷向本国政府请求出兵镇压。1900年6月2日,英、美、俄、日、德、法、意、奥八国联军以保护使馆为名,在天津塘沽登陆向北京进攻。

二、八国联国侵占北京

6月10日英国海军中将西摩,统率八国联军2000余人,从天津直趋北京,形势愈发紧张。6月中旬,义和团声势浩大,反抗斗争得到北京广大居民的同情和支持,部分北京驻军也倾向义和团,"扶清灭洋"的口号,更使清政府感到大可利用。清政府派军机大臣刚毅、赵舒翘等分批前往涿州"视察"义和团,6月13日承认义和团为合法,准许他们进入北京内城。6月15日,大沽各国海军将领商量营救办法,俄国提出各国军队联合夺占大沽炮台。16日晚,他们向中国守军发出通牒,限第二天清晨2时前交出炮台营垒,由各国接管,否则届时以武力夺取。大沽守将罗荣光断然拒绝。当晚,英、俄、日、德等海军组织突击队,在炮舰掩护下向大沽炮台发起猛攻。守军英勇抵抗,炮台陷落,天津的门户被打开。大沽炮台失守的消息传到北京,21日,清政府发布对外宣战的谕旨。宣战后,义和团改称为"义民",清廷向他们发放银、粮,使义和团暂时具有了合法地位,同时慈禧又密令清军将领,在与外兵交战时,要利用义和团民为先锋。他们

---

① 克林德途径东单牌楼时,被端郡王载漪所属清军神机营霆字枪队章享思海击毙,被认为是清京城九门提督崇礼下命令所为。克林德遇刺事件,似有预谋。事情发生在6月20日,但6月14日,在上海出版的英文报纸《字林西报》即刊出驻北京某国公使遇刺身亡的消息。6月16日,英国伦敦各大报登载德国驻北京公使遇刺身亡。克林德,在驻北京外国公使团中非常跋扈,常与各国公使意见相左,而强行按自己主张办事。

使用大刀、长矛、抬枪等落后武器,同侵略军浴血苦斗,表现了极大的勇气和牺牲精神。从6月21日到8月14日前后的56天的战斗中,义和团付出了惨重的代价。

8月4日,八国联军近2万人从天津出发向北京进犯,8月6日,八国联军攻陷杨村,直隶总督裕禄自殉。8月11日八国联军攻占了张家湾,次日攻占通州。15日,慈禧太后、光绪帝经太原逃往西安。义和团和清军仍在殊死抵抗,坚持巷战,16日晚,北京完全陷落。

八国联军侵占北京后,兵力陆续增至10万余人,以北京为基地扩大侵略范围。慈禧太后在出逃中授庆亲王奕劻"便宜行事"全权,与各国商议一切事宜。又令李鸿章协办乞和诸事,并发出彻底铲除义和团的命令。1901年9月7日(光绪二十七年七月二十五)奕劻、李鸿章代表清政府正式签订《辛丑和约》。除正约外,还有十九个附件。

《辛丑条约》主要内容有:

1. 中国向各国赔偿白银4.5亿两,分39年还清,连利息在内,共9.82多亿两。要用中国的海关关税、通商口岸常关税及盐税作为偿还赔款。

2. 拆除大沽炮台,在北京东交民巷内设使馆区,界内不准中国人居住。帝国主义取得了在使馆区驻兵外,还可以在北京到山海关铁路沿线12处驻扎外国军队。

3. 永远禁止中国人成立或参加具有反帝性质的集团,违者一律处死;地方官自总督、巡抚以下,对其辖区内发生伤害外国人或违约行为,如不及时弹压惩办,"即行革职,永不叙用";对附和过义和团的官员,中央自王公大臣以下,地方自巡抚以下,监禁、流放和处死100多人;发生过反帝斗争的城镇,一律停止科考5年。

4. 改总理各国事务衙门为外务部,班列六部之前,由清朝近支王公主管,另设尚书二人,其中一人为军机大臣。

5. 修订新商约,清政府将通商行船各条"均行议商,以期妥善简易",并疏浚天津、上海河道等。

《辛丑条约》条件之苛刻,赔款数额之大是空前绝后的。它使清政府完全丧失了独立自主的统治地位。自此,清朝的经济崩溃,外债永无还清之日,中国政府成为为帝国主义各国服务的政府。

义和团运动在中外反动势力联合绞杀下失败了,但它沉重地打击了八国联军的侵华活动,粉碎了帝国主义瓜分中国的迷梦。义和团奋不顾身地对帝国主义侵略者进行了前仆后继的英勇斗争,表现出中华民族的反侵略、反压迫、不甘屈服的斗争精神。义和团运动失败后,清政府同英、美、法、德、意、日、俄、奥等十一个国家签订了丧权辱国的《辛丑条约》,使中国完全沦为半殖民地半封建社会,也使中国人民进一步认识到推翻清朝封建统治才能够将反帝斗争进行到底。

第五节 资产阶级革命及宣统皇帝退位

义和团运动的失败与《辛丑条约》的签订,使帝国主义同中华民族的矛盾日益加剧,腐朽的清朝统治者对外妥协投降,对内横征暴敛,国内阶级矛盾更为激化,中华大地各族人民反帝反封的斗争风起云涌。中国资产阶级民主思想逐渐发展起来,清王朝的统治已经摇摇欲坠了。

一、慈禧新政

《辛丑条约》签订以后,清王朝面临的各种危机越来越严重。资产阶级革命派及民主思潮兴起。慈禧太后于1901年正式宣布实行"新政",主要有筹饷练兵、振兴商务、奖励实业、废科举、育才兴学、改革官制、整顿吏治等。

编练新军是新政的重要内容。清政府推行新政后,下谕全国停止武科科举考试,命令各省仿北洋和两江筹建武备学堂。要各省裁汰旧军,编练"常备军"。编练新军需要巨额经费,为了筹饷,清政府不惜巧立名目多方搜刮,加重了民众的负担,造成前所未有的灾难。

新政振兴商务奖励兴办工商企业,并允许其自由发展实业,无疑对保障工商业者的权益和提高工商业者的地位起到了一定作用。这一措施有利于民族工商业的发展和社会经济的繁荣,客观上促进了资本主义的发展。

清政府"新政"另一个重要内容是废科举,办学堂,派留学。这一政策标志着西学有了合法的地位,也标志着清政府允许学习和传播资本主义的自然科学和资产阶级的社会政治学说,客观上有利于民主革命思想和文化的传播。

改革官制、整顿吏治是清政府"新政"的又一项重要内容,其中包括裁冗衙、裁吏役、停捐纳等,对清朝统治机构作了一些改变。但是又建立了一些新的机构,出现了新旧机构重叠的状况。如军机处和督办政务处、户部和财政处并存等,引起了新旧机构之间以及新旧势力之间的种种纷争,加剧了统治阶级内部的矛盾,激化了统治阶级内部各政治派别之间的斗争。

清政府推行"新政"的本意是想缓和国内矛盾,维持和巩固封建统治,以适应帝国主义的侵略要求,达拉拢上层资产阶级分子的目的。结果却适得其反,越发陷入困境,反倒加剧了清王朝的灭亡。清末新政,客观上促进了中国社会近代化的进程。

二、震撼京师的资产阶级革命

20世纪初,资产阶级民主革命思潮迅猛传播,震撼着中国思想界,推动民主革命运动的到来。为了维护摇摇欲坠的满族贵族的政权,清政府推行所谓的新政和"预备立宪"都未能摆脱面临的危机,全国各地反清斗争日益高涨。1908年光绪皇帝和慈禧太后相继去世,不满三岁的溥仪继承了皇位,溥仪的父亲、年仅25岁的醇亲王载沣摄政监国,成为大清帝国最后的执政者。1908年12月2日,小皇帝溥仪登基,改元宣统。百官朝贺时,小皇帝却吓得啼哭不止。载沣在旁哄劝道:"快完了,快完了。"似乎预示了清王朝的末日来临。

以孙中山为代表的资产阶级革命派先后建立了资产阶级革命组织兴中会、华兴会、光复会等,1905年8月20日资产阶级革命政党中国同盟会成立,提出了"驱除鞑虏、恢复中华、创立民国、平均地权"的纲领。同盟会成立后,资产阶级革命派先后组织了萍浏醴起义、广州起义、黄花岗起义等,虽然历次起义都失败了,但并没有放弃斗争。1911年(宣统三年)10月10日,湖北革命派利用保路风潮的时机在武汉发动了起义,起义胜利,资产阶级成立了湖北军政府。随后其他许多省份也纷纷起义或和平地宣布独立,建立军政府,先后共13个省独立,建立革命军政府。

1912年1月1日,中华民国临时政府成立。孙中山被推举为临时大总统,黎元洪为副总统。孙中山在南京宣誓就职,宣告中华民国成立,1912年为民国元年,改用公历,定都南京,以五色旗为国旗。

武昌起义后,清朝政府不得不起用袁世凯。清政府在形势的威逼下,被迫解散皇族内阁而重组内阁,任命袁世凯为内阁总理大臣,致使袁世凯掌握了清政府的军政大权。

三、宣统皇帝退位

袁世凯任内阁总理大臣组建内阁后,便由英国驻汉口领事出面向资产阶级革命党人提出了南北议和的建议。南北双方达成协议,袁世凯宣布赞成共和,并逼清帝退位,南方同意举袁世凯为总统。于是袁世凯调转枪口逼迫清宣统皇帝退位。摄政王载沣无力抵抗,只得接受袁世凯给清帝及皇室的特殊优待条件而让出政权。1912年2月12日,六岁的小皇帝溥仪宣布接受优待条件(清帝称号不变,每年由民国政府给予400万元,清帝仍暂居住在皇宫,以后移居颐和园,原有私产由民国政府保护),颁布了《退位诏书》,正式退位。自此,在中国存在了2000多年的君主专制制度宣告结束了。

清朝宣统皇帝宣布退位后,袁世凯声明赞成共和,当选为中华民国临时大总统。孙中山宣布辞去临时大总统职务时,为了防范袁世凯担任总统后实行专制独裁,临时参议院通过了《中华民国临时约法》,限制袁世凯的权力,以避免他专制独裁。

资产阶级革命派领导的辛亥革命推翻了腐朽的清王朝,民主共和国的观念深入人心。

第五节 民国时期的北京

资产阶级革命党人领导的辛亥革命未能消除君主专制存在的社会基础,民国初期,在北京发生了两次复辟的事件。

一、"洪宪"帝制

袁世凯本是一个极有野心的人,窃取了中华民国临时大总统后,便从多方面着手复辟帝制。袁世凯首先采取政治手段,利用国会当选为正式大总统,以"合法"形式进一步确立和巩固其专制独裁的政治地位。此后,袁世凯便在1914年5月下令成立总统府陆海军大元帅统率办事处,集陆、海军和参谋三部统筹军事,直接控制了军权。袁世凯为复辟大造舆论,宣扬"天命",宣扬自己是真命天子。1914年12月23日,袁世凯到天坛"祭天",恢复封建时代的祭天制度,借神权以震慑民众。袁世凯不顾全国人民的强烈的反对,为了恢复帝制,不惜出卖民族与国家的主权,向帝国主义寻求"外援",接受了日本帝国主义企图灭亡中国的"二十一条"条款,置中国于日本附属国的地位。

1915年12月12日,袁世凯公然宣布废除共和,恢复帝制。13日在居仁堂接受百官朝贺,大加封赏。12月31日,袁世凯下令自1916年元旦起改元"洪宪",改国号为"中华帝国"。正当袁世凯做皇帝美梦之时,全国掀起了反袁的斗争。爱国将领蔡锷将军秘密出京,取道日本,返回云南,发动了护国战争。这时英、日等国家看到袁世凯没有利用的价值,便不支持他称帝了。袁世凯的部下纷纷离他而去,袁世凯处于四面楚歌、众叛亲离的境地。袁世凯见状于1916年3月22日宣布撤销帝制,恢复共和体制。1916年6月6日,当了83天皇帝的袁世凯在全国人民的唾骂声中在北京病死,终年57岁。

二、张勋复辟

张勋历来效忠清王室。民国建立后,他拒绝剪掉辫子,以示怀念旧主。他统率的军队大约有2万多人,因人人都留有长辫,被称为"辫子军"。1917年初,北洋政府总统黎元洪与国务总理段祺瑞在是否对德宣战的问题上发生激烈矛盾,即"府院之争"。张勋以调停为名,乘机带兵入京,拥立溥仪复帝位。

1917年6月14日,张勋率3000余名辫子军入京。7月1日,与康有为带领300余名遗老遗少进入紫禁城,拥立12岁的溥仪恢复帝位。宣布即日起改中华民国六年为"宣统九年"。张勋复辟的消息传出后,立即遭到全国人民的强烈反对。孙中山得知此事后立即召集会议,制定兴师北伐的军事计划。北京城里许多百姓拒绝悬挂龙旗,19家报纸停刊,以示抗议。

是时,段祺瑞以共和讨逆军总司令的身份,发布了《讨逆告国人书》。7月3日,段祺瑞率领讨逆军,在马厂誓师后,向北京进军。7月12日,段祺瑞率领的讨逆军由广安门进入北京城,战斗仅打了十几小时,张勋的辫子军便溃败投降。仅仅当了12天皇帝的溥仪,再次被赶下了台,张勋复辟的闹剧以失败告终。

三、巴黎和会和五四爱国运动

1917年8月14日,北京政府正式对德宣战。1918年11月11日,德国战败,第一次世界大战结束。1919年1月18日,美、英、法、意、日、中等20多个战胜国的代表在巴黎凡尔赛宫举行会议,史称巴黎和会。作为战胜国之一的中国,认为通过"巴黎和会"可以废除各种不平等条约,但是实际情况却不是如此。

1月27日,日本代表向和会提出德国在山东所有权利都应当无条件转让日本。第二天的会议上,中国代表提出青岛完全为中国领土,胶州湾及胶州铁路等利益应当直接交还中国。但是会议最终确定将德国在山东的一切权利及附属设施无条件地转交给日本。中国作为战胜国的代表却被置于战败国的地位。

"巴黎和会"的结果传到北京后,立刻引起中国社会各界强烈震动。1919年5月4日,北京大学等校的3000多名学生代表冲破军警阻挠,云集天安门,提出"外争国权"、"内惩国贼"、"拒绝在巴黎和会上签字"的口号,并且要求惩办办交通总长曹汝霖、货币局总裁陆宗舆、驻日公使章宗祥。当时愤怒的学生痛打了章宗祥,火烧曹汝霖的曹宅,引发了"火烧赵家楼"的事件。随后,军警予以镇压,并逮捕了学生代表32人。曹汝霖、章宗祥等人则在警察保护下逃入六国饭店。反帝爱国的"五四运动"遭到镇压,上海工人开始大规模罢工,以响应学生的斗争。紧接着京汉铁路长辛店工人、京奉铁路工人及九江工人都举行罢工和示威游行。6月11日,陈独秀、高一涵等人到北京前门外闹市区散发《北京市民宣言》,声明如政府不接受市民要求,"我等学生商人劳工军人等,惟有直接行动以图根本之改造。"面对强大压力,曹汝霖、陆宗舆、章宗祥相继被免职,总统徐世昌提出辞职。在法国巴黎参加巴黎和会的中国外交部长陆徵祥拒绝在和约上签字。反帝爱国的"五四运动"取得了辉煌的胜利。"五四运动"标志着中国资产阶级旧民主主义革命的终结和无产阶级新民主主义革命的开始,标志着中国先进的工人阶级开始登上革命的政治舞台。

四、"三一八"惨案和李大钊遇难

发生在1926年3月18日的惨案,是段祺瑞政府在北京制造的枪杀请愿群众的流血事件。

"三一八"惨案起因是,1926年3月,日本帝国主义公然唆使奉系军阀进兵关内,并派军舰驶入大沽口炮击国民军引起的。事发之后,冯玉祥率领的国民党军被迫开炮自卫还击,将日本军舰逐出大沽口。日本兵败,反诬陷国民军破坏了《辛丑条约》,联合英、美、法、意、荷、比、西等国公使便向北洋军阀段祺瑞执政府发出最后通牒,提出拆除大沽口军事设施等种种无理的要求,并限令中国政府必须在48小时内予以答复,否则将以武力解决。与此同时,各国派军舰云集大沽口,武力威胁北洋政府。

1926年3月18日,爱国民众在北京举行抗议示威游行。爱国群众在天安门广场举行国民大会,并示威游行。当游行队伍在铁狮子胡同段祺瑞执政府(今张自忠路3号)门前时,惨遭段祺瑞卫队的残酷镇压与屠杀,女师大学生刘和珍和杨德群,北大学生张仲超等当场中弹倒下。游行示威群众死伤达200余人,史称"三一八"惨案。

当时中共北方区委李大钊、陈乔年、赵世炎等人参加了这次斗争,李大钊与陈乔年为掩护游行示威的群众而受伤。"三一八"惨案发生后,北京各学校停课,为死难的烈士举行追悼会。鲁迅把3月18日这天称作"民国以来最黑暗的一天"。

"三一八"惨案发生后,北京的反动统治更加猖狂,李大钊等共产党人和国民党左派人士,遭到段祺瑞政府的通缉,被迫转移东交民巷苏联大使馆秘密坚持工作。1927年4月6日,北洋政府不顾国际公法,悍然包围查抄了苏联大使馆,逮捕了李大钊、范鸿劼等共产党员,以及国民党左派邓文辉和张挹兰等人。奉系军阀政府设立的军事法庭判决李大钊等 20 人死刑。

李大钊临危不惧,第一个走上绞刑台,牺牲时年仅 38 岁。后安葬在香山的万安公墓,1983 年建成李大钊烈士陵园。

五、"七七"卢沟桥事变

日本帝国主义自 1931 年"九一八"事变侵吞我国东北后,为进一步侵略中国,便陆续运兵入关。到 1936 年,日本大批军队进驻华北和北京地区,从东、西、北三面包围了北平。为引起中日冲突、挑起大规模的侵华战争,驻扎在北京丰台卢沟桥的日军,自 1937 年 6 月以来,连续举行挑衅性的军事演习,中国驻防此地的二十九军多次向日本提出抗议。7 月 7 日下午,日本驻军在未通知中国地方当局的情况下,在中国驻军阵地附近举行所谓军事演习,并诡称有一名日军士兵失踪,要求进入北平西南的宛平县城(今卢沟桥镇)搜查。遭中国驻军严词拒绝后,日本华北驻屯军便即刻向宛平县城和卢沟桥发炮攻击。中国守军第二十九军官兵在忍无可忍的情况下奋起还击,进行了顽强的抵抗,打退日军的进攻。日军随即向北平外城广安门发动进攻,竭尽全力进攻北平的南苑,致使第 29 军副军长佟麟阁、师长赵登禹在率军苦战中壮烈殉国。北平于 1937 年 7 月 29 日沦陷。

北平各界人士与民众,在中国共产党领导下与日伪政权展开殊死的斗争,先后开辟了平西、冀东、平北抗日根据地,建立了抗日民主政权。中国人民经过艰苦卓绝的八年抗战,终于把日本帝国主义赶出了中国,取得了历史性的胜利。

六、北平和平解放

1945 年 8 月,中国人民迎来了抗日战争的胜利。全国人民迫切地希望避免内战、实现和平,建设独立、自由、民主、富强的新中国。以蒋介石为首的国民党政府在美帝国主义的帮助下抢夺了抗日战争的胜利果实,国民党的军队和官员陆续进驻北平。中国共产党为了避免内战,并试图通过和平的方式来实现中国社会的改革,根据全国人民和平建国的迫切愿望同国民党统治集团在重庆进行了谈判,双方签订了《双十协定》和《停战协定》。但以蒋介石为首的国民党统治集团坚持独裁,违背重庆谈判和政治协商会议的决议,在美帝国主义的支持下挑起了内战,悍然向解放区发动军事进攻。

在中国新民主主义革命历史阶段,学生运动是整个人民运动的重要组成部分。爱国而正义的青年学生,在革命中常常起着先锋和桥梁作用。

解放战争时期,北平以学生运动为主体的爱国民主运动持续不断,1946年发生在北平的"沈崇事件"是北平抗暴斗争的导火线,也是爱国的民主运动高潮的起点。1946年12月24日晚,美海军陆战队皮尔森在东单练兵场的树林中强奸了北京大学预科女生沈崇。消息传出,立即引起社会强烈的反响,北京大学、清华大学、燕京大学等校学生纷纷举行游行。天津、上海、南京、杭州等地的学生也纷纷游行予以支持。北京大学48位教授给美驻华大使司徒雷登递交了一份抗议书。沈崇事件引发了解放战争时期北平第一次大规模的学生运动。

抗战后的中国,在国民党反动政府的统治下生活日益贫困,进入1947年后,通货恶性膨胀,物价天天飞涨,人民食不果腹,群情激奋。以1947年的"五二〇"游行和1948年的"四月风暴"为标志的反饥饿、反内战、反迫害斗争,表明全国爱国民主运动进入高峰,青年学生追求真理、不畏强暴、不屈不挠地进行着斗争,以蒋介石为首的国民党政府完全陷于孤立。

自从1946年6月蒋介石发动内战,人民解放军经过艰苦作战,粉碎了国民党军队向解放区的全面进攻,并于1947年7月开始转入战略反攻。

1948年11月底,东北野战军从古北口、喜峰口和山海关迅速隐蔽入关。12月5日,与华北野战军联合发动平津战役。从12月上旬起,人民解放军先后攻克了密云、怀柔、顺义、昌平、通县、石景山、门头沟、大兴等县城和地区,中旬完成了对北平城区的包围。北平解放指日可待。

北平是一座千年古都,不但文物遗存十分丰富,而且还有密集的市区和人口。为了保护古城的历史文化遗产和人民的生命财产,根据中共中央的指示精神,解放北平立足于军事进攻的胜利,但是要尽可能地争取用和平的方式解决。

和平解放北平的重点是争取傅作义起义。北平和平解放谈判先后进行了三次,双方签署了《关于北平和平解决问题的协议》。1949年1月21日傅作义发出了《关于全部守城部队开出城外听候改编的通告》,22日,傅作义在《关于北平和平解决问题的协议书》上签字,并发表广播讲话。1949年1月31日北平宣告和平解放,这座驰名中外的文化古城完整无损地回到人民的手中。

北平的和平解放是震动中外的伟大历史事件。它使驰名世界的文化古都免于战火而完整地保存下来,为新中国的定都奠定了基础。

名词解释:

第一次鸦片战争　　第二次鸦片战争　　辛酉政变
戊戌变法　　京师义和团运动　　洪宪帝制　　张勋复辟
五四运动　　三一八惨案　　"七七"卢沟桥事变

思考题:

1. 北京半殖民地、殖民地化的演变过程。
2. 戊戌维新运动在京师的开展及其影响。
3. 京师义和团运动的爆发及后果。
4. "五四"运动及其意义。

主要参考书目

［瑞典］奥斯伍尔德·喜仁龙：《北京的城墙和城门》，北京燕山出版社，1985
《保护——故宫博物院建院70周年回顾》，紫禁城出版社，1995
北京大学历史系《北京史》编写组编：《北京史》，北京出版社，1999
蔡蕃：《北京古运河与城市供水研究》，北京出版社，1987
曹子西主编：《北京通史》，中国书店出版社，1995
陈平：《燕国风云八百年》，北京出版社，2000
陈平：《燕史纪事编年会按》，北京大学出版社，1995
陈宗蕃：《燕都丛考》，北京古籍出版社，1991
董鉴泓主编：《中国古代城市建设》，中国建筑工业出版社，1988
窦光鼐等：《日下旧闻考》，北京古籍出版社，1983
高小龙：《古都北京》，中国商业出版社，2007
贺业钜：《考工记营国制度研究》，中国建筑工业出版社，1985
贺业钜：《中国古代城市规划丛书》，中国建筑工业出版社，1986
侯仁之：《历史地理学的理论与实践》，上海人民出版社，1979
侯仁之主编：《北京历史地图集》，北京出版社，1988
侯仁之主编：《北京城市历史地理》，北京燕山出版社，2000
侯仁之：《晚晴集——侯仁之九十年代自选集》，新世界出版社，2001
侯仁之、金涛：《北京史话》，上海人民出版社，1980
华夏子：《明长城考实》，档案出版社，1988
李国祥、杨昶主编：《明实录类纂·北京史料卷》，武汉出版社，1992
李允鉌：《华夏意匠》，香港：广角镜出版社，1991
梁启超：《梁启超眼中的北京城》，文化艺术出版社，2007
梁启超、陈占祥：《梁陈方案与北京》，辽宁教育出版社，2005
刘敦桢主编：《中国古代建筑史》1—5，中国建筑工业出版社，2003

罗哲文:《中国古园林》,中国建筑工业出版社,1999
罗哲文:《长城》,北京美术摄影出版社,2000
梅宁华主编:《北京辽金史迹图志:幽燕千古帝王州》,北京燕山出版社,2003
齐心主编:《图说北京史》,北京燕山出版社,1999
《乾隆京城全图》,北京燕山出版社,1995
单士元:《故宫札记》,紫禁城出版社,1990
史念海:《中国古都和文化》,中华书局,1998
首都博物馆编:《元大都》,北京燕山出版社。1988
孙承泽纂:《天府广记》,北京古籍出版社,1985
同济大学城市规划规划教研室编:《中国城市建设史》,中国建筑工业出版社,1982
万依、杨辛:《故宫——东方建筑的瑰宝》,北京大学出版社,1991
汪国瑜:《建筑——人类生息的环境艺术》,北京大学出版社,1996
王彩梅:《燕国简史》,紫禁城出版社,2001
王岗:《通往首教的历程》,北京出版社,2000
王会昌:《中国文化地理》,华中师范大学出版社,1992
王军:《城记》,三联书店,2003
王鲁民:《中国古典建筑文化探源》,同济大学出版社,1997
吴文涛:《土木之变与北京保卫战》,北京出版社,2000
吴延燮总纂:《北京市志稿》,北京燕山出版社,1998
武弘麟:《北京文明的曙光》,北京出版社,2000
阎崇年:《中国古都北京》,民主法制出版社,2008
杨宽:《中国古代都城制度史研究》,上海古籍出版社,1993
叶骁军:《中国都城发展史》,陕西人民出版社,1988
尹钧科、吴文涛:《历史上的永定河与北京》,北京燕山出版社,2008
于倬云主编:《紫禁城宫殿》,商务印书馆,1982
于德源:《北京历代城坊、宫殿、苑囿》,首都师范大学出版社,1997
于德源:《明清之际北京的历史波澜》,北京出版社,2000
于德源:《北京史通论》学苑出版社,2008
于杰、于光度:《金中都》,北京出版社,1989

余念慈:《幽燕都会》,北京出版社,2000
张宝秀、马万昌:《北京的长城与桥梁》,光明日报出版社,2004
张恩荫:《三山五园史略》,同心出版社,2003
张先得:《明清北京城垣和城门》,河北教育出版社,2003
赵立瀛、何融编著:《中国宫殿建筑》,中国建筑工业出版社,1992年
赵其昌主编:《明实录北京史料》,北京古籍出版社,1995
朱祖希:《古都北京》,北京工业大学出版社,2007

后　　记

　　北京是中国的千年古都,而且是世界历史文化名城,在很长的时间里都是中国的政治中心、文化中心,北京有文字可考的历史长达一千三百年之久。

　　北京这座现代化的大都市,最初是由华北平原上的一个居民点发展起来的,其间经历了极其复杂而漫长的过程,和我们伟大祖国的历史一样源远流长。中华民族几千年光辉灿烂的文化,在这里都得到了集中而又典型的反映。学习、研究、阐明北京历史及各方面的基本内容,有利于提高学生的综合素质,使之更好地为首都北京的经济建设与文化建设服务。

　　早在20世纪五六十年代,北京师范学院雷大授教授率先在历史系开创了"北京史"这门课程。笔者作为雷先生的弟子,毕业后与先生多有联系,并且在先生的指导与鼓励下开始讲授"北京史"。自1985年至今,一直从事北京史的教学与研究,相继开设了"北京史"、"北京历史与文化"、"北京地域文化"、"北京文物古迹旅游"、"北京宗教史"等课程。从20多年的教学实践来看,北京史的教学适应了高等院校教学改革的需要,有利于学科的建设,有利于对建设北京、服务北京所需人才的培养,而且也适应了时代发展的需要。

　　《北京地方史概要》终于脱稿了,算是了却了我心头一件大事,也算没有辜负季国良老师对我寄予的厚望。虽然我讲授北京史长达20多年,其间亦几易其稿,但是却没有成书之意,是在季国良老师的敦促下,在教学实践的基础上获得"北京市高等教育精品教材建设项目"立项而成书的。在本教材将付梓之际,真挚地感谢季国良老师对本书的关注与支持!尤其要感谢于洪老师与我合作,并为本教材出版付出辛勤劳动!真挚地感谢于洪老师帮我整理书稿。拙稿能够成书,是诸方面玉成的结果。

　　在《北京地方史概要》教材出版之际要说明的是:北京史的教学

是以北京史课程为先导,采取教学实践、科研项目相结合的开放式的教学,积极引导学生参与科研与教学实践。本教材的编写吸取了学界已有的研究成果,在民族与宗教方面突出了自己的特色,为增强学生的感性认识而在教材中插配了图片,力争使本教材图文并茂。限于笔者自身水平,缺乏制作适应学习型社会需求的高质量教材的经验与能力,本教材定会有瑕疵和鄙陋之处和不妥之处,诚恳地希望读者、学者,以及各界人士批评指正。

最后真挚地感谢北京大学出版社对本教材的支持!本教材能够顺利地与读者见面,这与北京大学出版社胡双宝先生、邓晓霞老师辛勤劳作是分不开的,特此致谢!

佟洵
2008 年 10 月 18 日于北京陋室